KB239610

동아시아 영토분쟁의 패러다임

−독도·간도의 영토문제 본질을 찾아서−

최 장 근

제이앤씨
Publishing Company

동아시아 영토분쟁의 패러다임

프롤로그

동아시아 특히 중국과 일본을 중심으로 영토문제를 둘러싼 논쟁이 진행되고 있다. 이들 영토분쟁의 특징은 대체로 중국과의 영토분쟁은 전근대시대, 일본과의 영토분쟁은 근대시대에 그 근원을 두고 있다는 것이다.

중국을 둘러싼 한국, 몽골, 티베트와의 영토 및 민족독립문제, 일본을 둘러싼 중국, 러시아, 한국과의 영토분쟁이 그것이다.

본 연구의 목적은 일본과의 독도문제, 중국과의 간도문제의 본질을 고찰하기 위한 것이다. 즉 간도문제와 독도문제가 단지 한중, 한일 간의 개별적인 분쟁이 아니라 동아시아 지역의 영토분쟁으로서의 특성을 갖고 있는 분쟁이라는 것을 강조하려고 한다. 이 문제의 해결에 있어서도 이러한 동아시아영토분쟁의 특성을 이해함으로써 그 실마리를 찾을 수 있을 것이다.

중국을 둘러싼 영토분쟁은 전근대시대에 헤게모니를 행사하고 있던 중국의 일방적인 조치에 의해 영토를 분할하여 취득함으로서 발생한 것이다. 그런데 중국은 다민족국가론을 내세워 고유영토론으로 영유권을 기정사실화하려고 한다.

일본을 둘러싼 영토분쟁은 근대시대에 일본제국주의가 영토 확장을 시도하여 타민족의 영토를 침략하여 발생한 것이다. 그런데 일본은 이러한 영토침략을 정당화하기 위해 국제법적 합법성을 내세워 영유권을 주장하고 있다.

동아시아의 안정과 번영을 위해서는 영토문제는 반드시 해결되어야 할 것이다. 그 해결방향은 바로 본 연구에서 검토된 것처럼 영토문제의 본질에 입각하여 영토분리에 의한 민족적 독립과 제국주의가 확장한 영토를 포기함으로써 가능할 것이다.

한국과의 영토문제에 있어서는 일본의 독도에 대한 영토주권을 포기해야할 것이고, 중국과의 영토문제에 있어서는 중국 조선족에 대한 자치권을 확대하고 한국과의 관계의 친밀성을 인정하는 것만이 그 해결방향일 것이다. 우리의 희망과는 달리 이미 1세기 이상 한국측이 간도영유권 확보를 위한 노력을 게을리한 결과, 간도지역이 중국영토에서 분리되어 미래 통일한국의 영토에 편입되는 일은 없을 것이다.

현재 영토문제의 해결에 있어서 최대의 적은 내셔널리즘의 강화에 의한 것이다. 일반적으로 근대시대를 내셔널리즘의 시대라고 부른다. 21세기를 살고 있는 현시점은 리저널리즘의 시대라고 말할 수 있다. 국경을 넘어서 지역간의 교류협력으로 지역의 안정과 번영을 추구하는 시대이다. 영토에 집착하여 배타적 관계를 고집하는 것은 국제사회의 흐름을 역행하는 것으로 국가의 고립을 초래하는 것이다.

본서는 이러한 결과를 도출해내기 위해 제3부로 나누어 분석했다. 제1부에서는 동아시아영토문제의 본질을 규명하려고 노력했다. 영토문제는 본질에 입각해서 해결되어야한다는 취지이다. 제2부에서는 동아시아영토분쟁의 사례로서 간도영유권을 둘러싼 한중간의 영토분쟁의 본질을 고찰했다. 간도문제의 해결은 역사적 권원과 별도로 영토문제의 진행과정을 전적으로 무시할 수 없다는 사례를 제시했다. 제3부에서는 동아시아영토분쟁이 역사적 권원과 전근대시대의 헤게모니에 의한 일방적인 영토선언, 근대제국주의의 영토침략이라는 동아시아영

토분쟁의 특성, 현재 분쟁상태의 진행상황 등을 볼 때 각각의 영토분쟁
에는 성격의 차이가 크다는 것을 제시했다. 동아시아 지역의 영토분쟁
을 해결함에 있어서 특정지역의 해결방법이 바로 또 다른 지역에 바로
적용될 수 없다는 것이다.

　본서의 연구성과에 의해 동아시아에서의 영토분쟁이 본질에 입각하
여 문제해결의 방향을 제대로 적용되어 미력하나마 동아시아영토분쟁
의 해결의 실마리가 되어 동아시아지역의 협력으로 안정과 번영이 이
룩되기를 기원한다.

　마지막으로 본서의 출판을 허락해주신 윤석현 사장님께 감사의 말
씀을 전한다.

2011년 5월

대구대학교 영토학연구소에서

필자 씀

목차

제3부
동아시아 영토분쟁의 성격비교
－독도·간도·센카쿠제도·쿠릴 남방4도－

제1부
동아시아 영토분쟁의 발생요인

동아시아 영토분쟁의 패러다임

제1장
일본의 영토 팽창주의와
한국의 고유영토 수복주의

1. 들어가면서

한국과 일본 사이에는 독도를 둘러싼 영유권 분쟁이 일어나고 있다. 한일 간 영토분쟁의 근본적인 요인은 영토인식의 차이에 있다고 본다. 일본은 근대 내셔널리즘 시대에 주변국가의 영토를 침탈한 경험을 갖고 있어서 영토 확장에 대한 저항이 그다지 없는 듯하다. 게다가 전근대시대에는 아이누모시리의 영역을 침식하여 일본영토로 확장 편입해 갔다. 따라서 일본은 영토의 범위는 유동적이라는 인식을 갖고 있다. 반면 한국은 고조선시대에 광범위한 영토를 소유했는데, 그 후 점차 중국의 침략을 받아 축소되어 현재는 압록강과 두만강을 경계로 삼게 되었기 때문에 더 이상 영토를 축소할 수 없다는 강한 인식을 갖고 있다. 독도문제는 이와 같은 양국의 영토인식의 충돌에서 발생한 분쟁이라고 할 수 있다.

한일 양국은 고대시대부터 현대에 이르기까지 영토의 변천과정을 교과서에 기술하여 교육하고 있다. 그런데 특정한 시기의 특정한 영역은 여러 나라가 침략하여 영토의 역사가 중복되는 경우도 있다. 여기서 중복되는 곳에 한해서는 관련국 모두가 자신의 역사로서, 또는 영토로서 정통성을 가지고 있다고 볼 수 있다.

그럼에도 불구하고 동아시아 각국의 특히 한일 양국의 영토인식을 보면 양국이 공유한 타국의 역사와 영토범위에 대해서는 무시하고 일방적으로 자국의 영토적 정통성만 주장하는 경향이 있다. 일본의 경우 영토는 유동적인 것이라서 언제든지 그 소속이 변동될 수 있다는 개념이어서 역사적 권원은 영유권을 결정하는 중요한 요소가 아니라는 인식이 존재한다. 이에 비해 한국은 영토는 불변의 것이라는 고유영토 개념을 갖고 있다. 따라서 잃어버린 영토를 찾아야한다는 개념도 포함되어 있다. 그렇다면, 이처럼 양국의 전혀 다른 영토인식이 어떠한 과정을 거쳐서 형성되었을까? 그것을 조명하는 것이 본연구의 목적이기도 하다. 이처럼 한일 간의 독도 분쟁도 근본적으로는 영토인식의 차이에 있다고 볼 수 있으므로 독도에 대한 양국의 영토인식을 알 수 있게 된다.

연구방법으로는 본 연구에서의 비교대상은 한일 양국의 각각 고등학교에서 사용하는 교과서를 철저히 검토하여 영토인식을 고찰한다.[1] 본연구의 구성은 선사시대부터 현대에 이르기까지 영토인식을 시대별로 고찰하여 양국의 영토인식이 어떻게 형성되었는가를 분석한다.

---

1) 한 국민의 영토인식은 학교 교육 뿐만 아니라, 매스컴 등의 영향도 무시할 수 없겠지만, 본 연구에서는 교과서의 영토관련 기술을 검토하면서 근대 이후 학교교육에서 실시해온 영토교육을 중심으로 영토인식을 고찰해 보려고 한다.

마지막으로 이들 영토인식이 독도문제에 어떻게 영향을 미쳤는가를 검토한다. 이러한 연구는 선행연구에서도 시도된 적이 없었다.

2. 한일 양국의 교육에 의한 영토인식의 형성

(1) 선사시대의 영토범위

① 일본의 영토범위

일본은 선사시대를 죠몬시대(B.C 7000-A.D 250)와 야요이시대(B.C250-A.D 3세기)로 구분하고 있고, 죠몬시대와 야요이시대의 영토 범위를 일본열도 전체로 보고 있다. 역사시대에 들어와서 최초로 일본열도에 권력체로서 왜국이 건설되었다. 왜국의 영토범위에 대해서는 후쿠오카지역[2] 또는 규슈 북부지역[3] 혹은 킨키지역[4] 등 다양한 설

---

2) 야요이시대(B.C3세기·A.D3세기)에 대해서는 "일본은 소국의 분립상황"이있는데, "1세기에 만들어져서 전한의 역사를 기술한『漢書』지리지에 의하면, 「倭人」의 사회는 100여국으로 나누어져 전한이 조선반도에 있었던 낙랑군에 정기적으로 사신을 보내고 있었다고 한다." "왜국은 지금의 후쿠오카시 부근에 있었던 소국으로 후쿠오카시의 시가노시마(志賀島)에서는 이들의 국왕이 광무제로부터 받은 것으로 보이는 금인이 발견되었다."라는 것으로 보아 왜국은 후쿠오카지역의 100여 개 소국으로서, 일본국의 역사가 시작된다고 기술하고 있다. 石井進, 笠原一男, 児玉幸多, 笹山晴生 (1997)『詳説 日本史』山川出版社, p.20.
3) 『삼국지』의『위지』왜인전에 의하면, 왜국에서는 2세기 말경 큰 난이 일어나 좀처럼 진압이 되지 않았는데, 여러 제국이 공동으로 야마타이국(邪馬台國)의 여왕 히미코(卑弥呼)를 옹립하여 겨우 난이 진압되어 야마타이국을 중심으로 30여개의 소국 연합이 생겨났다. 「야마타이국의 소재지에

이 존재한다.[5]

선사시대의 일본 교과서에는 왜국이 성립되기 이전의 권력체였던 원주민 아이누민족의 존재를 언급하지 않는 방법으로 전적으로 배제하고 있다. 아이누는 죠몬인으로서 대륙에서 건너온 야요이인들의 침략을 받으면서 일본열도에 거주하는 민족이다. 일본열도 중에서도 왜국의 세력이 미치지 않은 곳에는 여전히 아이누민족의 지역이었다. 여러 왜국의 연합체가 야마토 정권을 창출하여 서일본에서 세력을 형성하고 있었는데, 점차 동일본으로 영토를 확장해갔다. 아이누민족은 한참동안 일본열도의 동일본과 그 동북지역을 영역으로 삼고 있었다.

② 한국의 영토범위

한국은 영토의 범위를 말할 때 「고조선(B.C 2333-A.D 108)」[6]의 영

관해서는 큐슈 북부를 주장하는 설과 近畿지방의 야마토를 주장하는 설이 있다. 킨키설은 이미 3세기에 킨키에서 큐슈 북부에 걸쳐 광역의 정치연합이 성립하고 있었던 것이 되고, 규슈설의 경우는 야먀타이국의 규모가 비교적 작은 것으로 야마토 정권은 따로 동방에서 형성되어 큐슈의 야마타이국을 연합했던가 아니면 야마타이국이 동천했한 것이 된다」라고 하여 야마타이국과 야마토국과의 관계를 명확히 하지 않고 있다. 전게서, 『詳説 日本史』, p.22.
4) 3세기 후반과 4세기 초반에 3-7세기는 고분시대로서 전방후원분의 고분이 각지에 출현하는데, 이는 광역의 정치연합이 형성되었다고 생각할 수 있다. 야마토지방을 중심으로 가장 큰 고분이 출현되는데, 이는 야마토의 킨키지방을 중심으로 정치적 세력이 연합한 야마토정권의 탄생을 의미한다. 전게서(1997) 『詳説 日本史』 山川出版社, p.23.
5) 죠몬인은 「일본열도가 약 1만여 년 전 대륙에서 떨어져 현재와 같은 상태가 되었고, 일본인의 원형으로서 아시아대륙 남부에서 이주한 고몽골로이드이다. 이들은 야요이시대 이후 도래한 신몽골로이드와 혼혈로 이루어졌다」라고 하고 있다. 전게서, 『詳説 日本史』, pp.8-9.
6) 「청동기 문화의 발전과 함께 족장이 지배하는 사회가 출현하였다. 이들 중에 강한 족장은 주변의 여러 족장사회를 통합하면서 점차 권력을 강화

역에서 그 정통성을 찾으려고 하는 경향이 있다. 우리민족은 구석기 (B.C 약 70만년전), 신석기((B.C 8000년경), 청동기(B.C 1000년경)를 거쳐[7] 만주와 한반도를 거점으로 고조선을 건국하여 중국 요녕(랴오닝)성, 길림(지린)성을 포함하는 만주지역과 한반도를 영역으로 했는데, 이는 중국 한나라의 침입으로 소멸되어 중국 한나라의 영토가 되었으나, 이들 지역은 다시 고구려에 의해 회복되었다라고 기술하고 있다.[8]

즉, 「고조선은 요녕지방과 대동강유역을 중심으로 독자적인 문화를 이룩하면서 발전하였다.」「요서 지방을 경계로 연나라와 대립할 만큼 강성했다.」「고조선은 경제적 군사적 발전을 기반으로 한과 대립하였다.」「이에 불안을 느낀 한 무제는 수륙 양면으로 대규모 침략을 감행했다. 고조선은 1차의 접전(패수)에서 대승을 거두었고, 이후 약 1년에 걸쳐 한의 군대에 맞서 완강하게 대항하였다. 그러나 장기간의 전쟁으로 지배층의 내분이 일어나 왕검성이 함락되어 멸망하였다(B.C. 108).

해갔다. 족장 사회에서 가장 먼저 국가로 발전한 것은 고조선이었다. 삼국유사의 기록에 따르면 고조선은 단군 왕검이 건국하였다고 한다(B.C .2333).」「고조선은 당시 요령지방을 중심으로 성장하여 점차 인접한 족장 사회들을 통합하면서 한반도까지 발전하였는데, 이와 같은 사실은 비파형 동검과 고인돌의 출토 분포로 알 수 있다.」 국사편찬위원회, 국정도서편찬위원회편(2003) 『고등학교 국사』 교육인적자원부, pp.34 - 36.

7) 「신석기 시대를 이어 한반도에서는 기원전 10세기경에 만주 지역에서는 이보다 앞서는 기원전 15 - 13세기경에 청동기 시대가 전개되었다.」「청동기 시대의 유적은 중국의 요령성, 길림성 지방을 포함하는 만주 지역을 한반도에 걸쳐 널리 분포되어 있다.」 전게서, 『고등학교 국사』, p.29.

8) 「우리 조상은 대체로 중국 요령(랴오닝)성, 길림(지린)성을 포함하는 만주 지역과 한반도를 중심으로 한 동북아시아에 넓게 분포하여 살고 있었다. 우리나라에 사람이 살기 시작한 것은 구석기시대부터이며, 신석기 시대에서 청동기 시대를 거치면서 민족의 기틀을 이루었다」 라고 기술하여 동북아시아가 우리민족의 영역임을 기술하고 있어서 현재 실효적 지배 상황에 있는 중국영토와 배치되는 것으로 분쟁을 일으킬 소지를 내포하고 있다. 전게서, 『고등학교 국사』, p.21.

고조선이 멸망하자, 한은 고조선의 일부 지역에 군현을 설치하여 지배하고자 하였으나 토착민의 강력한 반발에 부딪혔다. 그리하여 그 세력은 점차 약화되었고 결국 고구려의 공격을 받아 소멸되었다.」[9]

한국영토로서의 정통성을 갖고 있는 고조선의 옛 영역에 한때는 한나라의 군현이 설치된 적이 있었으므로 한반도까지도 중국의 세력이 미치는 지역이 되었던 시기도 있었다. 그렇다면 만주는 물론이고, 한반도의 일부가 한때는 중국역사와 영토적 권원이 겹치는 부분이다. 따라서 고조선의 영역을 순수하게 한국영토로서의 정통성만을 주장하는 기술은 다소 무리가 있다고 할 수 있다. 교과서에 중국 한나라의 군현설치에 관한 내용도 구체적으로 언급하는 것이 한·중간의 공통의 역사를 만들어 분쟁을 줄이는데 중요한 역할을 할 것이다.

(2) 고대의 영토

① 일본의 영토범위

일본은 고대시대를 야마토(A.D 300-645), 나라(710-784), 헤이안(794-1185)시대로 나누어서 영토문제를 취급하고 있다.[10] 「야마토」시대에 있어서 일본은 「6세기가 되면서 백제와 신라가 정치적 제도를 정비함으로써 남방의 가야제국(임나)이 562년까지 점차로 백제와 신라의 지배하에 들어갔다.[11] 야마토 정권은 가야제국에 가지고 있었던 세력의 거점을 잃고 백제를 통해 대륙문화와 관계를 맺고 있었다.」라고

---

9) 전게서, 『고등학교 국사』, pp.34-36.
10) 존w.홀 지음, 박영재 옮김(1996) 『일본사』 역민사, p.399, 연표 참조.
11) 「4세기 후반에 고구려가 남하하면 조선반도 남부의 철 자원을 확보하기 위해 일찍부터 가야와 밀접한 관계를 갖고 있었던 왜국(야마토정권)도 고구려와 싸우게 된다.」 전게서, 『詳說 日本史』, p.26.

하여 일본이 일본열도를 영토적 기반으로 하면서 더 나아가서 조선반도의 가야지방을 거점으로 영토적 권원을 갖고 있었으나, 백제와 신라에 침략되었다.[12] 또한 가야가 멸망하여 영토적 권원을 완전히 상실한 후, 백제가 구원군을 요청하여 재차 조선에서 영토를 확장할 기회가 있었으나 당나라에 의해서 부득이 조선반도에서 후퇴하게 되었다고 기술하고 있다.[13] 이는 일본의 조선반도까지 영토 확장의 논리를 제공하는 것으로서 영토분쟁의 소지를 갖고 있다. 또한 여기서 간과할 수 없는 사실이 선주민족인 아이누의 존재와 그 영역을 전적으로 무시하여 고대시대의 일본영토의 범위를 일본열도 전부와 조선까지 그 세력을 갖고 있어서 조선에 대한 영토 확장의 정당성을 기술하고 있다고 할 수 있다.

「나라시대」에는 일본정부가 「충실했던 국력을 배경으로 영역을 확대해갔다. 동북지방에 살고 있던 에미시는 7세기경부터 토벌의 대상이 되었다. 다이카(大化)개신 후 지배의 거점으로서 북륙의 누따리(渟足), 이와후네(磐舟)의 2책을 설치했다. 이어서 사이메이천황 때에는 아베노 히라후(阿部比羅夫)가 아키타지방의 에미시를 복속시켰다. 게다가 8세기가 되면 에미시에 대한 지배를 강화하여 일본해측에 데와국(出羽國)이 설치되어 아키다(秋田)성이 건축되었다. 태평양측에도 타가성(多賀城)이 축조되었다. 한편 하야토(隼人)가 살고 있는 규슈 남부에 오오스미국(大隅國)이 설치되고, 타네가시마(種子島), 야쿠시마(屋久

---

12) 전게서, 『詳說 日本史』, p.33
13) 「조선반도에서 신라가 통일하고 660년 당과 협력하여 백제를 멸망시켰다. 백제에서는 그 후에도 호족이 병을 모아 당과 신라군에 저항했고, 일본의 구원을 요청했다. 중조한 齊明청황이 여기에 응하여 일본군을 조선반도에 파견했는데, 663년 백촌강 전투에서 당군에게 패하여 조선에서 후퇴했다.」 전게서(1997) 『詳說 日本史』山川出版社, pp.39 – 41.

島)를 비롯한 사트난제도의 여러 섬들도 점차 조정에 복속했다.」고 하여,[14] 일본의 세력 거점을 언급하면서 아이누지역을 일본인 정권이 확장해갔다고 기술하고 있다. 여기서 문제는 일본의 아이누영역의 침략에 대한 문제의식이 전혀 존재하지 않아서 일본열도에서의 선주민족인 에미시의 역사를 전적으로 무시하고 에미시의 영역을 일본영토로 당연시하고 있다.[15]

「헤이안시대」에 있어서는「코무천황은 천도와 더불어 에미시 토벌에도 힘을 기울였다. 코닌천황 때, 무츠(陸奥)의 에미시 족장 코레하루노 아자마로(伊治あざ麻呂)가 난을 일으켜 한때 타가성을 격퇴했다. 코무천황은 여러 번 대군을 파견하여 이윽고 정이대장군 사카노우에노 타무라마로(坂上田村麻呂)가 반란을 진압하는데 성공했고, 802년 북상천 중류지역에 이사와성(胆沢城)을 축조하고 타가성의 진수부(鎮守府)를 여기에 옮겼다. 그 사이에 북상하여 시와성(志波城)을 축조하여 일본해 측에서도 요네시로천(米代川)유역까지 거의 율령국가의 지배하에 들어갔다.」고 하여,[16] 일본 중심으로 역사가 기술되어 선주민족인 아이누의 입장을 무시하여 일본의 아이누영역에 대한 침략을 세력 확장이라는 이름으로 정당화하고 있다. 이는 아이누민족의 영토인식과

---

14) 전게서, 『詳說 日本史』, pp.49-50.
15) 「킨키지방에 기반을 둔 야마토 정권을 중심으로 국가가 형성됨에 따라서 동북지방에 살고 있던 사람들은 조정으로부터 이민족으로 취급되어 에미시(蝦夷)라고 불리게 되었다. 규슈남부에 살고 있던 하야토(隼人)도 에미시와 마찬가지로 이민족으로 간주되어 무력이나 예능으로 조정에 봉사하게 되었다. 조정은 에미시를 복속시키기 위해 무력으로 토벌하기도 했다. 8세기가 되면 에미시의 사회에서도 유력한 호족이 생겨났다. 8세기 말경에는 자주 에미시의 반란은 호족이 지배를 받고 있던 에미시가 조정에 의한 지배강화를 저항하여 일어났던 것이다.」 전게서, 『詳說 日本史』, p.49.
16) 전게서, 『詳說 日本史』, p.59.

차이를 들어낼 뿐만 아니라, 이러한 일본의 영토인식은 보편적 인식과
는 다소 거리가 있고, 그것은 곧 영토분쟁의 소지를 내포하고 있다고
할 수 있다.

② 한국의 영토범위

고대시대의 한국은 「부여」「옥저」「동예」「삼한」「가야」「백제」「고구려」
「신라」에서 그 영토의 정통성을 찾고 있다.

「부여」에 대해서는 「만주 길림시 일대를 중심으로 송화(쑹화)강 유
역의 평야지대를 중심으로 성장했다.」「부여는 이미 1세기 초에 왕호를
사용하였고, 중국과 외교관계를 맺는 등 발전된 모습을 보였다. 그러나
북쪽으로는 선비족, 남쪽으로는 고구려와 접하고 있다가 3세기말 선비
족의 침략을 받아 크게 쇠퇴하였고, 결국은 고구려에 편입되었다.」라
고 하여 부여도 고구려에 편입된 한국의 영토로 기술하고 있다. 「옥저
와 동예」에 대해서는 「함경도 및 강원도 북부의 동해안에 위치한 옥저
와 동예는 변방에 치우쳐 있어 선진문화의 수용이 늦었으며 일찍부터
고구려의 압력을 받아 크게 성장하지 못하였다.」「옥저는 고구려와 같
이 부여족의 한 갈래였으나 풍속이 달랐다.」「삼한」에 대해서는 「고조
선 남쪽 지역에는 일찍부터 진이 성장하고 있었다. 진은 기원전 2세기
경 고조선의 방해로 중국과의 교통이 저지되기도 하였다.」 마한은 「천
안, 익산, 나주 지역을 중심으로 하여 경기, 충청, 전라도 지방에서 발
전하였다. 마한은 54개의 소국으로 이루어졌다.」[17] 「변한은 김해, 마
산, 지역을 중심으로 진한은 대구, 경주 지역을 중심으로 발전하였다.

---

17) 삼한 중에서 마한의 세력이 가장 컸으며, 마한을 이루고 있는 소국의 하나
   인 목지국의 지배자가 마한 왕 또는 진왕으로 추대되어 삼한 전체의 주도
   세력이 되었다.」 전게서, 『고등학교 국사』, pp.38-42.

변한과 진한은 각기 12개국으로 이루어졌다.」「지금의 한강유역에는 백제국이 성장하면서 마한지역을 통합해갔다. 또 낙동강 유역에는 가야국이, 그 동쪽에서는 사로국이 성장하여 중앙 집권 국가의 기반을 마련하면서 각각 가야 연맹체와 신라의 기틀을 다져 갔다」라고 하여[18] 고조선이 패망하고 고조선의 민족이 소국으로 나누어져 여러 국가를 이루고 있었다고 하여 이들 지역 모두가 한국의 영토로서의 정통성을 갖고 있는 지역이라고 기술하고 있다.

「가야」에 대해서는 「낙동강 하류에 위치하고 있던 변한지역에서 철기문화를 기반으로 2세기 이후 다수의 정치집단이 출현했다. 3세기경은 기원후 42년에 건국한 금관가야를 중심으로 가야연맹왕국으로 발전했다. 가야 소국은 낙랑과 왜의 규슈(九州)지방 사이에서 중계무역이 발달했다. 4세기 초 백제와 신라의 팽창에 의해 가야연맹이 약화되어 4세기 말에서 5세기 초에는 신라를 후원하는 고구려군의 공격을 받고 가야의 중심세력이 해체되어 가야지역은 서해안으로 축소되었다.」[19] 「5세기 초 전기 가야연맹이 해체되었으나, 후진지역이었던 고령, 합천, 거창, 함양 등지의 세력은 유지하였다. 5세기 후반 고령의 대가야가 맹주로 후기 가야연맹을 이루었다. 6세기 초 대가야는 백제, 신라와 대등한 관계에서 세력 다툼을 했고, 신라와 결혼동맹을 체결하여 국제적 고립을 모면하려고 노력했다. 이후 신라와 백제의 다툼 속에서 후기 가야연맹은 분열되고 김해의 금관가야는 신라에 정복당하고 가야의 남부지역은 신라와 백제에 의해 분할 점령당했다. 562년 대가야가 신라에 멸망 당하면서 가야연맹은 완전히 해체되었다.」라고 하여,[20] 가야

---

18) 전게서, 『고등학교 국사』, pp.38-42.
19) 전게서, 『고등학교 국사』 pp.39. pp.49-51.
20) 전게서, 『고등학교 국사』, pp.49-57.

지역이 한반도의 이전 시대를 계승하여 신라와 백제에 흡수되지만, 한 시기에 한국영토로서의 정통성을 갖고 있던 지역이라고 기술하고 있다.

「백제」에 대해서는 「기원전 18년 한강 유역의 토착세력과 고구려계 통의 유이민세력과 결합하여 우수한 철기문화를 기반으로 성립되었다. 한강유역에서 세력을 확장하려고 했던 한의 군현을 저지하고 성장해서 3세기 중엽에 완전히 한강 유역을 장악하게 되었다. 4세기 중반 백제는 마한의 나머지 세력을 정복하여 전라도 남해안에 이르렀고, 북으로는 황해도 지역을 두고 고구려와 대결했다. 낙동강 지역의 가야에 대해서도 지배권을 행사했다. 또 중국의 요서지방으로 진출하여 산동지방과 일본큐슈지방에도 진출했다. 5세기 고구려의 적극적인 남하정책으로 475년 웅진(공주)으로 도읍을 옮기고 대외적으로 세력이 위축되었다. 5세기 후반에는 신라와 동맹을 강화하여 고구려에 대항했다. 538년 대외진출이 용이한 사비(부여)로 도읍을 옮기고 국호를 남부여로 고쳐서 중흥을 꾀했다. 고구려의 내정이 불안한 상황을 틈타서 일시적으로 한강유역을 부분적으로 수복했으나, 바로 신라에게 정복당했다. 백제는 660년 나당연합군의 공격을 받고 사비성이 함락되어 멸망되었다. 백제 멸망 후 「4년간 저항운동은 실패했다.」라고 하여,[21] 지방 세력들이 부흥운동을 벌였고, 왜의 수병도 백제를 지원하기 위해 참전했으나 백촌 강에서 패했다. 백제는 한반도에 세력을 갖고 있던 중국의 한나라 세력을 축출했고, 또한 중국의 요서지방, 산동지방, 일본의 큐슈지방에도 세력을 확장한 적이 있다고 기술하고 있다. 「백제」는 영역을 한반도에 국한하지 않고 중국과 일본의 일부 지역까지 확장하고 있었던 것이다.

---

21) 전게서, 『고등학교 국사』, pp.49-60.

「고구려」에 대해서는 「삼국사기에 의하면 고구려는 기원전 37년 부여의 지배계급의 대립과 분열로부터 박해를 피해서 남하하여 압록강 지류의 동가강 유역에 있는 졸본지방에서 주몽이 건국했다. 고구려는 1세기후반에 태조왕 때 주변의 소국을 정복하여 평야지대로 진출하여 수도를 국내성(통구)으로 중심을 옮겨서 5부족의 연맹을 토대로 성장했다. 한의 군현을 정복하여 요동지방 진출과 함께 동방 부전고원을 넘어서 정복했다.[22] 3세기에는 중국 위나라의 침략을 받아 위축되기도 했으나, 4세기에 낙랑군을 완전히 몰아내고 압록강 중류지역을 벗어나 남쪽으로 진출하는 계기를 마련했으나, 전연(前燕)과 백제의 침략으로 국가적 위기를 맞기도 했다. 5세기에 접어들어 광개토왕 때 만주지방에 대한 대규모 정복사업을 단행했다. 신라와 왜, 가야 사이에 세력경쟁에 개입하여 신라를 침입한 왜를 격퇴하여 한반도 남부에 영향을 미쳤다. 그 후 장수왕 때는 흥안령 일대의 초원지대를 장악했다. 427년에는 평양으로 도읍을 옮기고 백제 수도 한성을 함락하여 한강 전역을 포함하여 죽령 일대부터 남양만을 연결하는 선까지 판도를 넓혔다.[23] 6세기말 남북조로 분열되었던 중국을 통일한 수나라가 고구려를 침공했다. 당시 한반도에서 신라에 위협받고 있던 고구려는 북쪽의 돌궐과 백제, 왜와 연합하여 먼저 중국의 요서지방을 공격했다. 수의 백만 대군의 침입을 받았지만 요하를 지켜내어 을지문덕의 살수대첩으로 612년 승리를 거두었다. 수의 뒤를 이은 당나라가 동북아시아로 세력을 넓혀왔고, 고구려는 천리장성을 쌓고 대항했다. 당 태종은 직접 수십만의 대군을 이끌고 요동의 여러 성을 공격했고, 요하를 건너 요동성, 개모성, 비사성을 장악하고, 645년 전략적으로 중요한 안시성을 공격했

---

22) 전게서, 『고등학교 국사』, p.39. p.49.
23) 전게서, 『고등학교 국사』, pp.49-60

다. 고구려는 안시성에서 당의 침략을 물리쳤다. 이로서 고구려는 중국의 한반도 침략을 저지했던 것이다. 하지만 668년 고구려는 나당연합군의 공격을 받고 요동지방의 방어선이 무너지면서 멸망했다. 고구려에서도 부흥운동을 벌였으나 실패하고 7세기말 고구려 유민들에 의해 발해가 건국되어 고구려의 전통성을 계승했다.」라고 하여,[24] 한국영토의 정통성을 고구려 영역에서 찾을 수 있다고 기술하고, 그 영역에 대해서는 한반도 북부지역을 비롯하여 중국 동북지역의 만주지역도 여기에 포함된다고 했다.

「신라」에 대해서는 「진한(辰韓)의 소국인 사로국(斯盧國)」에서 출발하여 경주지역의 토착집단과 유이민집단이 결합하여 기원전 57년에 성립되었다. 4세기에 내물왕 때에 낙동강의 동쪽에 위치하고 있던 진한지역을 정복하여 중앙집권국가로 발전했다. 왜가 신라의 해안에 침략해왔을 때 고구려군이 신라에 주둔하여 정치를 간섭하기도 했다. 5세기 초에는 백제와 동맹을 맺고 고구려의 간섭을 배제하려고 노력했던 지증왕 때에는 국호를 신라로 정하고 대외적으로 우산국을 복속했다. 법흥왕 때에는 김해지역의 금관가야를 정복했다. 6세기에 고구려의 지배하에 있던 한강유역을 빼앗고 함경도지역으로 진출했다. 남쪽으로는 고령의 대가야를 정복하여 낙동강 서쪽을 장악했다. 한강유역 장악으로 중국진출의 거점을 확보하여 삼국의 주도권을 장악하기 시작했다.[25] 신라는 고구려와의 연합을 시도했으나 실패하고 당나라와 연합하여 한반도를 장악하려고 했다. 당도 신라와 연합하여 한반도를 장악하려는 의도를 갖고 있어서 나당연합군이 결성되었다. 신라는 나당연합군으로 백제와 고구려를 멸망시켰다. 그런데 당이 백제 땅에 웅진

---

24) 전게서, 『고등학교 국사』, pp.58-59
25) 전게서, 『고등학교 국사』, pp.49-60.

도독부, 고구려 땅에 안동도독부, 경주에 계림도독부를 두어 한반도 전체에 대한 지배권을 확보하려고 했다. 신라는 백제와 고구려 유민을 연합하여 당과 대결했다. 신라는 고구려 부흥운동을 지원함과 동시에 백제지역의 주도권을 장악했다. 금강하구의 기벌포에서 당의 세력을 몰아내었으며, 평양의 안동도독부를 요동성으로 밀어내었다. 결국 신라는 대동강에서 원산만에 이르는 경계선만을 확보하게 되었다.」[26] 즉, 대외적으로 왜의 한반도 침략을 물리치고, 동해안에 위치한 우산도를 편입했으며, 한반도를 장악하려고 하는 당의 세력을 물리쳐서 오늘날 한국의 영토를 수호하는 중요한 역할을 했다고 기술하고 있다.

「발해」에 대해서는 「고구려가 멸망한 후 옛 고구려지역인 대동강 이북과 요동지방은 안동도호부가 지배하고 있었다. 698년 상류와 7세기 말 당의 지방에 대한 통제력이 약화되었을 때 고구려 장군출신인 대조영이 중심이 되어 고구려 유민과 말갈 집단을 만주 동부지방으로 이동하여 길림성의 돈화시 동모산 기슭에서 발해를 건국했다. 발해는 일본에 국서를 보낼 때 고려국왕이라는 칭호를 사용하기도 했다. 발해는 영역을 확대하여 옛 고구려 영역의 대부분을 차지했다. 발해의 세력이 확대됨에 따라 신라는 북방경계를 강화했고, 발해는 당의 산동지방을 공격하고, 요서지역에서 당군과 격돌하기도 했다. 말갈은 돌궐과 일본 등과 교류관계를 맺고 당과 신라를 견제했다. 발해는 중국과 대등한 관계를 갖고 있었으나, 지도층의 내분으로 국력이 약화되었다. 그러나 9세기 전반에는 말갈족을 복속하고 요동지역을 진출했다. 신라와 국경을 접하게 되었다. 10세기 초에는 부족을 통일한 거란의 침입으로 926년 멸망했다. 유민들의 부흥운동이 실패로 끝나면서 만주지방에 대한

---

26) 전게서, 『고등학교 국사』, p.60.

지배력이 급격히 감소되었던 것이다.」[27] 즉, 발해는 고구려 장군출신
이 세운 국가라고 하여 한국영토로서의 정통성을 갖고 있는 국가로서
고구려의 옛 영토를 회복했다고 기술하고 있다. 여기서 한국영토의 범
위를 고조선에 이어 고구려, 발해로 이어져서 만주지역이 한국영토로
서의 정통성을 갖고 있다는 것을 강조하고 있다. 반면 현재 실효적 지
배를 하고 있는 중국의 입장에서 본다면 또 다른 해석이 충분히 나올
수 있을 것이다.[28]

「후삼국」에 대해서는 「견훤은 전라도 지역의 군사력과 호족 세력을
토대로 완산주(전주)에 도읍을 정하고 후백제를 세웠다(900). 후백제는
차령산맥 이남의 충청도와 전라도 지역을 차지하였다.」 「궁예는 권력
투쟁에서 밀려난 신라왕족의 후예로서 처음에는 북원(원주)지방의 도
적 집단인 양길의 아래에 들어가 강원도, 경기도 일대의 중부 지방을
점령하였다. 이어서 예성강 유역의 황해도 지역까지 세력을 넓혔다. 그
는 세력이 커지자 양길을 몰아낸 다음 송악(개성)에 도읍을 정하고 독
립하여 후고구려를 세웠다(901).」 「그 후 궁예는 한강유역을 차지한 다
음 조령을 넘어 상주 일대로 세력을 확장하였으며, 영주를 차지하여
옛 신라 땅의 절반 이상을 확보하였다. 이와 같이 영토가 확장되고 국
가 기반이 다져지자 도읍을 철원으로 옮기면서 국호를 마진으로 바꾸
었다가 다시 태봉으로 바꾸고 새로운 정치를 추구했다. 그러나 백성과
신하들의 신망을 잃게 되어 신하들에 의해 축출되었다.」라고 하여,[29]

---

27) 전게서, 『고등학교 국사』, pp.62-63.
28) 중국은 동북공정을 실시하여 고구려가 중국의 변방국가라고 하여 중국영
    토로서의 정통성을 고구려 영역에서도 찾으려고 하고 있다. 이처럼 서로
    자신들의 입장에서 2분법적으로 해석함으로써 영토적 권원을 두고 대립
    되는 현상이 나타난다.
29) 전게서, 『고등학교 국사』, pp.66-67.

후삼국도 한국영토의 정통성을 가지고 있는 지역으로 기술하고 있다.

(3) 중세의 영토

① 일본의 영토범위

「가마쿠라시대(1185-1333)」에 대해서는 「남북조동란이 계속되고 무로마치막부가 권력을 확립해가고 있던 14세기 후반부터 15세기에 걸쳐서 왜구라고 불리는 일본인을 중심으로 하는 해적집단이 조선반도나 중국대륙연안으로 맹위를 떨쳤다. 왜구의 주요근거지는 쓰시마(対馬), 잇키(壱岐), 히젠(肥前), 마쓰우라(松浦)지방 등으로 그 규모는 배2-3척의 빈약한 것에서 수백 척으로 조직된 것도 있었다」라고 하여 쓰시마, 잇키, 히젠, 마쓰우라 지방 등을 영역으로 보고 있고, 게다가 그 위력은 한반도와 중국대륙 연안에까지 세력이 미치고 있었다고 기술하여 영토적 권원을 대륙에서도 찾으려고 하는 모습이 엿보인다.[30]

「이미 14세기에는 쓰가루의 토사미나토(十三湊)를 연결하는 일본해 교역이 번성하여 사케, 곤부 등 북해의 산물이 교토에 공급되었다. 이윽고 남에서 쓰가루해협을 건너간 사람은 에죠가시마(蝦夷ヶ島)라고 불리는 홋카이도의 남부에 진출하여 각지의 해안에 항구와 공관을 중심으로 거주지를 만들었다. 그들은 화인(和人: 일본인)이라고 불리우며 쓰가루의 호족 안도(安藤)씨의 지배하에 속하여 세력을 확대했다. 화인이 아이누인들과 교역을 했는데, 화인의 진출로 점차로 아이누를 압박하여 이를 참지 못하여 1457년 대 수장 코사마인을 중심으로 봉기를 일으켜 대부분의 화인의 거주지를 함락했다. 그 후 가키자키(蠣崎)씨는

---

30) 전게서, 『詳説 日本史』, p.123.

도남(道南)지방의 화인 거주지의 지배자로 성장하여 에도시대에는 마쓰마에(松前)라는 이름으로 에죠지를 지배하는 다이묘가 되었다」라고 하여[31] 중세말기에 홋카이도 남부를 지배하면서 아이누와 대립관계에 있었다고 기술하고 있다.

그러나 「오키나와」대해서는 「1429년 유구 왕국이 만들어졌고, 유구는 명과 일본 등과 국교를 맺고 있으면서도 유구섬은 명, 일본, 조선뿐만 아니라, 남방의 자와섬, 수마트라섬, 인도차이나반도 등까지 행동범위를 넓히면서 동남아시아 제국간의 중계무역으로 활약을 했다. 나하는 동아시아에서 중요한 교역시장이 되어 유구(琉球)왕국은 번영했다.」고 하여[32] 이 시기의 유구는 일본과 국교를 맺고 있는 이국임을 명시하고 있다. 그리고 일본역사에서 유구에 대해 취급하고 있다는 것은 현재 일본영토라는 인식에 의거한 것이다.

② 한국의 영토범위

「고려시대(918-1392)」에 대해서는 「처음 거란은 80만 대군으로 침입해왔다(993).」「서희가 거란과 협상에 나섰다. 이 때 거란으로부터 고려가 고구려의 후계자임을 인정받고 압록강 동쪽의 강동6주를 확보하는 한편, 거란과 교류할 것을 약속하였다.」「거란군이 퇴각한 뒤 고려는 송과 친선관계를 계속 유지하면서 거란과 교류하려 하지 않았다. 이에 거란은 강조의 정변을 계기로 강동 6주를 넘겨줄 것을 요구하면서 40만 대군으로 다시 침입해왔다(1010). 이때 개경이 함락되는 어려움을 겪기도 하였으나 거란군의 뒤에서 양규가 선전하였다. 이에 거란군은 퇴로가 차단될 것을 두려워하여 고려와 강화하고 물러갔다. 여러

---

31) 전게서, 『詳說 日本史』, p.126.
32) 전게서, 『詳說 日本史』, p.125.

차례 소규모의 침입을 시도하던 거란을 다시 10만의 대군으로 침입해 왔다(1018). 개경 부근까지 침입해온 거란은 도처에서 고려군의 저항을 받고 퇴각하던 중 귀주에서 강감찬이 지휘하는 고려군에게 섬멸되었다. 이 때 살아서 돌아간 거란의 군사가 수천에 불과할 정도였다 (1019).」「결국 고려가 거란과 싸워 승리함으로써 고려, 송, 거란 사이에는 세력의 균형이 유지될 수 있었다.」「북쪽 국경일대에 장성을 쌓아 거란은 물론 여진의 침입까지 방어하려 하였다. 이것이 압록강 어귀에서 동해안의 도련포에 이르는 천리 장성이다.」라고 하여33) 서희가 담판으로 고구려의 옛 영토수복을 의도하여 강동6주를 회복했다. 그러나 거란의 재차 침입으로 결국 선전은 하였지만 결국 강동6주를 내어주고, 압록강에서 도련포까지 후퇴함으로써 영토가 축소되었다고 기술하고 있다.

「여진은 한때 말갈이라 불리면서 오랫동안 고구려에 복속되어 있었고, 발해가 멸망한 뒤에는 여진으로 불리면서 발해의 옛 땅에서 반독립적 상태로 세력을 유지하고 있었다. 고려는 두만강 연안의 여진을 경제적으로 도와주면서 회유, 동화 정책을 펴서 이들을 포섭해 나갔다. 그러나 12세기 초 만주 하얼빈 지방에서 일어난 완옌부의 추장이 여진족을 통합하면서 정주까지 남하하여 고려와 충돌을 빚게 되었다.」「윤관은 별무반을 이끌고 천리 장성을 넘어 여진족을 북방으로 쫓아 버리고 (1107), 동북지방 일대에 9성(위치에 대해서는 여러 가지설이 있음)을 쌓아 방어했다.」「그 후 여진족은 더욱 강성해져 만주 일대를 장악하면서 국호를 금이라 하고(1115), 거란을 멸한 뒤 고려에 군신 관계를 맺자고 압력을 가해 왔다. 고려는 그들의 사대요구를 둘러싸고 정치적

---

33) 전게서, 『고등학교 국사』, pp.84-85.

분쟁을 겪기도 했지만, 현실적으로 금과 무력 충돌이 불가능한 점을
고려하여 결국 금의 요구를 받아들였다.」라고 하여,[34] 고려는 고구려
의 후예로서 고구려에 복속되어 은혜를 입고 있던 말갈의 후예인 금나
라에게 군신관계를 강요당하여 속국의 지위로 격하되었다고 기술하고
있다.[35]

「왕건은 본래 송악 지방의 호족 출신으로 예성강 하구를 중심으로
중국과의 해상 무역을 통하여 성장한 호족들과 연합하여 세력을 강화
하였다. 그 후 궁예의 신하가 되어 한강 유역을 점령하는 등 영토 확장
의 공을 세웠다. 특히 수군을 이끌고 금성(나주)을 점령하여 후백제를
배후에서 견제하는 데 큰 공을 세워 공평성 시중의 지위까지 올랐다.
왕건은 궁예나 견훤과는 달리 자신이 호족적 기반을 가지고 있었고,
새로운 사회를 건설 할 수 있는 경륜과 철학을 가지고 있었다.」「발해가
거란에 멸망당했을 때(926) 고구려계 유민을 비롯하여 많은 사람들이
고려로 망명해 왔다. 이에 고려 태조는 후삼국뿐만 아니라 발해의 고구
려계 유민들까지 포함하는 민족의 재통일을 이룩하였다」라고 하여,[36]
고려가 발해의 유민까지 포함하여 민족의 재통일을 이루었다고 하여
고토회복 차원에서 발해영토까지 수복의 대상으로 기술하고 있다.

「고려는 오랜 항쟁의 결과 원에 정복당했거나 속국이 되있던 다른
나라들과는 달리 원의 부마국이 되었다. 고려의 국왕은 원의 공주와
결혼하여 원 황제의 부마가 되었고, 왕실의 호칭과 격이 부마국에 걸

---

34) 전게서, 『고등학교 국사』, pp.84-85.
35) 「속국」에 대한 견해는 현재 한국과 중국은 달리하고 있는 듯하다. 중국은
　　중국영토의 일부라는 인식을 갖고 있고, 한국은 영토귀속과는 무관했다고
　　주장한다. 이러한 양국의 인식은 한국은 현재의 상황을 바탕으로 해석하
　　려하고 있고, 중국은 당시의 상황을 고려하여 인식하려하기 때문이다.
36) 전게서, 『고등학교 국사』, p.73.

맞는 것으로 바뀌었다. 아울러 관제도 개편되고 격도 낮아졌다.」「이러한 원의 내정간섭과 경제적인 수탈은 고려사회에 커다란 영향을 끼쳤다.」「왕권이 원에 의지하여 유지됨은 물론 통치 질서가 무너져 제 기능을 수행하지 못하였다」라고 하여,[37] 국력의 약화로 자주적인 국가를 유지하지 못하고 부득이 원나라의 내정간섭을 받을 수밖에 없었지만, 최소한 영토 주권만큼은 지켜내었다고 강조하고 있다.

「14세기 중반에 이르러 공민왕은 원, 명 교체기를 이용하여 개혁을 추진하였다. 공민왕 때의 개혁은 대외적으로 반원 자주를 실현하고 대내적으로는 왕권을 강화하려는 것이었다.」「공민왕의 자주정책은」「무력으로 쌍성총관부를 공격하여 철령 이북의 땅을 수복하였으며, 더 나아가 고구려의 옛 땅을 되찾기 위하여 요동지방을 공략하였다.」라고 하여,[38] 국력이 약화되었을 때는 최대한 영토주권을 지키기 위해 내정간섭을 피할 수 없었지만, 기회가 있을 때마다 고토회복을 위해 노력하였다고 기술하고 있다.

「13세기 초 오랫동안 부족단위로 유목생활을 하고 있던 몽고족이 통일된 국가를 형성하면서 금을 공격하여 북중국을 점령했다.」「몽고의 침입에 밀려 조선을 침입하는 거란군을 토벌하고 그 대가로 조선에 대해 지나친 공물을 요구했다.」「마침 고려에 왔던 몽고 사신 일행이 귀국하던 길에 국경 지대에서 피살 되는 사건이 발생했는데, 이를 구실로 몽고군이 침입해왔다(1231).」「고려 조정에서는 몽고와 강화를 맺으려는 주화파가 득세하여 최씨 정권이 무너지고 전쟁은 끝이 났다. 몽고가 고려와 강화를 맺고 고려의 주권과 고유한 풍속을 인정한 것은 고려를 직속령으로 하여 완전 정복을 계획했던 것이 아님을 의미한다. 이것은

---

37) 전게서, 『고등학교 국사』, p.88.
38) 전게서, 『고등학교 국사』, p.89.

고려의 끈질긴 항전의 결과이다」라고 하여,[39] 고려의 끈질긴 국권수호 의지에 의해 몽고의 침입에 항복은 하였지만, 영토 주권만큼은 수호했다고 기술하고 있다.

(4) 근세의 영토

① 일본의 영토범위

「히데요시시대(1585-1598)」에 대해서「전국 통일을 한 히데요시는 이러한 정세 속에서 일본을 중심으로 하는 새로운 동아시아 국제질서를 만들려고 했다. 히데요시는 고아의 포르투갈 정청(政廳), 마닐라의 스페인 정청, 고산국(대만) 등에 복속과 입공을 요구했지만, 그것은 히데요시의 대외정책의 표출이었다. 1587년 히데요시는 대마도 종(宗)씨를 위협하여 조선에 대해 조공과 명나라 침공의 선도를 요구했다. 조선이 이를 거절하자 히데요시는 출병준비를 비롯해 히젠의 나고야에 본진을 구축하여 1592년 15만여 대군을 조선에 파병했다.」「1597년 히데요시는 재차 조선에 14만여 병을 보냈지만, 일본군은 처음부터 고전하여 다음해 히데요시가 병사하여 철병했다」라고 하여,[40] 히데요시 시대의 일본은 일본열도 이외의 지역에 대해 영토직 권원을 만들려고 했으나, 실패했다고 기술하고 있다.

「도쿠가와시대(1600-1868)」에 대해서는「도쿠가와는 조선과 강화를 희망하고 1609년 기유조약을 체결했다. 이것은 근세 일본과 조선과의 관계의 기본이 되었다. 부산에 왜관을 설치하고 쓰시마번 종(宗)씨에게 조선외교상 특권적 지위를 양국이 인정했다. 조선은 12번에 걸쳐

---

39) 전게서,『고등학교 국사』, pp.86-87.
40) 전게서,『詳說 日本史』, p.159.

사절단을 일본에 파견했다」고 하여,[41] 양국 간에는 종(宗)씨의 담당으로 외교관계를 갖고 있었지만, 실제로는 12차례나 사신을 파견한 일본의 조공국 정도로 기술하고 있다.

또한 「유규왕국」에 대해서는 「상(尙)씨에게 석고(石高) 8만9000여석의 왕위를 주어 독립된 왕국 형태를 취하도록 하여 중국과의 조공무역을 계속적으로 인정했다. 유구는 국왕이 바뀔 때마다 취임을 축하하는 사은사, 또 장군이 바뀔 때마다 봉축하는 경하사를 막부에 파견했다」라고 하여 유구가 독립국으로 존재했지만, 실질적으로는 일본의 권력하에 있었다고 기술하고 있다.

에죠지 지역의 화인(和人) 거주지였던 홋카이도 남부에 세력을 가지고 있었던 가키자키씨는 근세에 마츠마에(松前)로 개칭하여 1604년 도쿠가와 이에야스로부터 아이누와의 교역독점권을 보장받고 번제(藩制)에 편성되었다. 화인거주지 이외의 광대한 에조지의 하천유역 등에 거주하는 아이누집단과의 교역 대상지는 상거래 장소 혹은 바쇼(場所)라고 불리었는데, 그곳에서의 교역수입은 가신에게 주어졌다. 아이누집단은 1669년 샤크샤인을 중심으로 마츠마에번과 대립하여 투쟁했지만, 마츠마에번은 이들을 쓰가루번의 협력을 얻어 진압했다. 아이누는 전면적으로 마츠마에번에 복종하게 되었고, 게다가 1716년-40년경까지 많은 상거래 장소가 화인 상인의 청부가 되었다」라고 하여,[42] 홋카이도가 이미 에도시대의 17세기부터 아이누인이 일본에 복종하여 일본영토가 되었다고 기술하고 있다. 사실 홋카이도가 정식으로 일본영토에 편입된 것은 1969년의 영토 편입 조치 이후이다.

또한 「1792년 러시아사절 라크스만이 네무로(根室)에 내항하여 표

---

41) 전게서, 『詳說 日本史』, p.178.
42) 전게서, 『詳說 日本史』, pp.178-179.

류민 송환과 더불어 통상을 요구했다. 그때 사절이 에도만 입항을 요구한 것에 자극되어 막부가 바다 경비를 강화할 것을 각 번에 명했다. 게다가 1798년 막부는 콘도 쥬죠(近藤重蔵)에게 치시마(千島: 쿠릴열도)를 탐사하도록 했고, 이듬해 동부 에죠지를 직할지로 삼았다」라고 하여,43) 러시아의 남하에 자극되어 일본이 치시마를 탐사했고, 러시아보다 먼저 동부 에죠지를 직할지로 선점했다고 주장하고 있다. 여기서 치시마 탐사 이전에 치시마가 러시아에 의해 먼저 선점되었던 것에 대해서는 전혀 언급하지 않고 있다. 이러한 기술은 일본의 쿠릴열도 남방 4도(북방4도)의 영유권 주장을 정당화하려는 의도가 깔려있다. 이처럼 러시아의 입장을 전적으로 무시하는 기술은 러일 간에 분쟁지역을 조장하는 요인으로 작용한다.

또 「1804년 러시아사절 레자노프가 라쿠스만이 휴대하고 간 입항허가증을 가지고 나가사키에 내항했는데, 막부가 정식사절을 냉담하게 대하여 돌려보냈다. 그 후 러시아선박이 카라후토와 에도로프 섬을 공격했다. 그 사이에 막부는 대외적 경계를 증강하여 1807년 마쓰마에, 에조지를 모두 직할지로 하여 마쓰마에부교 하에 두었고, 동북 여러 번에게 경비를 맡도록 했다. 게다가 이듬해 마미야 린죠(間宮林蔵)에게 카라후토(樺太: 사할린)와 그 내안을 답사하도록 했다. 그후 1811년 러시아와의 관계는 고로우닌(Golocnin)사건44)을 계기로 개선되어 막부는 1821년 에조지를 마쓰마에 번에 환부했다」라고 하여,45) 이때에 에

---

43) 전게서, 『詳說 日本史』, p.208.
44) 1811년 러시아군함 선장이었던 고로우닌이 쿠나시리에 상륙하였다가 일본경비병에게 잡혀서 하코다테·마츠마에에 감금되었는데, 러시아측에서도 이듬해 마찬가지로 에토로프에서 일본인을 억류하였다가 서로 교환하는 형식으로 해결된 사건.
45) 전게서, 『詳說 日本史』, pp.208-208.

조지 전부가 마쓰마에번 소속이 되어 일본영토가 되었다고 기술하고 있다. 그러나 사실 러일간의 영토분쟁은 1855년 화친조약으로 1차적으로 일부가 합의되고, 1875년 사할린과 쿠릴열도 교환조약으로 19세기의 러일 영토문제가 일단락되었던 것이다.

② 한국의 영토범위

근세 조선(1392-1910)(초중기)에 대해서는 「세종 때 4군과 6진을 설치하여 압록강과 두만강을 경계로 하는 오늘날과 같은 국경선을 확정하였다」라고 하여 고토회복의 정신에 입각하여 압록강과 두만강까지 고토를 회복했다고 기술을 하고 있다.

「고려 말부터 조선 초기까지 계속된 왜구의 침략으로 해안 지방의 백성들이 산속으로 숨어들어가 농사를 제대로 지을 수 없을 정도였다. 이에 조선은 수군을 강화하여 성능이 뛰어난 전함을 대량으로 건조하였다.」「이후에도 왜구의 약탈이 계속되자 이를 강력히 응징하기 위하여 왜구의 소굴인 쓰시마 섬을 토벌하였다. 아울러 왜구의 요구를 받아들여 남해안의 부산포, 제포(진해), 염포(울산) 등 3포를 개방하여 무역을 허용했다」고 하여 왜구의 침입에 대항하여 국권을 수호하기 위해 당근과 채찍으로 영토를 수호했다고 기술하고 있다.

「일본은 전국시대의 혼란을 수습한 뒤 철저한 준비 끝에 20만 대군으로 조선을 침략해왔다(1592).」「3년여에 걸친 명과 일본 사이의 휴전회담이 결렬되자 왜군이 다시 침입해왔다(1597). 이를 정유재란이라 한다. 그러나 조, 명 연합군이 왜군을 직산에서 격퇴하고 이순신이 적선을 명량에서 대파하자 왜군은 남해안 일대로 다시 후퇴하였다. 결국 전세가 불리해진 왜군은 도요토미 히데요시가 죽자 본국으로 철수했다」라고 하여, 일본의 침입에 대해 명의 구원과 이순신을 비롯한 민중들의 영토수호 의지에 의해 영토를 수호해 내었다고 기술하고 있다.

「임진왜란을 겪는 동안에 명의 힘이 약한 틈을 타서 1616년 후금이 건국되었는데, 서쪽으로 세력을 확장하던 후금이 명에 대해 전쟁을 포고하였다. 이에 명은 후금을 공격하는 한편 조선에게 원군을 요청하였다.」「결국 조,명 연합군은 후금군에게 패하였고, 강홍립 등은 후금에 항복하였다. 이후에도 명의 원군 요청은 계속되었지만, 광해군은 이를 적절히 거절하면서 후금과 친선을 꾀하는 중립적인 정책을 취하였다」라고 하여,[46] 조선은 국가 수호를 위해 청국의 강압에 대해 능숙한 외교로 주권을 수호해왔다고 기술하고 있다.

「인조 반정을 주도한 서인은 광해군의 중립 외교 정책을 비판하고, 친명 배금정책을 추진하여 후금을 자극하였다. 후금은 광해군을 보복한다는 명분을 내걸고 쳐들어와 평안도 의주를 거쳐 평산에 이르렀다(1627). 이를 정묘호란이라고 한다.」「그 후 후금은 세력을 더욱 확장하여 국호를 청이라 고치고 심양을 수도로 하였다. 군신관계를 맺자는 청의 요구에 조선에서는 외교적 교섭을 통하여 문제를 해결하자는 주화론과 청의 요구에 굴복하지 말고 전쟁까지도 불사하자는 주전론이 대립하였다. 결국 대세가 주전론으로 기울자 청은 다시 대군을 이끌고 침입해 왔다(1636). 이를 병사호란이라 한다. 인조는 남한산성으로 피신하여 청군에 대항했으나 결국 청에 굴복하고 말았다. 이로써 조선은 청과 군신 관계를 맺게 되었고, 두 왕자와 강경한 척화론자들이 인질로 잡혀갔다」라고 하여,[47] 자주적 국가수호를 시도했으나 결국 청나라에게 패하였지만, 군신관계로 영토주권만은 지켜냈다고 기술하고 있다.

「그 동안 조선에 조공을 바쳐왔고, 조선에서도 오랑캐로 여겨 왔던

---

46) 근세시대 왜구에 관한 내용은 모두 『고등학교 국사』, pp.112 – 113 참조.
47) 전게서, 『고등학교 국사』, p.114.

여진족이 세운 나라에 거꾸로 군신관계를 맺게 되고, 임금이 굴욕적인 항복을 했다는 사실은 조선인들에게 커다란 충격이었다. 이에 따라 청에 대한 적개심과 문화적 우월감으로 인하여 북벌론이 제기되었다.」「효종은 청에 반대하는 입장을 강하게 내세웠던 송시열, 송준길, 이완 등을 중용하여 군대를 양성하고 성곽을 수리하는 등 북벌을 준비했다. 그 뒤 숙종 때에도 청의 정세 변화를 이용하여 윤휴를 중심으로 북벌의 움직임이 제기되기도 하였으나 현실적으로 북벌을 실천에 옮기지는 못하였다」라고 하여,[48] 청국에 침략당한 것에 대한 회한이 남아있어서 고토회복의 기운이 계속적으로 남아 있었으나, 국력의 부족으로 실행에 옮길 수가 없었다고 기술하고 있다.

(5) 근대의 영토

① 일본의 영토범위

「메이지시대(1868-1912)」에 대해서는 「일본은 1871년 청국에 사절을 파견하여 일청수호조규를 체결했다. 그런데 그 후 대만에서 유구 어민살해사건을 둘러싸고 청국과 유구 어민 보호의 책임문제를 들고 나와 사족의 강경론에 의해 1874년 대만을 출병했다」고 하여,[49] 일본 국민인 유구 어민 살해에 대한 문책으로 대만을 침략했다는 식으로 기술하고 있다. 그러나 이는 당시의 유구는 일본의 지배를 받고 있지 않은 시기였으며, 유구에서 일본정부에 공식적으로 요청한 바도 없었다. 그런데 일본이 대만을 침략한 것은 영토확장의 의도를 갖고 침략했던 것이다. 그럼에도 불구하고 대외침략의 부당성에 관해서는 전혀 기술

---

48) 전게서, 『고등학교 국사』, pp.114-115.
49) 전게서, 『詳說 日本史』, pp.248-249.

하지 않았다.

「유구」에 대해서는「에도시대 이래 시마즈씨의 지배하에 있었는데, 또 청국에게도 명목상으로 귀속되어 있는 복잡한 양속관계에 있었다. 정부는 이를 일본영토로 한다는 방침을 취하여 1872년 유구번을 두고 상태(尙泰)를 번왕으로 했다. 이어서 1879년 이를 폐지하여 오키나와 현의 설치를 강행했다」라고 하여,50) 시마즈씨의 지배하에 있었으므로 일본령으로 하는 것을 당연하다는 식으로 기술하여 독립국 유구의 입 장을 전적으로 무시한 타민족의 침략성을 은폐하고 있다.

「또 막부 이래 러시아 사이에서 현안이 되어 있던 카라후토 귀속에 대해서 일본은 홋카이도 개척을 일찍 서둘렀기 때문에 1875년 카라 후토/치시마교환조약으로 일본은 카라후토가 가지고 있는 모든 권리 를 러시아에게 양보하고, 그 대신에 치시마열도 전도를 영유하여 해 결했다. 또 소속이 명확하지 않았던 오가사와라제도를 일본의 영유로 하고 영국, 미국 양국이 여기에 이의를 제기하지 않았기 때문에 1876 년 내무성의 관할 하에 두었다. 이처럼 해서 남북 양면에 걸친 일본영 토가 국제적으로 확정되었다」라고 하여,51) 특히 카라후토와 치시마 에 관해서 그곳은 아이누의 영역이었는데, 피지배민족인 아이누의 입 장을 전적으로 무시하고 일본의 영토편입의 정당성만을 강조하고 있 는 듯하다.

「청일전쟁」에 대해서는「1894년 조선에서 감세와 배일을 요구하는 농민의 반란이 일어나자, 청국은 조선정부의 요청을 받아들여 출병함 과 동시에 텐진조약에 따라 이를 일본에 통지했다. 그때 일본은 청국에 대항하여 출병했다. 양국의 출병으로 농민군은 조선정부와 화해했지

---

50) 전게서, 『詳說 日本史』, p.249.
51) 전게서, 『詳說 日本史』, p.250.

만, 일청양국은 조선의 내정개혁을 둘러싸고 그해 8월 일본은 청나라
에 선전을 포고하고 일청전쟁을 시작했다」라고 하여, 마치 한국문제로
양국이 충돌하여 전쟁으로 몰아넣은 듯이 기술하고 있다. 그러나 강화
조약의 내용을 보면, 「(1)청국은 조선의 독립을 인정하고 (2)요동반도,
대만, 팽호제도를 일본에 양도하고,(3)..... (4)새로 사시, 중경, 소주, 항
주의 4항을 개항한다」라고 하여, 일본은 요동반도, 대만, 팽호제도 등
주변국가의 영토를 분할함과 동시에 이권을 확보했다. 그럼에도 불구
하고 이러한 일본의 의도적인 침략성에 관해서는 전혀 기술하지 않고
있다.

「요동반도의 할양」에 대해서는 「만주에 이해관계가 있는 러시아를
자극하여 러시아는 프랑스, 독일 양국을 권유하여 동 반도의 반환을
일본에게 요구했다. 3국의 연합에 대항할 힘이 없다고 판단한 일본정
부는 이들의 권고를 받아들였다」라고 하여,52) 러시아의 방해 때문에
일본이 전승 결과 확보한 영토를 부득이 반환했다는 식으로 기술하고
있다.

「3국 간섭」에 대해서는 「일본에 요동반도의 반환을 요구한 러시아
가 요동반도를 조차한 것은 일본국민들이 분개하게 되었다. 일본정부
는 한국문제에 있어서 러시아의 양보를 기도하여 러시아의 협조를 요
구했다」라고 하여53) 조선침략에 대한 도덕성의 문제는 기술하지 않고
오히려 러일 양국이 중국과 조선영토를 분할하는 것은 당연한 논리라
는 것으로 기술하고 있다.

「일본과 러시아교섭이 1904년 초 결렬되어 그해 2월 양국은 서로 선
전포고하여 러일전쟁을 시작했다. 일본은 러시아의 만주점령에 반대하

---

52) 전게서, 『詳說 日本史』, p.267.
53) 전게서, 『詳說 日本史』, p.279.

는 영국과 미국의 지지를 비롯해 러시아국내의 혼란을 틈타 전국(戰局)이 유리하게 전개되었다. 개전 다음해 초 많은 희생으로 겨우 러시아의 근거지 여순을 함락시키고 이어서 봉천을 점령했고, 그해 5월 일본해해전의 승리로 군사상의 승패가 결정되었다.」라고 하여, 일본의 영토적 야욕에 의해 전쟁이 발발된 것에 대해서는 언급하지 않고 양국이 동시에 전쟁을 원했던 것으로 기술하고 있다, 그러나 강화조약에서는 「러시아는 (1)한국에 대한 일본의 지도, 감독권을 전면적으로 인정하고, (2)청국영토내의, 여순, 대련의 조차권, 장춘 이남의 철도와 그 부속 이권을 일본에게 양도하고, (3)북의 50도 이남의 카라후토와 부속의 여러 섬을 양도하고, (4) 연해주와 캄차츠카의 어업권을 일본에 인정한다」고 하여,[54] 강화조약에서는 일본이 러시아로 하여금 한국과 중국에 대해 주권을 제한하고 권익을 확보한다는 것을 인정하도록 하는 내용이 대부분이다. 이처럼 일본은 중국과 조선의 영토침략이 사전에 계획된 것임에도 불구하고 이러한 사실을 전부 은폐하고 있다.

「러일전쟁(1904-1905) 이후 일본은 1905년 제2차 일한협약을 체결하여 한국의 외교권을 강압하여 한성(漢城: 현 서울)에 통감부를 두고 이토 히로부미가 초대통감이 되었다. ...... 이에 대해 한국은 1907년 헤이그 제2회 만국평화회의에 황제의 밀사를 보내 항의했지만, 받아들여지지 않았다. 일본은 이 사건을 계기로 제3차 일한협약을 체결하여 한국의 내정권을 장악하고 한국 군대를 해산했다. ....일본정부는 1910년에 한국합병을 단행하여 식민지로서 한국총독부를 두었다」라고 하여,[55] 한국의 입장에 대해서는 전혀 언급하지 않고, 한국의 저항 없이 일본이 아주 평온하게 1910년 한국 합병을 이룩한 것처럼 기

---

54) 전게서, 『詳説 日本史』, p.271.
55) 전게서, 『詳説 日本史』, p.272.

술하고 있다.

이러한 형태의 교과서로 교육을 받은 일본 국민의 영토의식은 영토 확장에 대한 문제의식을 전혀 갖지 못하는 것은 당연하다. 일본은 영토 침략의 문제성을 교과서에 기술하여 타민족의 영토침략이 잘못된 것임을 교육하지 않고 있다. 이로 인해 결국 일본은 영토침략의 문제점에 대한 인류 보편적인 인식을 갖지 못하여 현재 진행 중인 주변국간의 영토분쟁에 대해서도 외교적 타협으로 문제를 평화적으로 해결하는 것이 불가능하게 될 것이다.

② 한국의 영토범위

근대 조선(후기)에 대해서는 「청은 중국대륙을 차지한 후에도 그들의 본거지였던 만주 지방에 관심을 기울여 이 지역을 성역화하였다. 우리나라 사람들의 일부가 두만강을 건너 인삼을 캐거나 사냥을 하는 경우가 있었기 때문에 청과 국경 분쟁이 일어났다. 이에 조선과 청의 두 나라 대표가 백두산 일대를 답사하고 국경을 확정하여 정계비를 세웠다(1712).」「정계비에서는 양국 간의 국경은 서쪽으로는 압록강, 동쪽으로는 토문강을 경계로 한다고 하였다. 그런데 19세기에 이르러 토문강의 위치에 대한 해석상의 차이 때문에 두 나라 사이에 간도 귀속 문제가 발생하였다. 결국 간도는 우리가 외교권을 상실한 상태에서 청과 일본 사이에 불법적으로 체결된 간도협약(1909)에 따라 청의 영토에 귀속되고 말았다.」라고 하여,[56] 청과 조선 양국이 백두산정계비를 세워 토문강 이남을 국경으로 확정했는데, 일본이 조선침략의 일환으로 자신들의 권익 확보의 대가로 간도를 청국영토로 인정하여 한국의 간도 영토가 일본에 의해 상실하게 되었다고 간접적으로 기술하고 있다.

---

56) 전게서, 『고등학교 국사』, p.130.

「울릉도와 독도는 삼국시대 이래 우리의 영토였으나 일본어민들이 자주 이곳을 침범하여 충돌이 일어나기도 했다. 숙종 때 안용복은 울릉도에 출몰하는 일본 어민들을 쫓아내고, 일본에 건너가 울릉도와 독도가 조선의 영토임을 확인받고 돌아왔다. 그 후에도 일본 어민들의 침범이 계속되자 19세기 말에 조선 정부에서는 적극적으로 울릉도 경영에 나서 주민의 이주를 장려하였고, 울릉도에 군을 설치하여 관리를 파견하고 독도까지 관할하게 하였다.」라고 하여,[57] 울릉도, 독도의 관할의 정당성을 기술하고 있다.

(6) 현대의 영토

① 일본의 영토범위

전시 중의 영토문제에 대해서는 「1941년 9월 6일 어전회의에서 일미교섭의 결렬로 대미 개전을 결정했고, 일미교섭은 만주를 제외한 중국에서 일본군의 전면 철수, 3국동맹의 사문화를 요구하는 미국과 이를 반대하는 일본 사이에 타협되지 않았는데, 코노에(近衛)내각은 계속교섭을 요구했고, 도죠 히데키(東条英樹) 육군대신은 개전을 주장했다」라고 하여,[58] 일본은 당시 수상 코노에의 주장을 따르지 않고 육군대신 도죠의 개전론을 선택했기 때문에 전쟁에서 실패하여 청일전쟁 이후 꾸준히 확장한 영토를 잃게 되었다는 식으로 기술되어있다.

일본은 「홍콩, 마닐라, 싱가포르를 점령했는데, 제2차대전의 목표는 구미열강의 지배에서 아시아를 해방하고 대동아공영권을 건설하는 것이라고 했다.」 「한편 도조내각은 동남아시아지역의 구미 식민지를 독립

---

57) 전게서, 『고등학교 국사』, p.131.
58) 전게서, 「詳説 日本史」, 山川出版社, p.330.

시키고 1943년에는 그 정부 대표자를 도쿄에 모아 대동아회의를 개최했고, 아시아의 구미식민지에서 벗어나야한다고 주장했다. 그러나 대동아공영권내에서도 구미 열강을 대신해서 일본의 지배에 대한 항일운동이 각지에서 일어났다」라고 하여,[59] 일본은 홍콩, 마닐라, 싱가포르까지 영토를 확장하여 일부 국가에서 반대도 있었지만, 유럽식민지 지배에서 해방된 대동아시아 건설을 목표로 하고 있었다고 기술하고 있다.

「포츠담선언(1945.7)」에 대해서는 「우리들은 무책임한 군국주의가 세계에서 축출될 때까지 평화, 안전, 정의의 신질서가 생기지 않는다는 것을 염두에 두고 일본 국민을 기만하여 세계정복의 과오를 범하게 하는 자의 권력 및 세력은 영원히 제거되어야한다. 1945년 2월 크리미야 반도의 얄타에서 미국, 영국, 소련 3국은 수뇌회담(얄타회담)을 개최하여 소련의 대일참전을 밀약했다. 3국은 7월 베를린 교외에서 포츠담회의를 열고 그 기회에 미국은 대일정책을 영국에 제안하고 중국을 가담하는 3국의 이름으로 일본의 전후처리 방침과 일본군대의 무조건 항복을 권고하는 포츠담선언을 발표했다. 일본정부가 대응에 부심하고 있는데, 미국이 8월 6일 히로시마, 8월 9일 나가사키에 원자폭탄을 투하했다. 또 8월 8일 소련은 아직 유효기간 내에 있던 일소중립조약을 무시하고 선전 포고하여 만주와 조선에 침입했다」라고 하여,[60] 미영중이 일방적으로 협약하여 일본을 상대했고, 소련은 일소중립조약을 어긴 악한 무리로 표현하고 있고, 또 일본영토인 만주, 조선에 침입했다는 식으로 일방적으로 기술하고 있다. 여기에는 일본이 이러한 3개국 또는 4개국 선언이 왜 행해졌는가에 대한 분석은 기술하지 않았다.

---

59) 전게서, 「詳説 日本史』, 山川出版社, pp.331-332.
60) 전게서, 『詳説 日本史』, pp.334-335.

「전후」에 대해서는 「조선전쟁과 강화, 독립」이라는 제목으로 「분할 점령 하의 조선에서는 1948년 소련 점령지에 조선민주주의인민공화국(북조선, 수상 김일성), 미국 점령지에 대한민국(한국 대통령 이승만)이 건국되어 분단 상태가 고정화되었다」라고 기술하여,[61] 일본식민지 통치로 인해 한국독립이 곧 한반도 분단으로 이어진 것에 대한 일본의 책임의식에 대해서는 전혀 언급하지 않았다.

「대일평화조약(1951.9)」에 대해서는 「제2조 일본국은 북위 29도 이남의 남서제도(유구제도…를 포함) 그리고 오키노 도리시마 및 미나미 도리시마(남조도)에 대해 국제연합이 미합중국을 유일한 시정권자로 하는 신탁통치제도 하에 두기로 결정하였기에 미국의 어떠한 제안에도 동의한다」고 하여, 부득이 미국의 요구에 응하지 않을 수 없게 되었다는 내용을 기술하고 있다.[62]

「영토에 관해서는 엄격하게 한정되어져 조선독립, 대만, 남부 카라후토, 치시마열도 등의 포기가 정해졌고, 오키나와, 오가사와라제도는 미국의 시정권 하에 놓였다」라고 하여,[63] 일본의 영토가 대일강화조약에 의해 영토에 대한 독립과 포기, 그리고 미국의 시정권 하에 들어가 축소되었다고 기술하고 있다. 왜 영토가 박탈되었는지에 대해서는 기술하지 않고 영토가 빼앗겼다는 결론만 강조하는 식으로 기술되어 있다.

② 한국의 영토범위

「한국독립과 대일평화조약」에 대해서, 「우리가 나라를 되찾은 것은 일제의 식민지배에서 벗어나기 위해 끊임없이 투쟁한 대가였다. 그러

---

61) 전게서, 『詳說 日本史』, p.347.
62) 전게서, 『詳說 日本史』, p.348.
63) 전게서, 『詳說 日本史』, p.348.

나 직접적으로 우리에게 광복을 가져다 준 것은 연합군의 승리였다. 연합군이 승리한 결과로 광복이 이루어진 것은 우리민족 스스로 원하는 방향으로 새로운 국가를 건설하는데 장애가 되었다. 한반도의 장래는 미국과 소련을 비롯한 강대국들의 이해관계나 정책에 크게 영향을 받게 되었다. ……일본군의 항복을 전후하여 한반도에 소련군과 미군이 들어왔다. 이들은 일본군의 무장해체를 구실로 38도선을 경계로 한반도를 둘로 나누어 북과 남을 각각 점령했다.」라고 하여,[64] 한국이 광복을 위한 끈질긴 독립운동과 연합국의 승리로 겨우 독립을 되찾게 되었는데, 스스로 독립을 달성하지 못했기 때문에 한반도가 분단되는 상황을 맞이하게 되었다고 기술하고 있다. 한국의 교과서에서는 대일평화조약의 영토처리에 관한 내용이 기술되어 있지 않다. 한국은 독립 이후 남북분단 문제가 너무나 심각하고 중요한 문제였기 때문에 전후 영토처리에 적극적으로 가담할 수 없었던 것이다.

3. 독도문제의 발생요인

역사적으로 보면 한일 간의 독도문제는 4번에 걸친 분쟁시기가 있었다. 그 첫 번째가 근세시대의 1693년 「죽도일건」때에 안용복에 의해 영유권이 주장되었고, 두 번째는 1905년 2월 22일 메이지정부가 「죽도」영토편입조치를 취함으로써 문제가 발생하게 되었고, 세 번째는 일본의 패전에 의한 한국의 독립과 더불어 독도가 한국이 실효적 점유하게 됨으로써 일본이 여기에 이의를 제기하였으며, 네 번째는 대일강화조

---

64) 김한종 외 5인 『고등학교 한국근현대사』 교육인적자원부 검정, 금성출판사, 2002, pp.253－256.

약체결 이후 한국이 평화선을 선언하였을 때, 이에 대해 이의를 제기한 이후 그 후 줄곧 한국의 실효적 지배에 대해 영유권을 방해하고 있는 것을 지적할 수 있다.

첫 번째 분쟁에서는 안용복의 영유권 주장에 의해 일본에 독도영유권에 대해 막부가 직접적으로 영유권을 주장하지 않았으며, 그와 때를 맞추어 울릉도의 도항을 금지하였으므로 독도영유권도 포기했던 것이다. 다만 호키주의 어부들은 그 후에도 독도에 대한 영유권을 주장한 적이 있었으나, 양국 간의 분쟁지역으로 발전하지 않았다.

두 번째 분쟁에서는 일본이 「죽도」영토편입조치는 대내적으로 은밀히 추진하여 일본보다 그 이전부터 영토로 간주하고 있었던 한국정부가 알 수 없었기 때문에 이의제기를 하지 못했다. 또한 그 1년 후 울도군수가 중앙정부에 이 사실을 보고하여 간접적인 방법으로 항의를 했지만, 이때는 이미 한국의 외교권이 일본이 추천한 고문에 의해 독점되어져있었기 때문에 일본정부에 항의할 경로가 없었다. 따라서 이 조치가 일본의 일방적이고 은밀한 도취행위였으므로 영토취득 요건이 부합되지 않았다.

세 번째에서는 1910년 이전의 역사적 권원에 의거하여 당연히 한반도의 일부로서 포츠담선언의 규정으로 한국의 독립과 더불이 독도도 한국영토로서 간주되어 독립을 맞이하면서 실효적 지배를 하게 되었다. 그런데 일본이 대일강화조약을 체결하는 과정에서 미국에 로비하여 독도를 일본영토로 처리하려고 했으나, 그 의도는 관철되지 못했다.

네 번째에서는 대일강화조약이 체결된 이후 한국이 평화선을 선언하여 독도의 영유권을 대외적으로 선언하였는데, 일본은 이에 대해 동의할 수 없다고 하였다. 그 이후 일본은 독도가 분쟁지역이라고 주장해 왔지만, 한국정부는 한 번도 독도의 영유권을 포기한 적 없이 고대 우산국시대 이후 독도가 당연히 한국영토라는 인식으로 일본의 영유권 주장에 대해 주권확보를 분명히 해왔다.

그런데, 일본은 메이지유신 이후 줄곧 대만, 한국을 비롯해서 중국대륙까지 분할하려는 의도를 갖고 영토 확장을 단행해왔다. 그런데 일본은 패전으로 포츠담선언을 이행해야하는 궁지에 몰리게 되었다. 이러한 상황에서 일본은 최대한 포츠담선언의 영토조항을 유리하게 해석하여 제국주의가 확장한 불법적인 영토까지도 영유권을 주장해왔는데, 그 하나가 바로 「죽도」의 영유권 주장이다.

한・일 간의 독도문제는 고유영토를 수호하겠다는 한국의 영토의식과 제국주의가 불법으로 확장한 영토마저도 최대한 확보하겠다는 일본의 영토인식이 충돌하여 생긴 것이라고 할 수 있겠다. 일본은 고대시대 이후 줄곧 아이누영역을 잠식하고 더 나아가 근대에 들어와서는 주변국가를 침략하여 영토를 확장해왔다. 패전으로 연합국이 제2차 세계대전을 통해 일본의 불법적인 영토팽창을 견제했다. 그러나 전후 미국이 공산진영에 대항하기 위해 일본의 입장을 두둔하여 일본의 영토 팽창 야욕을 전적으로 차단하는 데는 실패하고 말았다. 그 결과 일본은 독도문제를 법의 정의를 넘어서 정치적 수단으로 목적을 달성하려고 함으로써 문제가 해결되지 않고 있다.

4. 맺으면서

국민국가의 영토의식은 다양한 방법으로 형성되어왔지만, 특히 학교 교육에 의해 미치는 영향이 가장 클 것이다. 영토인식은 같은 국민이라고 하더라도 이념과 입장에 따라서 달라질 수도 있다. 일본의 경우는 일본정부, 시마네현, 내셔널리스트 등 일부 부류에 의해 보통의 일본국민들이 선동되는 경향이 있다. 한편 한국의 경우는 학교교육과 사회적인 문제의식, 그리고 과거 식민지 지배의 미청산에 대한 반일감정에 의해 독도가 당연히 한국영토라는 인식을 갖고 있다.

본 연구는 일본의 영토팽창주의라는 영토인식과 한국의 고유영토 수호주의라는 영토인식의 형성과정을 고찰하는 것이 주된 목적이었는데, 그 연구의 성과를 요약정리하면 다음과 같다.

첫째로, 선사, 고대시대에 있어서 선사시대의 일본은 일본열도 전체를 영역의 대상으로 삼고 있고, 고대시대의 일본은 야마토를 중심으로 하는 지역으로 영역의 대상으로 삼았고, 아이누모시리(아이누의 삶의 터전)는 제외되었다. 하지만 아이누의 역사와 영역을 전적으로 무시하는 경향이 두드러졌다. 한편, 한국은 고대시대 이전의 고조선시대를 다루어서 중국 동북지역과 한반도를 영역으로 삼고 있었으며, 고대시대에는 고구려, 백제, 신라를 취급하면서 중국 동북지역까지 영역으로 삼고 있었다.

둘째로, 중세시대에 있어서 일본은 일본열도 중에서도 교토에서 북상하여 카마쿠라를 중심으로 하는 권력이 미치는 지역을 그 영역으로 하고 있다. 실제로는 큐슈 남부의 구마소 시역과 동북지역의 이이누지역을 제외하여 그 존재 자체를 무시하려고 하는 경향이 있다. 한편, 한국은 이 시기가 고려시대로서 대동강의 남쪽과 고구려의 옛 영토인 북쪽의 발해지역을 포함시키려고 하는 경향이 강하다. 그러나 발해지역은 고구려유민과 말갈족이 세운 국가이므로 중국의 일부라는 인식도 전적으로 배제할 수 없다.

셋째로, 근세시대에 있어서 일본은 에도를 중심으로 아이누지역과 유구를 제외하는 남부와 북부지역을 그 영역으로 하고 있다. 하지만,

유구와 아이누지역의 존재를 무시하려는 경향이 있다. 한편, 한국은 청이 세운 1712년의 백두산정계비를 토대로 압록강과 두만강을 경계로 생각하는 경향이 크다. 하지만, 압록강과 두만강 이북지역의 간도 영토에 대한 영유권 의식을 완전히 포기하지는 않았다. 이러한 인식은 고조선-고구려-발해라는 고토회복의 의식이 잠재되어있다는 증거가 될 것이다.

넷째로, 근대시대에 있어서 일본은 국민국가를 건설하는 과정에서 서양열강에 선점 당하기 이전에 선점한다는 영토 팽창의식 속에서 아이누지역, 유구지역, 한반도, 더 나아가서 중국대륙으로 영토를 확장한다는 의식을 갖고 실제로 영토를 확장했던 것이다. 한편, 한국은 국난기로서 두만강-압록강을 경계로 그 이북지역의 간도지방은 더 이상 회복이 불가능할 수 있다. 하지만 두만강-압록강 이남지역은 한국의 고유영토로서 국가주권을 버릴 수 없다는 강한 의지를 갖고 있었다. 이러한 강한 집념에도 불구하고 일본의 팽창주의와 충돌하여 결국 일본에 침략 당하게 되었다.

다섯째로, 독도에 대해서는 일본의 대륙팽창주의에 입각하여 독도도 한반도와 중국대륙과 더불어 일본의 영토팽창의 대상이 되어 있었다. 이러한 일본의 영토팽창과정에서 한반도에서 가장 먼저 표면화된 영토조치가 바로 독도편입조치였다. 반면, 한국은 두만강-압록강 이남지역을 고유영토로 간주하고, 독도를 한국 최남단의 국경지대로서 울릉도와 더불어 동해상에 존재했다. 일본의 독도 영토 편입 조치는 조선에 대한 영토주권을 침탈하는 행위였다.

이상과 같이, 한국은 고조선-고구려-발해지역을 포함한 한반도 전체를 영토의 정통성을 찾으려고 하는 인식이 학교교육을 통해 형성되었다. 반면, 일본은 야요이인들이 선주민족을 정복하여 일본열도에 정

권을 창출한 이후 일본열도를 전면적으로 통치하게 되었고, 근대이후
에는 대외영토를 확장하였다. 그러나 패전으로 연합국이라는 타자에
의해 영토를 박탈당했다는 인식이 남아 있어서 여전히 영토 확장의 성
질이 잠재되어 있음을 부정할 수 없을 것이다. 일본의 독도 영유권 주
장도 그 일환으로 해석할 수 있다.

제2장

근대동아시아의 헤게모니 이동에 따른 영토변천

1. 들어가면서

속국은 종주국과의 관계에서 국민국가 이전시대의 국가관계를 규정하는 말이다.[1] 근대(1868-1945)의 국제질서는 유럽열강들의 동진에 의해 급격하게 유럽과 아시아지역이 통합으로 재편되었다. 전통적인 동아시아의 유교질서체제에서 근대국제공법에 의한 유럽식의 국제질서로 재편되었던 것이다. 전근대의 일본과 중국[2]은 각각 소중화, 중화질서 속에서 종주국-속국[3] 관계를 맺고 있었다. 유럽의 동진에 의해

---

1) 전근대시대는 오늘날처럼 유엔이라는 기구를 정점으로 하는 국제사회가 존재하지 않았으므로 특정한 국가들 간에 상호관계로 형성된 세계질서였다고 할 수 있다.
2) 오늘날의 중국은 한족(고대)-몽골족(원)-한족(명)-여진족(금)-여진족(청)-중국(한족)에서 그 정통성을 찾고 있음.
3) 속방과 속국의 개념은 엄밀히 말하면 다르다고 할 수 있는데, 속국은 국민

근대화 되면서 종주국으로서의 일본과 중국은 재빨리 속국을 흡수하려고 했다. 그 과정에 일본은 중국이 연약하여 자신의 속국을 편입할 능력이 없다고 판단하고 열강에 선점당하기 전에 중국의 속국까지도 편입하려는 의도를 갖고 있었다. 이러한 상황에서 속국들은 나름대로 독립 국가를 유지하려고 노력했다.

전근대의 일본과 중국의 속국들은 대부분 근대국민국가로 성장하는 과정에서 일본과 중국 양국에 흡수되었다. 예를 들면, 일본의 속국이었던 아이누는 일본에, 중국과 일본에 양속 되었던 유구는 일본에, 대한제국은 중국의 속국이었음에도 불구하고 일본에 흡수되었다. 대체로 종주국이 자신의 속국을 흡수하였는데, 그렇지 않은 경우도 있었다. 이처럼 속국들이 종주국 및 제3의 강국에 흡수되는 데에는 일정한 법칙과 같은 것이 있었다. 또한 근대 일본의 지배를 받았던 지역은 대부분 독립되어 주권국가가 되었다.

이러한 문제의식에 입각하여 본 연구에서는 특정한 속국이 종주국 또는 제3의 강국에 흡수되는 과정을 규명하면서 그 정해진 법칙을 분석해보려고 한다.

또한 현재 동아시아의 한중, 한일, 한러, 중일 간에는 영토문제가 내재되어있다. 이러한 영토문제의 본질이 바로 전근대의 속국을 근대국민국가체제에서 영토편입을 하여 현대 주권국가로 넘어오는 과정에서 발생한 문제라는 것을 간과할 수 없다. 따라서 본 연구에서는 동아시아의 「속국」과 근대의 「영토」, 전후의 「주권국가」와의 관계성을 조명함

국가로서의 형태를 취하고 있는 속방을 두고 말한다. 본 연구에서는 국민국가로서 조직이 미흡한 속방을 포함하여 모두 속국으로 통일하여 사용하기로 한다. 또한 민족 간의 대립에서 피지배민족으로 전락된 경우도 속국에 포함시켜서 다루기로 함.

과 동시에 동아시아 영토분쟁의 본질을 규명하려고 한다.

연구방법으로서는 먼저 속국의 개념에 대해 고찰하고, 둘째로 근대 동아시아의 국민국가체제에서 속국이 종주국에 흡수된 예를 고찰하고, 셋째로는 속국이 종주국에 흡수되지 않고 제3의 강국에 흡수된 경우를 고찰한다. 마지막으로 이러한 연구방법을 통해 속국의 지위에 있던 국가들이 전후 독립국가가 되는 경위와 함께 발생한 영토분쟁의 본질에 관해 고찰한다. 그리고 전근대의 속국, 근대의 영토, 현대의 주권국가의 관계성을 규명한 선행연구는 전무한 형편이다.

2. 속국의 개념

동아시아에서는 대부분의 국가들이 중국 또는 일본의 속국이었는데, 이들 속국들은 종주국과의 관계에서 각각 다른 형태를 취하고 있었다. 중국은 여러 계층의 중화질서체제(中和秩序體制)를 유지하고 있었는데, 청국황제가 직접 다스리는 청국, 소수민족의 지도자 중에서 토관(土官), 토사(土司)를 임명하여 관리하는 간접통치, 이번원(異藩院)이 관할하는 이민족 통치, 조공에 의한 통치, 상호관계에 의한 호시(互市)적 통치[4], 교화가 미치지 않는 지역[5] 등으로 구분된다.[6] 강희제는 조

---

4) 1689년 (강희제 28년) 러시아와 청국사이에 네르친스크조약은 외국과 조약체결이 처음이었고, 상방의 인민이 상대국 내에 들어가서 상업을 하는 것을 인정했다. 실제로 청국은 상인을 보내지 않았지만, 러시아(隊商)는 흑룡강 하루하 방면에서 들어와 북경에서 교역을 하는 것, 그 여정에서도 상당히 자유롭게 사업활동을 허가했다. 1717년 (강희제 56년)이후 청조는 조약상의 규정을 행하지 못하게 하기 위해 여러 가지 공작 끝에 결국 러시아령 시베리아와 외몽골의 국경지역인 러시아측의 캬프타, 중국측의 매매성이라는 교계도시에서 변경 호시가 행해지는 체제가 만들어졌다. 1754년

공에 의한 외번(外藩)[7] 통치는 후세에 사단을 일으킬 수 있다고 하여 호시제도를 선호했다고 한다.[8] 이는 외번에 대한 영토 확장 야욕이 없었다는 것을 의미한다.

일본에서는 일본을 정점으로 하는 소중화사상이 있었는데, 막부는 아이누에 대해 이국의 이민족으로 취급하고 있었고, 마츠마에 번(松前藩)은 경제적으로 종속관계의 성격을 띠고 있었다.[9] 유구국(琉球國)도 막부에 있어서는 이국의 이민족으로 취급되면서 사츠마 번(薩摩藩)과는 정치, 경제적으로 종속관계에 있었던 것이다.[10] 1968년 명치유신의 단행으로 근대국가가 된 일본은 이구동성으로 정부요인들이 유구와 아

(건륭 19년) 북경에 마지막으로 대상이 파견되었다. 그 시점 서양과는 1757년(건융 22년) 서양의 내항지점을 광주로 한정했다. 1684년(강희 23년) 해금을 해제하고 중국상인들이 강소, 절강, 복건, 광동 항에서 해외로 나가 무역을 했다. 일본과의 호시지점은 나가사키였고, 조선과는 매년 4번 조공사절을 보내어서 북경의 會同館에서 교역을 행했고, 그 외에 청의 요구에 의해 압록강의 中江과 동부국경선상에 있는 회령에서 호시를 했다.[1] 조공제도는 천자에의 구심성을 모든 국면에서 발휘하는 것으로 그것을 결코 바람직한 것은 아니었다. 권위나 의례의 상호충돌, 국가 간의 교섭 그 자체가 초래하는 분규를 회피하고 경제상의 필요한 교역을 변경사무로서 처리 가능한 형태에 의해 행한다. 17세기 말 이후의 호시제도는 이러한 원심력에 의해 움직여졌다고 생각한다. 岩井茂樹, 「淸代の合市と"沈黙外交"」, p.357.

5) 영국이 청조에게 무역을 요구했을 때 청국은 청국중심의 중화사상에 의한 의례를 요구했다. 영국(메키트니사절단)은 청국(건륭제)의 요구하는 조공의 예를 수용하지 않고 전쟁으로 무역이라는 소기의 목적을 달성했다. 유장근(1997.12) 「동아시아의 근대에 있어서 중국의 위상」, 「경대사론」10집.

6) 浜下武志(1990) 『近代中国の国際契約』東京大学出版会, pp.32 – 33. 金鳳진(1994), 『朝貢體制と朝鮮の近代的国家形成』, 『アジアから考える一3, 社会と国家』東京大学出版会, pp.213 – 214.

7) 조선의 경우는 外藩에 속함.

8) 岩井茂樹, 「淸代の合市と"沈黙外交"」, p.357.

9) 최장근(2005) 『일본의 영토분쟁』 백산자료원, pp.241 – 299.

10) 최장근(2005) 『일본의 영토분쟁』 백산자료원, pp.241 – 299.

이누모시리의 편입을 주창하여 바로 일본영토에 편입 조치되었다.[11) 그렇다면 중국은 전근대시대에 속국에 대해 어떻게 인식하고 있었는가 에 대해 살펴보기로 한다.[12)

일본이 중일수호조규의 비준서교환을 위해 중국을 방문했을 때, 청 정부의 총리아문은 "중국은 조선에 대해 비록 책봉과 정삭(正朔, 달력, 역법 – 역자)을 내리고 있지만, 그 나라의 내치(內治)와 화전(和戰)은 모두 조선이 자주로 처리하고 중국과는 상관이 없다."라고 했다. 중국 은 내정을 간섭하지 않고, 전쟁에 대해서도 간섭하지 않는다는 것이었 다.[13)

또한 "조선은 중국에 소속한 나라로서 중국에 소속한 영토와는 다 르지만, 중일수호조규의 '양국소속국토불가침월(兩國所屬邦土不可侵 越)'의 뜻에 부합되는 것은 틀림없다. 대개 조공의 예를 갖추고 우리의 역법을 받아들여 사용하는 것은 조선이 중국에게 마땅히 해야 할 본 분이고, 돈과 양곡을 거두고 정사를 다스리는 것은 조선이 스스로 하 는 것인바 이것이 바로 실질적인 속국관계이다. 그 나라의 어려움을 해결해주고 그 나라의 분쟁을 해결해주며 그 나라의 안전을 기원하는 것이 중국이 조선에 대해 자임한 일이고, 그것이 바로 실질적으로 속 국을 대하는 것이다. 무리한 요구를 억지로 하지 않고 그 나라의 위급 함을 가만히 보고만 있지 않으려는 것은 유독 오늘날의 중국만이 그 런 것이 아니라 예로부터 속국을 대함에 있어서 모두 그렇게 해왔다."

---

11) 최장근(1998) 『한중국경문제연구 – 일본의 영토정책적 측면에서』 백산자료원, pp.1 – 23(서론부분).
12) 속국의 성격이 모두 다르므로 흡수의 대상과 그렇지 않은 지역도 다소 구 분되어 있었을 것임.
13) 『同治朝籌辨夷務始末』卷93, p.27. 진위방 저, 권혁수 역(1996) 『청일갑오 전쟁과 조선』, 백산자료원, p.30에서 전재함.

라고 했다.[14]

다시 말하면, 속국과 종주국과의 관계에 대한 청국의 인식은 우선 조선이라는 나라는 중국에 속하나 영토는 중국영토가 아니라는 것이고, 둘째는 속국이 중국의 역법을 사용하면서 조공의 예를 갖추는 것을 대신해서 속국이 어려움에 처했을 때 자임해서 그것을 해결하여 안전을 도모해주는 것이 임무라는 것이었다.

따라서 조선은 중국에 속해있는 나라이지만, 영토적으로는 독립된 국가로서 조선의 영토라는 것이다. 일본과 중국 사이의 수호조규에 의해 규정된 '양국소속국토불가침월(兩國所屬邦土不可侵越)'이라는 것은 양국에 소속된 나라에 대해서는 침략하지 않는다는 약속이었다. 즉 일본은 중국에 속한 「조선」을 침략하지 않는다는 것이었다.

종번관계는 군사 정복과 군사적 위협 하에서 이루어져 지배자와 피지배자의 성격을 가지고 있었다. 속국의 통치자는 상국인 중국의 통치자에게 신하로서 복종을 했고, 상국인 중국은 속국의 내정과 외교를 공개적으로 간섭하지 않았지만, 상국은 직접 병사나 인부 그리고 선박과 차량 군량, 자금 등을 징발하는 등 군대파견을 요구하여 간섭하기도 했다.[15]

요컨대 근대에 들어와서 중국은 속국을 바로 영토편입의 대상으로 삼지 않았다는 것이고, 일본은 아이누나 유구처럼 바로 영토의 대상으로 삼았고, 더 나아가서 중국의 속국까지도 영토편입의 대상으로 삼았다는 것이다. 이처럼 중국과 일본 사이에는 속국에 대한 인식 차이가 있었다. 중국이 속국이었던 조선에 대해 영토편입을 단행하지 못했던

---

14) 故宮博物院編(1932) 『淸光緖朝中日交涉史料』, 北京, 권1, p.6. 진위방저, 권혁수 역(1996) 『청일갑오전쟁과 조선』, 백산자료원, p.49에서 전재함.
15) 진위방 저, 권혁수 역(1996) 『청일갑오전쟁과 조선』, 백산자료원, p.18.

것은 일본을 비롯한 제3의 강국들이 간섭했기 때문이었다.

3. 속국 지위에서 종주국 영토에 흡수된 지역

전근대에 속국의 지위에 있었던 국가가 근대가 되면서 종주국의 영토에 바로 흡수된 지역이 있었다. 일본의 속국이었던 아이누와 유구, 그리고 중국의 속국 혹은 소수민족이었던 만주, 몽골, 티베트 등이 여기에 해당된다.

(1) 아이누민족

전근대의 아이누와 일본과의 관계는 다음과 같다. 즉, 일본은 에도시대에 쇄국정책을 실시하고 있었다. 홋카이도의 마츠마에 번과 아이누민족이 국경선을 접하고 있었다. 막부는 마츠마에 번에 대해 적극적인 아이누영역의 침략을 인정하지 않았다. 일본은 소중화의 중심국가로서 아이누와 경제적으로 종속적인 관계를 맺고 있었다. 아이누는 일본을 침략자로 간주하여 일본의 권력에 대항했다. 러시아는 아이누지역의 영토편입을 목표로 삼았다. 그런데 일본이 이를 방해하여 결국 러일 양국이 아이누지역을 두고 대립하는 관계에 있었다.

근대에 들어와서 아이누와 일본과의 관계는 다음과 같다. 즉, 아이누는 직접적으로 일본과 러시아에 대항 할 수 있는 세력으로 성장하지 못하였기 때문에 아이누지역은 일본과 러시아영토에 양분되고 말았다. 1854년 러일 양국은 비밀리에 화친조약을 체결하여 사할린을 공유지로 하고 쿠릴열도 최남단 4개 섬을 일본영역으로 조치했다. 재차 러일 양국은 아이누의 입장을 전적으로 무시하여 1875년 국경문제를 협상 하여 사할린은 러시아령, 쿠릴열도를 일본령으로 하는 조약을 체결했 다. 그러나 아이누는 이를 인정하지 않았다. 1969년 근대 국민국가가 된 일본은 소수민족인 아이누를 강제로 일본국민에 편입하는 조치를 취했다. 그 결과 아이누는 이러한 일본의 조치에 대응하지 못하여 영토 적으로 침략 당했고, 민족적으로 말살 당했던 것이다.[16] 아이누는 피지 배민족으로 전락되어 단일민족주의를 지향하는 일본정부의 정책에 의 해 일본에 동화되었다.

전후의 아이누지역은 일본영토로서 고정되어 독립국가가 되지 못했 다. 다만 연합국(점령군)의 자유주의정책에 의해 아이누의 민족문화 회 복운동과 더불어 자치를 요구하는 운동도 일어났다. 그러나 이미 일본 에 거의 동화된 상태라서 민족적 독립은 거의 불가능해졌다고 할 수 있다.

(2) 유구국

전근대의 속국으로서의 유구와 종주국으로서의 일본, 중국과의 관계 는 다음과 같다. 즉, 전근대의 유구국은 독립국가로서 조선과 무역을 했고, 중국과 일본에는 양속(兩屬)된 속국의 지위에 있었다. 근세의 시 마즈 번은 중국의 조공국으로 있던 유구를 침략하여 상하관계를 요구 하여 양쪽에 조공하는 국가가 되었다.

근대에 들어와서 유구와 일본, 중국과의 관계는 다음과 같다. 즉, 일

---

16) 아이누 민족이 1954년 러일화친조약, 1875년 사할린/쿠릴열도 교환조약으 로 아이누영역을 분할한 것에 대해 아이누민족이 어떠한 입장을 취했는가 에 대한 연구가 필요함.

본은 메이지(明治)유신을 통하여 국경을 확정하는 등 국민국가의 체제를 정비하였다. 이때 폐번치현(1872)을 단행함과 동시에 유구를 일본 영토의 일부로서 유구 번으로 개칭하여 일본의 행정구역에 포함시켰다. 이때 유구는 일본으로부터 강압적인 조치를 받지 않았기 때문에 직접적인 위기의식을 갖지 못했다. 이러한 일본의 의도는 1875년 대만 출병에서 공공연하게 표출되었다. 일본은 유구민을 자국민으로 단정하여 유구민을 살해한 대만원주민을 심문한다는 명목으로 대만을 침략했지만 그다지 큰 성과를 올리지 못했다. 일본은 대만침략의 계기를 마련하기 위해 중국에 대해 대만과의 속국-종주국관계를 단절하기 위해 대만이 독립국임을 강조했고, 중국은 대만이 중국의 속국임을 주장했다. 중국은 대만이 중국영토의 일부임을 견지하기 위해 대만인의 유구민 살해를 위한 보상으로 일본에 사죄했다. 결국 일본은 대만이 중국의 속국임을 인정하는 대신에 유구가 일본의 속국으로서 인정받는 결과가 되어 이를 계기로 유구는 청국에 조공을 단절하게 되었다. 유구는 1875년 청국에 사절단 파견을 중지했고, 복건성(福建省) 복주(福州)에 설치된 유구관을 폐지했다. 그리고 일본의 메이지(明治) 연호를 사용하게 되었으며, 유구민이 청국을 방문할 때는 일본의 승인을 받아야 했다. 한편 청국은 유구 재건을 의도하는 망명자의 요구를 수용하여 청국이 남부를, 유구가 중부를, 일본이 북부를 각각 분할하는 유구 3분설을 일본에 제안하기도 했다. 그러나 일본이 이를 받아들이지 않았다. 이에 대해 일본은 남부의 일부를 중국이 차지하고 그 북부를 일본이 차지하는 2분설을 제안했는데, 유구민이 이를 거절했다.

1879년 일본은 유구에 대해 군경을 앞세워 강제적으로 '오키나와 현'이라는 이름으로 일본의 행정구역에 편입 조치했다. 이에 대해 중국은 반대하면서도 적극적으로 저지하지 않았다. 1895년 일본이 청일전쟁

에서 승리함으로써 중국은 물론이고 국제법적으로 오키나와가 일본영
토로서 묵인되었다. 이러한 과정을 통해서 유구는 국민국가 일본에 완
전히 흡수되고 말았던 것이다.

전후 유구는 연합국의 정책에 의해 미국의 점령통치하에 있다가
1972년 일본이 반환됨으로써 독립의 기회를 잃고 말았다. 하지만 유구
민은 '오키나와민'으로서 일본의 피지배민족으로 전락되어 최근 자치
를 요구하는 운동이 전개되고 있다.

(3) 몽골(내몽골)

전근대의 몽골과 중국과의 관계는 다음과 같다. 즉, 몽골(민족)은 한
때 중국(한족)을 정복한 소수민족이었다. 1206년 칭기스칸이 몽골부족
을 통합하고 1279년 중국을 정복하여 원나라를 세웠다. 한족은 몽골족
이 세운 원나라를 멸망시키고 명나라(한족)를 세웠다. 명나라(한족)는
1백수십년동안 이민족이 세운 정복왕조를 멸하고 중화(한족) 왕조의
지배질서를 세우는 것을 임무로 세운 왕조이다. 명 왕조는 원 왕조의
제도를 계승하거나 수정하여 역대 한족왕조가 실행해온「회유원이(懷
柔遠夷)」를 행하면서 주변민족과 교류했다. 그러나 원나라(몽골족)는
천하를 일가(一家)로 하는 지배구조였다.[17] 명나라가 몽골과의 경계지
역에 만리장성을 쌓아 몽골족의 침입을 막으려 했기 때문에 몽골족은
다시 원래의 몽골지역으로 되돌아와 결속하게 되었다. 17세기 만주족
은 몽골족을 복속하고 명을 점령하여 청나라를 세웠다. 만주족이 세운
청나라는 내몽골과 외몽골을 나누어 서로 다른 방법으로 통치했다. 몽
골인들에 대해 몽골 이외의 지역에 출입하지 못하도록 금했다. 청조

---

17) 沈衛榮,「"懷柔遠夷"言説における明代中国とチベットの政治・文化関係」,
『중국동아시아외교교류사의 연구』pp.264－265.

이후에도 몽골지역은 몽골왕이 지배하는 지역이었는데, 한족의 이주를 장려했다. 몽골왕자들은 토지를 한족에게 매각하거나 대여하기도 했다.

근대에 들어와서 중국과 몽골과의 관계는 다음과 같다. 즉, 1911년 신해혁명으로 청나라가 멸망하고 중화민국(한족)이 건국되었다. 그 후 1924년 외몽골은 소련의 도움으로 독립을 쟁취하여 몽골인민공화국을 건국하였다.[18] 그 후 일본은 1937년 중국을 침략하여 중일전쟁을 일으키고 몽골왕자로 하여금 내몽골의 일부 수이안성, 차하르성 지역의 독립을 선동하여 몽강국(蒙疆國)을 선언했다. 몽강국은 단지 일본과 만주국[19]에게만 승인을 받았다. 이 몽강국은 일본의 지배를 받는 괴뢰국가에 불과했다.

전후 중국과 몽골과의 관계는 다음과 같다. 즉 제2차 대전 중이었던 1945년 8월 일본의 지배하에 있던 몽강국은 소련과 외몽골 군대에 의해 점령당했다. 1947년 중국은 국가정책으로 내몽골자치구를 설립했다. 1949년 중화인민공화국이 설립되어 중국본토를 지배했다. 중화인민공화국은 내몽골자치구의 지배력을 강화함과 더불어 외몽골에 대해 1949년 몽골인민공화국을 승인했다. 외몽골은 몽골공화국과 러시아의 투바공화국으로 나누어져 있다.[20] 이렇게 해서 전후의 몽골은 완전히 영토적으로 분리되어 내몽골은 중국영토의 일부가 되었고, 외몽골은

---

18) 당시 조선처럼 일본을 비롯한 유럽열강들이 자신들의 이권을 확보하기 위해 중국의 종주국관계를 단절하기 위해 자주국으로 대우하였음.

19) 만주국은 1931년 일본이 만주 왕을 내세워서 독립하도록 하여 중국영토에서 분리시켰다. 이때에 일본은 후룬부이르, 지림맹을 만주국 판도에 넣었고, 1933년 리허성도 만주국의 판도에 넣었다. 몽골의 역사의 개략은 위키피디아 백과사전 참조.

20) 현대의 외몽고는 중화인민공화국의 내몽고에 대조되는 용어로 사용되고 있음.

독립국가가 되었던 것이다. 한편, 중화민국정부는 내전에서 공산당에 패하여 대만으로 이전했는데, 대만으로 이전한 후에도 외몽골을 중화민국의 영토로 공식적으로 규정하고 있었다. 중화민국은 중화민국헌법으로 외몽골을 대륙지구영토에 포함시키고 있었다. 그러나 2002년 헌법을 개정하여 외몽골을 외국으로 간주하게 되었다.

이처럼 몽골족은 중국(한족)과 대립관계에 있는 소수민족이었지만, 최종적으로는 중국의 속국에 위치해 있었는데, 일본이 만주와 더불어 몽골지역을 러시아에 선점당하기 전에 점령대상으로 삼았다. 일본은 내몽골을 만주와 더불어 식민지통치를 했지만, 전후 내몽골은 전근대의 속국으로서 중국에 흡수되었다. 그러나 외몽골에 한해서는 러시아의 견제로 독립되어 주권국가를 유지할 수 있었던 것이다.

(4) 티베트

전근대의 중국과 티베트와의 관계는 다음과 같다. 즉, 티베트는 821년(822년) 중국과 평화협정을 체결하여 라샤의 조캉사원 앞에 돌기둥을 세워 중국과의 국경을 분명히 했다. 티베트는 9세기 중엽까지 중앙아시아의 왕국으로서 존재했다. 몽골인이 중국을 침략하여 원나라를 세우고 광대한 지배영역을 지배했으나 100년 남짓으로 명나라에 의해 붕괴되었다. 명 왕조는 원 왕조의 유산을 이어받아 군대파견 없이 스스로 복종하는 형태로 변경지역으로서 티베트를 판도에 넣었다. 명나라는 원나라의 제도(三宣慰司)를 계승하여 서언(하주), 조감, 우사장에 3행도지휘사사(三行都指揮使司)를 설치했다. 게다가 명 왕조(1373)는 전통적인 중화질서의 일환으로 「회유원이(懷柔遠夷)」[21]정책으로 통치했다.

---

21) 명나라는 하늘의 명을 받아 세계를 통치함에 있어서 선량한 민족(나라)에게는 은혜를 베풀고(평화적인 속국관계), 복종하지 않는 자는 무력으로 위

티베트는 명나라의 8이(夷)[22]중의 하나였다. 티베트와 명나라와의 관계는 「특별한 예를 가지고 대우했고, 티베트 왕과 티베트 승에게 빛나는 칭호를 주어 티베트의 민을 다스렸다. 이로 인해 변경에서 국경문제를 없게 했다.」라고 하는 관계였다.[23] 그러나 티베트 왕이 명 조정에 복종하고, 변경수호의 임무를 해내지 못할 때는 군사로서 징벌을 하여 위협했다.[24] 중국 역사상 중국문명과 주변민족과의 교류를 보면, 이민족이 중국민족과 잡거하는 것을 피하려 했기 때문에 이민족의 편입을 원치 않았다. 명나라도 마찬가지로 티베트를 영토적으로 편입하여 중국민족 속에 편입하려는 생각은 없었다.[25] 청조에 들어와서 1750년 건륭제는 평창정책으로 티베트에 주장대신(駐藏大臣)을 두어 통치하여 속국(보호령)화했다. 티베트왕은 주장대신의 간섭을 받아야 했다. 청조 말 영국이 사천을 침입하려고 했을 때, 티베트를 청국의 지배지역으로 간주하여 영국의 티베트 입경을 막았다.

협한다(무력에 의한 속국관계). 영토내에 있는 모든 사람은 평등하다(沈衛榮, 「"懷柔遠夷"言説における明代中国とチベットの政治・文化関係」, 『중국동아시아외교교류사의 연구』266). 속국과 동일한 개념이다. 티베트의 경우는 명나라에 대해 전쟁없이 조공을 희망해온 경우임.

22) 西, 韃靼 回回, 女眞, 高昌, 西番, 緬해, 百夷 등이 있었음. 沈衛榮, 「"懷柔遠夷'言説における明代中国とチベットの政治・文化関係」, 『중국동이시이외교교류사의 연구』, p.267.

23) 『明實錄』44, 「憲宗實錄」卷126, 7葉(p.2410), 沈衛榮, 「"懷柔遠夷"言説における明代中国とチベットの政治・文化関係」, 『중국동아시아외교교류사의 연구』 p.267에서 전재.

24) 「이민족인 상대가 신하로서 복종하여 변경을 지켜서 중화민족의 질서를 혼란하게 하지 않을 정도의 관계였다. 이 것이 명나라의 티베트와의 속국관계는 이와 같은 관계였다. 그래서 「야만민족」을 「회유원이」관계에 두었던 것이다. 沈衛榮, 「"懷柔遠夷"言説における明代中国とチベットの政治・文化関係」, 『중국동아시아외교교류사의 연구』 pp.267-268.

25) 沈衛榮, 「"懷柔遠夷"言説における明代中国とチベットの政治・文化関係」, 『중국동아시아외교교류사의 연구』 p.269.

근대에 들어와서 중국과 티베트와의 관계는 다음과 같다. 즉, 1911년 청국은 신해혁명으로 멸망하여 중화민국이 탄생했다. 청국은 몽골과 티베트를 군현에 편입하여 중국의 속국으로 다스렸다. 1913년 청국이 티베트 라사를 점령하였을 때 격렬히 대항하여 청국군을 물리쳤다. 이를 계기로 1913년 티베트(달라이라마정권)는 독립을 선언했고, 몽골과 상호승인조약을 체결하여 공동으로 중화민국에 대항하기로 약속했다. 몽골은 러시아, 티베트는 영국으로부터 무기와 차관을 지원받았다. 하지만 영국과 러시아를 비롯한 제국주의 열강들은 여전히 티베트를 중국의 속국으로 보았으며 독립국으로는 인정하지 않았다. 그 후 티베트는 중화민국과 군사적으로 긴장상태에 놓여있었으나, 중국이 티베트를 직접적으로 지배하지는 않았다. 1940년 중국의 국민당 사절단은 달라이라마 14세 즉위식에 참여 귀국하지 않고 그 후 라사에 머물고 있었다.

전후 중국과 티베트와의 관계는 다음과 같다. 즉, 제2차 세계대전에서 티베트는 연합국의 일원이 되었고, 인도에서 이주해온 영국군에게 티베트(걈세, 라사, 카무지방)에서의 통신기지 건설을 허용했으며 영국이 줄곧 이를 운영했다. 이런 상황에서 1948년 티베트는 국민당 사절단을 강제로 퇴거시켰다. 이처럼 티베트는 중국의 영토가 아닌 독립국가였다. 그런데 1949년 중국을 통일한 중화인민공화국은 내전 중에 티베트를 침략하여 중국의 일부라고 선언하고 직접 통치를 단행했다.[26] 1950년부터 무력으로 티베트 점령을 시도하여 1951년 대부분의 지역을 점령했다. 중국의 무력 점령 하에 있던 티베트는 1959년 독립운동을 벌이기도 했다.[27]

---

26) 달라이라마 14세는 신권과 통치권을 갖고 있었는데 1959년 인도로 망명했다.
27) 티베트의 역사는 위키피디아 참조.

전근대의 속국으로 존재했다가, 근대에 영토로서 흡수하지 못했다. 전후 티베트는 독립국가가 되기를 원했으나, 청국의 무력적 강압에 의해 피지배민족으로 전락되어 중국영토의 일부로서 독립의 의지가 강한 소수민족으로 전락되고 말았다. 근대시대에 영국이라는 제3의 강국이 청국의 영토화를 간섭했으나, 중화인민공화국이 무력으로 중국영토에 강제 편입조치를 취했던 것이다.

(4) 기타지역

이상에서 언급한 지역 이외의 기타지역과 중국 사이의 전근대 및 근대 그리고 전후의 관계에 관해 살펴보면 다음과 같다. 즉, 1794년 귀주지역에서는 원주민인 묘족들이 청국의 토지약탈에 항의하여 청인을 살해하고 반란을 모의하고 이듬해 8−9만 명의 군사가 청국을 공격했다. 1820년 운남 북부의 리스족들도 한족들이 대규모의 자본과 노동력으로 전통적인 경제를 침략하여 반란을 일으켰다. 그러나 이들은 청국에 대응할 만한 세력으로 성장하지 못했다.[28)]

청국은 강희제부터 건륭시대에 걸쳐 투르키스탄(투르크인)을 침략했다. 결국 이들 지역은 청조 말에 신강성(新疆省)에 편입되었다. 청조는 17세기말 하미지역을 복속한 뒤, 대중가르, 청해, 중가르, 티베트를 공격했고, 1750년에는 중가르의 중심지역인 일리를 공격하여 왕국을 멸하게 했다. 이에 대응하여 1765년 위구르인들이 반항하기 시작하여 19세기 초까지 대규모 반항운동과 더불어 국가독립을 주장했다. 청국의 남서부 소수민족이 식민지로 전락했다. 이처럼 청정부는 1758년 동투르키스탄을 형사 처벌의 유배지로 결정하였다. 1862년 위구르인들

---

28) 유장근(1997.6)「중국근대에 있어서 생태환경사 연구」,『중국근대사연구』
　　제3집, pp.148−151.

은 섬서와 감속지역에서 한족에 반란을 일으켜 신장까지 확대되었다.[29] 이는 1872년 카수카르지역에서 이슬람왕국을 건설한 야쿱 벡의 반란으로 극에 달했다. 청조는 번부(藩部)를 폐지하고 성을 설치했다.[30] 1884년 동투르키스탄은 신강에 편입되었다.[31] 청국은 러시아와 카자흐와의 국경의 군사적 요충지로서 이슬람국가를 건설하려고 하는 커칸드의 장군출신 야쿱벡의 반란과 러시아의 중가르 침입에 대응하여 신강성을 건립했다.[32] 이 지역에 둔전을 두어 자급자족 경제체제를 확립하고 양향(糧餉: 군량미) 동지(同知)나 순검(巡檢)과 같은 문관과 더불어 유배관료를 관리로 임명하여 행정통치를 확대하여 중앙정부가 직접 지배하게 되었다.[33] 신강지역은 1930-40년대에 분리 독립운동이 결렬하게 일어났으나, 1955년에 중국의 자치구가 되어 현재 최서부의 국경이 되었던 것이다.

중국은 미얀마와 네팔과도 조공관계를 맺고 있었다. 중국은 티베트와 네팔의 무역전쟁을 이용하여 네팔을 군사적으로 점령하려는 계획을 하고 있었으나 실패로 끝남으로서 결국 재정, 군사력, 행정체계의 문제로 이루어지지 않았다.[34] 이로 인해 종주국-속국관계는 종결되었다.

근대에 들어와서 청국은 중화사상에 입각하여 속국 또는 독립국의

---

29) 유장근(1997.12) 「동아시아의 근대에 있어서 중국의 위상」, 『경대사론』10집, 서투르키스탄은 제정러시아에 정복되어 소련, 러시아의 지배를 받고 있다.

30) 김호동(1992) 「좌종당의 신강 원정과 이슬람정권의 붕괴」, 『동아문화』제29집, pp.50-64.

31) 한때는 러시아의 지배를 받은 적이 있었고, 또한 현재는 카자흐, 터키에서 독립운동을 벌이고 있음.

32) 유장근(1997.12) 「동아시아의 근대에 있어서 중국의 위상」, 『경대사론』10집.

33) 片岡一忠(1991) 『淸朝新講統治硏究』 雄山閣出版, pp.89-90.

34) 유장근(1997.12) 「동아시아의 근대에 있어서 중국의 위상」, 『경대사론』10집,

지위에 있던 조선, 미얀마, 타이와도 조약을 체결하여 중국을 맹주로
하는 공회(公會)를 만들자고 주장하기도 했다. 중국은 인구가 급속도
로 증가한 중심부의 한족들은 이렇게 변경지역으로 영토를 확장한 후
한족들은 인구가 적고 자원이 풍부한 변경지역 즉 서남부의 운남, 귀
주, 대만, 양자강 상류, 서북부, 만주와 몽골지방 등으로 이주를 했다.
이주의 목적은 변방을 방어할 수 있다는 의미도 있었다.[35]

전후에는 중국의 속국으로서 중국에 편입된 지역은 여전히 피지배
민족으로서 소수민족으로 전락되었다. 특히 중국의 피지배의 소수민족
은 중국정부가 정책적으로 전후 자치를 인정함과 동시에 한족과의 동
화를 추진해왔기 때문에 독립의 의지가 그다지 강하지 않다. 그러나
티베트, 대만과 같은 몇몇 외곽의 소수민족들은 독립의 의지가 매우
강하다. 그 결과, 중국과 인도에는 부탄 동부경계선 분쟁, 카시미루지
방의 아쿠사이친고원의 귀속문제, 중국과 러시아 사이의 국경분쟁은
1991년에 동부경계선 확정, 1994년에 서부경계선 확장, 동부국경선 흑
해자도(黑害子島) 등의 3개 섬의 문제가 남아있다. 그리고 중국 서북
부 신강 위그루 자치구, 티베트, 대만 등이 독립을 주장하고 있다.[36]

4. 속국 지위에서 제3의 강국에 흡수된 지역

전근대의 속국들은 근대가 되면서 근대적인 국경개념이 생겨나서

---

35) 허핑티・정철웅 역(1994)『중국의 인구』책세상, pp.328 - 329.
36) 日本經濟新聞社編,『世界の紛争地図』日本經濟新聞社, pp.102 - 103.

종주국에 무력으로 강제 편입되는 것이 일반적인 경향이었다. 그러나 이러한 속국이 종주국에 편입되는 것을 제3의 강국이 개입하여 영토편입을 방해하기도 하고 때로는 자신의 영토에 편입하기도 했다. 대만, 조선, 만주, 베트남 등이 속국의 지위에 있는 국가를 제3의 열강이 강제적으로 편입했던 경우이다.

(1) 대만

전근대의 대만은 전통적으로 중국을 종주국으로 하는 속국이었는데, 근대에 일본영토에 편입되어 식민지통치를 받은 지역이었다.

근대 일본과 대만관계를 살펴보면 다음과 같다. 즉, 근대국민국가가 된 일본은 영토 확장을 염두에 두고 중국과 대만간의 속국－종주국 관계를 단절할 의도로 1873년 대만인의 유구민 살해를 명목으로 대만을 침략했다. 일본은 대만침략이 실패로 돌아가자, 종주국 입장에 있던 청국에 대해 간섭하지 말 것을 요구했다. 결국 청국이 간섭하게 되자 손해배상을 요구했다. 최종적으로 일본은 청일전쟁을 일으키고 전승국으로서 청국으로부터 대만을 할양받았다.[37] 전통적으로 중국과 종주국/속국관계에 있던 대만은 중국과의 합의아래 일본영토가 되었던 것이다.

전후 대만과 일본과의 관계는 다음과 같다. 즉, 대만은 일본의 식민지 통치를 받게 되었는데, 제2차 세계대전에서 일본이 패전함과 더불어 연합국의 명령에 의해 대만은 일본영토에서 분리되어 중국영토로서 반환되었다. 당시 중국은 자유진영과 공산진영의 2개의 중국으로 나누어져 내전을 치르고 있었는데, 1949년 공산진영의 중국이 건국됨으로

---

37) 청일전쟁 이전의 대만통치 상황을 분석할 필요가 있음.

써 자유진영의 중국은 대만으로 건너가 행정부를 설치했다. 이렇게 해서 대만은 자유진영의 중국이 점유하게 되었다. 하지만 공산진영의 중국도 대만이 자신의 영토의 일부라고 주장하고 있었다. 대만지역을 토대로 정권을 창출한 중화민국은 중국의 전 지역을 자신의 영토로 간주하고 있다. 대만을 바탕으로 하는 중화민국과 과거 중국의 속국인 대만과는 별개이다.

이렇게 볼 때 전근대 중국의 속국관계에 있던 대만이 근대에 일본의 식민지가 되었다. 전후 일본의 패전으로 주권국가로 독립을 쟁취하지 못하고 전근대의 종주국인 중국에 반환되었다. 종주국이었던 중국은 공산진영과 자유진영으로 분열되어 대만은 자유진영의 영토가 되었던 것이다. 요컨대 전근대의 종주국/속국관계는 근대의 영토개념으로 직접적으로 연결되지는 않았다. 전근대의 속국들은 근대에 들어와서 전쟁 또는 조약으로 종주국 혹은 제3의 강국에 영토적으로 편입되는 경향이 강했다. 전후의 자유진영의 중국은 연합국의 정책에 의해 독립국가가 되었으나, 공산진영의 중국은 이를 인정하지 않고 공산진영의 중국의 일부라고 인식하고 있다.

(2) 조선

전근대의 조선은 중국의 속국으로 있었다. 그런데 근대일본과 조선과의 관계를 살펴보면 다음과 같다. 즉 근대에 들어와서 일본이 조선침략을 의도했다. 일본은 전근대의 중국과 조선과의 종주국−속국관계를 청산하지 않고는 조선을 침략할 수 없었다.[38] 일본은 근대 국제공법을 적용하여 1872년 중국과 '청일수호조규'를 체결하여 조선이 자주국임

---

38) 슈펠트조약은 조선과 유럽이 체결한 최초의 조약임.

을 인정하도록 조약에 규정했다.[39] 또한 일본은 조선과 '조일수호조규'
를 체결하여 조선이 자주국임을 규정했다. 이처럼 일본은 중국에 대해
조선이 자주국임을 인정하도록 했고, 조선에 대해서도 중국의 속국이
아님을 주장하도록 했다. 또한 조선은 미국, 영국, 독일 등과 조약을
체결하여 조선이 자주국임을 명기했다. 다른 한편 중국은 조선에 대해
조선이 중국의 속국임을 조약에 명기하도록 강요했다.[40] 조선은 일본
을 비롯한 열강의 강요에 의해 중국의 속국이 아님을 주장하게 되었다.
중국은 일본을 비롯하여 구미열강의 조선침략을 막기 위해 조선이 중
국 이외의 국가와 조약을 체결할 때 중국의 속국임을 명확히 하도록
했다.[41] 청국은 조선에 대해 종래의 불간섭주의에서 일본 및 구미자본
주의 열강의 침략에 자극을 받아 준간섭, 간섭주의을 채택하였으며, 전
통적인 종번관계를 강화하여 영토편입을 의도하기도 했다.[42] 1880년
청국관리는 일본의 조선침략을 막기 위해 조선에 주차변사대신(駐箚
辯士大臣)을 두어 몽골과 서장지역처럼 청국의 군현에 편입할 것을 주
장하기도 했다.[43] 청국은 임오군란 때에 속국관계를 강화함과 동시에
일본의 조선침략을 막기 위해 청국의 북양군 3,000명을 조선에 파견했
다. 이 과정에서 1882년 「조청상민수륙통상장정」을 체결하여 종주국

39) 청국은 영국의 무역업자와 1842년 남경조약을 체결하였는데, 이것이 서양
　　열강들과 맺은 최조의 조약이었다. 이는 조공관계를 끝내고 국제법에 의
　　한 조약관계로 전환하는 계기가 되었음.
40) 중국은 조선이 프랑스와 조약을 체결하면서 중국의 속국임을 명시하도록
　　했음.
41) 岡本隆司(2004)『属国と自主のあいだ―近代清韓関係と東アジアの命運―』
　　名古屋大学出版会, pp.44－51。
42) 진위방 저, 권력수 역(1996)『淸日甲午戰爭과 朝鮮』백산자료원, p.145.
43) 如何璋(1972)「主持朝鮮外交議」, 中央硏究院近代史硏究所編, 『淸季中日韓
　　關係史料』臺北: 中央硏究院近代史硏究所, 권2, 342호, pp.439－440.

과 속국관계를 재확인하면서 경제침탈을 시도했다. 원세개는 종주국으로서 중국은 조선을 보호해야한다는 명목으로 주차조선총리교섭통상사의(駐箚朝鮮總理交涉通商事宜)라는 직함을 가지고 한국에 머물면서 청국군의 주둔과 재정, 해관, 외교를 장악했다. 이홍장과 대등한 관계로 고종의 지위를 격하하여 군사, 경제, 정치를 장악했다.[44] 이런 와중에 일본은 청나라와 전쟁을 감행하여 전승한 결과로 조선이 중국으로부터 완전히 자유로운 자주국임을 규정했다. 이렇게 해서 일본은 조선을 유럽식 질서체제인 국제법에 의거하여 자주국임을 인정하게 되었던 것이다. 일본은 조선을 자주국으로서 중국에서 분리한 이후 꾸준히 영토침략을 시도하여 1910년에는 일본영토에 편입했다.

근대에 들어와서 일본을 비롯한 서양 열강이 중국과 조선의 종주국－속국관계를 방해하려고 하자, 중국은 속국인 조선을 중국영토에 편입하려는 의도를 갖기 시작했다. 이에 대해 일본을 비롯한 열강이 간섭하여 결국 일본이 청일전쟁을 계기로 조중간의 속국－종주국관계를 단절했다. 일본은 청일전쟁에서 승리하고 1882년에 체결된 「조청상민수륙통상장정」을 폐지하도록 했다. 청일전쟁 이후 1899년 대한제국과 청국은 조선주재의 청국 상민을 보호하기 위해 대등한 국가로서 '조중통상조약'을 체결하기에 이르렀다.[45] 이어서 일본은 조선침략을 방해하는 러시아를 전쟁으로 제거한 뒤 열강과의 외교담판으로 조선을 식민지 지역으로 통치하게 되었다.

전후 일본과 조선과의 관계는 제2차 대전에서 일본이 패전함으로써

---

44) 권석봉(1986) 「大院君의 被囚」, 『청말 대조선정책사 연구』 일조각, pp.209 －248.

45) 小原晃(1995) 「日清戦争後の中朝関係―総領事派遣をめぐって」, 『史潮』 新37号, pp.45－59.

조선에 대한 식민지 통치가 종료되었고, 연합국의 정책에 의해 한국은
일본에서 분리되어 독립을 달성하게 되었던 것이다.

(3) 만주

전근대 중국과 만주와의 관계는 1644년 여진족이 세운 청조가 만주
지역을 중심으로 한 한족의 명조[46]를 멸하고 건국되었던 것이다.

근대에 들어와서 만주와 중국관계를 보면 다음과 같다. 즉, 1911년
10월 봉기로 신해혁명이 일어나 반란이 전국으로 확산되어 남부와 중
부의 모든 성이 독립을 선언했고, 청조가 멸하고 한족중심의 중화민국
이 성립되었다. 만주족(명대이후)은 소수민족으로서 중화민국의 일부
가 되었다. 만주족은 여진족의 후손인데, 여진족(명대이전)은 12세기
에 동북아시아의 광범위한 지역을 점령하여 금나라를 세웠다. 그러나
이 지역은 칭기스칸에 의해 정복 당하여 새로 건국된 원나라의 일부가
되었다. 몽골족 누루하치의 아들 홍타이지가 여진족이라는 명칭 사용
을 금하고 만주족이라 호칭하도록 했다. 1931년 일제는 민족자결주의
원칙을 표방하여 만주족이 세운 청조의 마지막 황제(광서제의 동생)
아이신죠유뤄 푸이를 황제로 내세워 중국에서 분리하여 만주족, 한족,
몽골족으로 구성된 만주국을 독립시켰다. 이미 이때 만주에는 한족의
인구가 만주족을 압도할 정도로 많았기 때문에 만주족들 사이에서도
만주국의 건국을 지지하지 않는 계층이 많았다.

전후 만주와 중국과의 관계를 보면 만주지역은 일본의 패전으로 제2
차 대전 이후 중국영토로서 반환되었던 것이다.[47] 만주는 중국의 속국

---

46) 1368년 원나라를 멸하고 세운 중국의 왕조인데, 1644년 여진족의 청나라
에 멸망했음.
47) 만주역사의 개략은 위키피디아 백과사전 참조.

이 아니라, 만주족은 중국을 통치한 여러 지배민족 중에 한 민족이었다. 근대에 들어와서 중국은 만주지역을 마지막까지 통치하지 못하고 중국영토에서 분리되어 일본의 식민지로 전락되었다. 전후의 만주지역은 연합국의 정책에 의해 일본 관할지역에서 분리되어 중국영토에 편입되었다. 만주가 중국으로부터 분리 독립될 수 없었던 것은 일제가 침략하여 확장한 영토는 중국이 주요국의 일원으로 작성된 포츠담선언에 의해 원칙적으로 그 이전의 국가에 반환하도록 되어있었기 때문이었다. 전후 만주지역은 주권국가로서 독립될 수 없었다.

(4) 베트남

전근대시대의 베트남은 중국의 속국으로 있었으나 근대에 프랑스의 지배를 받고 있다가, 제2차 대전을 계기로 전후 독립된 국가이다.

전근대의 베트남과 중국과의 관계를 살펴보면 다음과 같다. 즉, 13세기말 찬왕조는 3번에 걸친 원나라의 침략을 물리쳤고, 1400년 호(胡)왕조가 베트남을 지배하고 있을 때, 1407년 명나라 영락제가 찬왕조의 부흥을 내세워 베트남을 점령한 적이 있었다. 그러나 1428년 북부지방의 호족이었던 레왕조가 중국으로부터 독립을 달성했다. 18세기말 레왕소는 서산(西山)농민운농(農民運動: 1771-1787)[48]으로 정권이 위

---

[48] 「西山農民運動」, http://www.rok.or.kr/bbs/zboard.php?id=smy&no=180, 18세기 말 베트남의 레(黎)왕조 말기에 西山의 阮文岳 삼형제가 일으킨 농민전쟁 사건. 阮・鄭 양씨의 남북 대립시대에 남방을 지배하던 阮씨의 영내 廣南國의 퀴논 부근의 西山에서 阮文岳을 長兄으로 하는 阮文呂・阮文惠의 삼형제가 지도한 농민 전쟁이다. 阮文呂는 원래 胡王朝의 후예로 徵稅吏였으나, 정치적 목적에서 성을 阮으로 개칭하고, 당시 阮씨의 혹정(酷政)에 불만이 있던 私田의 소유자와 압박받던 농민들을 결집하여 西山黨을 조직하고 1771년 무장봉기하자 순식간에 광남국 영내의 각지를 점령하게 되었다. 먼저 광남국의 阮씨 일족을 멸족한 다음(阮福暎은 살아남

기에 처하자, 청국에 대해 반란진압을 요청했다. 청국은 군대를 파견하였으나 서산의 농민반란군(서산당)에게 패했다. 이처럼 청국은 1407년 이후 베트남과 종주국-속국관계를 맺고 베트남을 간섭하고 어려운 처지에 처했을 때는 도움을 주기도 했다. 청국군을 물리친 농민반란군은 주동자 구엔(阮) 3형제를 타도하고 레왕조를 대신하여 서산왕조를 세웠다. 살아남은 구엔 복영(阮福暎)은 1802년 프랑스와 타이의 지원을 받아 서산왕조를 타도하고 구엔(阮)이 왕조를 만들어 월남(越南: 베트남)을 건국했다. 베트남은 당초 친프랑스 정책을 실시했으나, 크리스트교 탄압을 계기로 프랑스가 베트남을 침략했다.

근대에 들어와서 중국과 베트남과의 관계를 살펴보면 다음과 같다. 당시 베트남의 종주국의 위치에 있던 중국은 프랑스의 베트남 침략에 대항하여 애로호 전쟁을 일으켰다(제1차 침략, 1858~1862). 그 결과 청국은 프랑스와 1858년 7월 톈진조약을 체결하여 베트남에서 프랑스의 우위권을 인정했다. 프랑스는 중국군이 철수한 틈을 타서 1867년 제2차로 원정군을 파견하여 베트남을 침략했다. 강화조약으로 프랑스와 사이공조약을 체결하여 남부의 코친차이나지역을 프랑스에 할양했다. 그 후 또 프랑스는 1882년(광서8) 통킹으로 군대를 파견하여 하노이를 점령했다. 레(黎)왕조는 서산당 반란 때처럼 청국군의 파견을 요청하였다. 청국은 베트남의 종주국으로서 프랑스의 베트남 통치를 인정할

음), 이어서 북방의 호족인 鄭氏 및 레왕조도 멸망시켰다. 阮文惠가 레왕조 구원을 이유로 침입하여 온 청국군 20만도 격퇴하였고, 1787년 이래 왕조를 세우고 국토를 3분하여 삼형제와 그 일족이 통치함으로써 西山왕조가 창시되었다. 살아남은 阮福暎은 프랑스 선교사의 원조로 세력을 회복하여 1802년에 30년에 걸친 西山 형제의 난을 평정하였다. 그러나 프랑스 세력의 원조를 받아 난을 평정하게 된 것은 후일 프랑스 식민지 통치의 발단이 되었음.

수 없었다. 이때 청국은 대국이 국경을 접하는 것이 좋지 않다는 판단
으로 유럽의 벨기에나 스위스처럼 완충지대로 삼기로 하고, 1883년 프
랑스와 협상하여 각서를 교환하려고 했다. 청국은 베트남을 열강의 청
국침략의 완충지대로 고려하여 송코이강과 청월 국경 사이에서 통킹만
을 남북으로 양분하여 북은 청나라, 남은 프랑스가 순사(巡査)하여 보
호(保護)하기로 했다. 청국은 지역이 넓으면 보호하기가 힘들다고 하
여 최소한의 지역으로 보호지역을 국한하려고 했다. 군사력을 배경으
로 한 프랑스는 청국의 제안을 거절하여 결국 베트남 분할론은 성립되
지 않았다.[49] 군기대신 쭤중탕은 온건적인 리홍장을 실각시키고 베트
남에서의 프랑스 우위를 인정한 리홍장이 체결한 제1차 텐진조약을 무
효화했다. 그리고 청국군을 베트남에 파견하여 1884년 6월 통킹을 접
수하기 위해 북상하던 프랑스군을 반격함으로써 재차 청국과 프랑스
사이에 제3차 전쟁(1881~1884)이 시작되었다. 프랑스 해군은 압도적인
전력으로 푸저우, 타이, 닝보 등지를 공격했다. 한편 1885년 3월 지상
전인 랑 썬 전투에서 프랑스군이 청군과 흑기군의 연합부대에게 4,000
여 명이 사망하는 대참패를 당했다. 그러나 결국 청은 펑후도를 잃고
타이완에 대한 통제력도 상실하여 더 이상 전쟁을 계속할 수 없었다.
청국은 제2차 텐진조약을 체결하여 펑후도 및 타이완에서 프랑스 군이
즉각 철수하는 조건으로 베트남에서 프랑스의 종주권을 인정했던 것이
다. 이로 인해 청국의 속국이었던 베트남은 프랑스의 식민지가 되고
말았다. 근대에 들어와서 청국은 월남(베트남)이 당우 때부터 오대에
이르기까지 모두 중국의 판도였기 때문에 중국으로 복귀시킬 기회라고
판단하여 편입을 주장하기도 했다.[50] 그러나 제3의 열강이 베트남을

---

49) 상동
50) 西里喜行(1994) 『淸國(洋務派)の對日外交と琉球問題」, 『琉球大学教育学

침략하게 되자 이를 막아내지 못하여 종주국-속국의 지위가 단절됨과 동시에 베트남은 제3의 강국인 프랑스의 지배를 받게 되었다.

전후 중국과 베트남과의 관계를 살펴보면 다음과 같다. 즉, 제2차 세계대전 시기 1940년 일본군이 북부 프랑스령 인도차이나반도(베트남)에 진주했다. 1945년 3월 일본의 조정으로 바오다이황제(保大帝)[51]가 베트남제국의 독립을 선언했다. 그해 8월 프랑스지배에 저항하던 민족주의자들과 공산주의자들로 조직된 베트남독립동맹(베트민, 1930년 설립)이 하노이를 점거했고, 9월 호치민이 베트남민주공화국 수립을 선언했다. 종전후에는 1946년 11월 프랑스군이 재차 침략하여 하이퐁(海防)에서 베트남과 충돌했다. 이후 베트남은 1946년~54년까지 프랑스에 대해 독립전쟁을 일으켰다(제1차 인도지나전쟁). 1949년 프랑스는 사이공에 바오다이를 복위시켜 베트남국의 독립을 인정했다. 반면 중국, 소련은 베트남민주공화국을 승인했다. 1950년대 프랑스는 미국, 베트남은 중국의 지원을 받으면서 치열하게 다투었다. 1954년 7월 디엔비엔프 전투에서 패한 프랑스는 제네바 평화협정을 체결하고 베트남에서 전적으로 철수했다. 전후 중국과 소련은 무력충돌을 막고 동시에 공산주의를 확대하기 위해 1956년 선거로 통일한다고 하는 단서를 규정하여 일시적으로 북베트남과 남베트남(베트민)으로 강압적으로 분할했다. 1955년 10월 남베트남은 미국의 후원을 받아 베트남공화국을 건국했다.[52] 결국 이를 계기로 베트남은 북위 17도선을 경계로 베트남민주공화국(북베트남)과 베트남공화국(남베트남)으로 분단되었던 것이다.

紀要」第45集(1), pp.24-38.

51) 바오다이는 1926년 1월 8일부터 1945년 3월 11일까지 재위한 베트남 응우엔 왕조의 마지막 13대 군주이다.

52) 「ベトナム(베트남)」, http://ja.wikipedia.org/wiki/

　전근대 중국의 속국이었던 베트남은 근대에 프랑스의 침입을 받고 중국이 속국의 베트남을 속국의 지위를 유지하지 못하고 프랑스의 식민지를 인정하고 말았다. 제2차 세계대전을 계기로 일본이 베트남의 통치를 의도하여 프랑스의 식민지를 강점하려고 했다. 그러나 일본이 제2차 세계대전에서 패망함으로써 프랑스가 베트남을 다시 통치하려고 했으나, 자유진영의 미국과 공산진영의 중국, 소련이 대립되어 결국은 베트남은 자신들의 의사와 관계없이 남북으로 분단되고 말았던 것이다.

6. 맺으면서

　이상으로 동아시아에 있어서 전근대의 「속국」이 근대가 되면서 종주국의 영토에 바로 편입이 되었는지, 아니면 제3의 강국의 영토에 편입되었는지, 그리고 이들 속국들이 전후 「주권국가」로서 독립을 달성했는지, 아니면 종주국의 소수민족으로 전락되었는지에 관해서 고찰해 보았다. 그 특징을 정리하면 다음과 같다.

　첫째, 종주국과 속국 시이에 비로 엉토에 흡수되는 법칙은 없다. 종주국이 속국을 자신의 영토에 흡수하려는 생각을 기본적으로 있었지만, 속국들이 이를 원하지 않을 경우는 무력으로 인한 강제 병합하는 형식으로 취해졌다. 강제 병합이 불가능했던 국가는 제3의 강국에 흡수되었다. 일본이 유구를 강제적으로 합병한 것이 전자에 속하고, 중국이 조선을 흡수하려고 했지만, 일본의 간섭에 의해 흡수가 불가능했고, 일본이 조선을 흡수한 것이 후자에 속한다.

　둘째, 속국이 종주국에 바로 흡수되지 않았던 경우는 제3의 국가가 자신의 이권을 확보하기 위해 간섭하였기 때문이고, 제3국에 흡수하였다. 중국의 속국이었던 대만, 조선이 일본에 흡수된 경우이다.

셋째, 근대시대의 속국에 위치하였던 국가들은 모두 식민지국가로 전락되었던 것이다. 자립할 수 없는 국가는 열강들의 영토쟁탈전 대상에서 예외가 될 수 없었다. 그 이유는 지금과 달리 제3국은 자신의 이익에 직접적인 관계가 없으면 타국의 정치, 경제문제에 관여하지 않고 방관하는 시대였기 때문이다.

넷째, 한국이나 대만과 같이 독립을 쟁취할 수 있었던 것은 일본의 패전 탓이고, 또한 대일강화조약을 체결하던 시점은 제2차 세계대전 연합국의 형성과 종전 타국의 정치문제에 방관하던 시대를 넘어서 자유진영과 공산진영이 대립되던 냉전이라는 국제질서가 형성되어 집단적으로 상호 협력과 대립의 시대가 도래하였기 때문이었다. 대일강화조약으로 독립한 국가는 집단적 협력의 수혜를 받은 최초의 국가라고 할 수 있다.

다섯째, 제2차 세계대전에서 일본의 패전은 세계사를 바꾸는 엄청난 계기가 되었다. 일본이 패전하지 않았더라면 수많은 소수민족들이 강대국의 지배를 받는 시대가 한참 더 지속되었을 것이다.

여섯째, 속국이 강제에 의해 종주국 또는 제3의 강국에 흡수되었기 때문에 이들 속국은 관성적으로 독립의 의지가 강할 수밖에 없었다. 한국과 베트남처럼 국가규모가 크고 민족적 독립의 의지가 강했던 국가들은 종주국과 제3의 강국간에 상호 견제하는 상황이었으므로 전후에 연합국정책에 의해 분리 독립되어 주권국가로서 인정되었다. 반면, 그렇지 않은 속국들은 연합국 정책에 의해 종주국에 흡수되었는데, 이들 중에 독립국가로서 규모를 갖고 있는 소수민족은 독립의 의지를 갖고 있고, 그렇지 않은 경우는 자치를 희망하고 있다고 할 수 있겠다.

제**3**장
근대동아시아의 영토주권 변천과 민권자유와의 관계성

1. 들어가면서

국가를 형성하는 요소는 영토와 국민과 주권이다. 주권은 다른 나라로부터 지배를 받지 않는 자유로운 권리이다. 영토에 대한 자유로운 권리가 없다면 타국의 영토가 될 것이다. 또한 국민으로서 권리를 누리지 못한다면 국민이라 하기도 어려울 것이다. 따라서 정상적인 국가란 영토와 국민과 주권에 있어서 자유로운 권리를 누릴 수 있어야 하는 것이다.

영토주권과 자유와의 관계성에서 언급한다면, 영토는 배타적인 영역으로서 타민족, 타국가로부터 구속되거나 간섭되지 않는 자유가 있어야한다. 따라서 영토라는 개념 속에는 주권이라는 자유의 요소가 포함되어 있다. 영토에 있어서 주권은 구속되지 않는 자유와 동일한 개념으로 사용된다.

동아시아 3국은 전근대, 근대, 현대를 거치면서 이들 지역에 대한 영토주권의 주체가 변화되기도 했다. 전근대에서는 일본과 중국은 소중화 혹은 대중화 국가로서 주변지역 소수민족의 민권 자유를 구속하기도 했다. 근대에서는 일본이 제국주의국가로 변신해서 주변 국가를 침략하여 영토주권을 침탈함과 동시에 민권의 자유를 구속했다. 현대 즉 제2차 대전 종전 이후에는 연합국의 승리로 인해 포츠담선언에 의거하여 피지배국들이 영토주권의 회복과 더불어 민권의 자유를 회복하게 되었다. 또한 그 과정에서 영토주권을 둘러싸고 분쟁을 일으키는 지역도 있다. 독도, 간도, 센카쿠제도, 쿠릴열도 남방4도, 남북한 문제, 대만과 중국 간의 문제, 티베트문제 등이 이러한 곳에 속한다. 영토분쟁이라고 하는 것은 특정한 지역을 두고 둘 이상의 국가가 주권을 주장하며 서로 다투는 것을 말한다. 즉 다시 말하면 특정한 영토에 대해 특정한 국가의 국민이 자유로운 권리를 누리지 못하는 것을 말한다.

현재 영토분쟁지역은 세계 각지에 산재해 있다. 그러나 유럽, 아시아, 아프리카, 서아시아, 북미, 남미 등 지역에 따라 해결된 경우와 해결되지 않은 경우가 있다. 영토분쟁은 대체로 경제적 상황이 여유로울수록 해결되어지는 경향이 있다.

본 연구의 공통주제인「자유」와 영토주권과의 관계를 논하려면 시대적으로 그 의미가 달리 나타난다. 따라서 전근대의 민족국가와 영토, 근대의 국민국가와 영토, 현대의 다민족국가와 영토로 구분해서 설명해야한다.

영토주권은 민권의 자유와 함수관계를 갖고 있다. 영토주권을 갖고 있음으로써 민권의 자유가 보장되고, 영토주권이 수탈당함으로써 민권의 자유가 구속된다. 민권의 자유는 영토주권이 회복됨으로써 보장된다. 이러한 논리를 전제로 한다면 영토주권은 시대별로 변천되어왔다.

따라서 본 연구에서는 동아시아를 사례로 하여 전근대, 근대, 현대에 걸쳐 영토주권의 변천과 민권의 자유와의 관계를 시대별로 지역별로 검토하고, 동시에 이들 지역에 대한 영토주권 주체의 변화에 따른 민권자유의 제한 상황에 관해서도 고찰해보려고 한다. 특히 여기서 '민권자유'라고 하는 것은 주권국가의 국민으로서 누리는 자유를 말하며, 그 형태는 시대별, 국가별에 따라 다르게 나타날 수 있다.

이는 동아시아영토분쟁을 해결하는데 본질을 파악함으로써 근본적인 문제해결을 통해서 분쟁을 해결할 수 있는 실마리를 찾는데 유익할 것으로 본다.

본 연구는 동아시아 한중일 3국을 분석의 대상으로 삼는다. 그 이유는 지역적으로 같은 공간에 있고, 시간적인 시차도 그다지 차이가 없다고 판단되기 때문이다. 본연구의 성과는 동아시아 3국과 유사한 국가들에게는 적용되는 이론이라 할 수 있겠다. 그러나 세계적으로 볼 때 지나치게 문명이 앞서있거나 뒤쳐져 있을 경우는 다시 시차를 느껴지는 부분도 있음을 지적해둔다.

본 연구에서 시대구분은 한중일 3국의 시대구분이 반드시 일치하지 않기 때문에 일본사를 기준으로 대체로 전근대시기를 일본의 근세시기에 해당되는 1600년부터 1868년인데, 그 전후시기를 두고 말한다. 중국과 한국에 대해서는 다소 유연하게 적용하도록 한다.

2. 전근대의 민족국가와 영토주권과 민권자유

(1) 헤게모니관계 -종주국/속국체제-

전근대의 헤게모니 구도는 종주국과 속국관계로 표현되었다. 전근대 시대에 특히 아시아에서는 영토를 침략하는 이런 제국주의적인 헤게모니구도가 아니었다. 국가 간의 권력의 헤게모니는 군주권을 침탈하여 군주권을 예속하는 것이었다. 그것이 바로 속국과 종주국 체제를 말한다. 동아시아에는 이러한 형태가 보편적이었다.

한국의 경우는 대마도와 종주국-속국관계, 여진족과의 속국-종주국관계가 일시적으로 있었던 적도 있었다.

일본의 경우는 아이누민족과 유구민족을 속국으로 삼고 있었다.

중국(특히 청나라시대)의 경우는 조선과 유구, 안남(베트남), 몽고, 티베트 등을 속국으로 삼고 있었다.

권력적으로 종주국-속국관계를 갖는 것으로 충분할 경우가 많았다. 일본에 대한 아이누, 유구와의 관계가 그렇고, 중국에 대한 조선, 안남 등의 관계가 그렇다. 그러나 때에 따라서는 그렇지 않은 경우도 있었다. 속국이 종주국에 흡수되어 민족적으로 지배와 피지배민족 관계에 놓이는 경우도 있었다. 청이 중국을 지배할 때는 한족이 몽고족의 지배를 받았고, 명이 지배할 때는 몽고족이 피지배민족이었다.

국가 간의 헤게모니 투쟁은 주로 전쟁으로 이루어졌고, 전쟁을 통해서 영토와 민족의 통합과 흡수 또는 지배-피지배관계를 맺었다.

(2) 국가 간의 경계로서 국경지대 설정

전근대에는 반드시 국경선을 선으로 생각하지 않았다.

전근대시대는 영토가 반드시 선으로 구분된 것은 아니었다. 자연경계로 구분되고 있었다. 자연경계가 없는 경우에는 넓은 공장 지대가 국경의 역할을 했다.

(3) 영토주권과 자유

영토주권은 군주의 전유물이었다. 전근대시대는 주로 절대군주국가의 형태였다. 절대군주 국가는 군주가 토지의 소유자였다. 백성들도 군주의 소유물이었다. 따라서 인민과 영토는 군주의 것이었다. 이러한 체제 자체가 당시의 인민들에게 있었서는 자유 그 자체였다고 할 수 있다.

3. 근대의 국민국가와 영토주권과 민권자유

(1) 헤게모니관계

－약소민족과 국가에 대한 영토침략과 민족문화 말살－

근대시대에는 서양의 동진으로 인해 동아시아에서도 영토침략이 일반화되었다. 이에 대응하여 영토주권을 수호하는 것은 바로 타민족의 영토를 침략하는 방법이기도 했다. 따라서 제국주의에 야심이 있었던 국가들은 영토 확장에 적극적이었다. 이로 인해 약소민족이나 약소국가는 제국주의국가에 병합되어 민족과 영토가 말살되기도 했다. 영토

와 민족을 말살하는 방법은 전쟁이나 협박으로 조약을 체결하는 방법
이 동원되었다.

일본의 경우는 아이누민족과 유구민족을 병합하여 영토와 민족을
말살했다. 또한 대만과 한국에 대해서는 전쟁을 통해 중국 또는 러시아
라는 주변국의 간섭을 배제하고 강제로 영토를 침략하고 민족을 말살
했다. 더 나아가서 만주의 경우는 중국을 압박하여 만주족에 대해 민족
적 독립을 조장하여 식민지로서 지배했다. 이외에도 전쟁으로 중국본
토와 동남아시아 제국을 침략하여 영토침략을 시도했으나 결국은 연합
국의 간섭으로 실패로 돌아가고 말았다.

중국(청국)의 경우는 전쟁을 통해 전근대의 종주국-속국관계에 있
던 대만과 조선, 베트남 등을 일본과 프랑스에 침략 당했다. 그리고 만
주도 일본의 조정에 의해 분리 독립 되었다. 하지만 중국에는 그 이외
도 소수민족들이 한족에 편입되어 다민족국가로서 한족이 지배민족이
되고 다른 소수민족은 피지배민족이 되었다. 간도의 경우도 중국의 영
토의 편입대상이 되었다.

한국의 경우는 전근대 중국과 종주국-속국관계에 있었는데, 일본이
중국을 침략하여 한국과 중국 간의 속국-종주국관계를 단절한 후, 영
토를 침략하고 민족을 말살하여 일본에 흡수시켰다.

(2) 국가 간의 경계로서 국경지대 설정

유럽의 동진으로 국가와 국가 간의 관계가 빈번해지면서 동아시아
에서도 강대국이 약소국을 침략하여 영토와 민족을 말살하는 형태가
진행되었다. 이로 인해 국경의 경우도 전근대에는 국경이 공광지대로
형성되었는데, 이것은 근대에 들어와서는 산, 강, 산맥 등의 자연경계
를 활용하여 국경선의 형태로 대체되었다.

또한 국가를 형성하는 영토, 인민, 주권에 있어서도 전근대와 차이를 보이고 있다. 「영토」의 경우는 경계를 분명히 하여 그 한계를 명확히 함과 동시에 제국주의국가들은 국경선을 확장하여 영토침략을 시도했다. 약소국가의 경우는 제국주의국가의 압박으로 국경선이 축소되기도 했으며, 영토의 전부를 침탈당하기도 했다. 「인민」에 관해서는 영토의 변동에 따라 인민의 귀속도 결정되었다.

간도의 경우는 제국주의 국가였던 중국에 침탈당하였으며, 동시에 간도거주 한민들은 대체로 중국국적을 취득하였던 것이다.

(3) 영토주권과 자유

근대시대에는 제국주의국가의 성장으로 약소국가와 약소민족이 영토를 침략당하고 민족문화가 말살 당하였다. 영토와 주권을 침탈당한 약소민족은 제국주의국가에 흡수되어 지배민족이 누리는 자유를 침해당했다. 약소민족의 영토주권의 침해는 바로 약소민족의 자유를 제한하는 것이 되었다. 근대시대는 지배민족과 피지배민족간의 차별이 현저하게 두드러졌다. 영토주권이 침탈당함으로써 민권의 자유도 비례해서 제한되었던 것이다.

분쟁지역에 해당하는 간도지역에 있어서 거주한민의 자유도 정치적, 경제적으로 매우 제한되었던 것이다.

4. 현대의 다민족국가와 영토주권과 민권자유

(1) 헤게모니관계, 평등과 자유주의 원칙(유엔헌장)

유엔헌장에 입각하여 타국가의 영토침략을 불법으로 규정하고 있다. 따라서 영토주권을 침략하는 경우는 없다. 하지만 근대의 영토내셔널리즘시대에 생긴 분쟁지역이 남아있는 곳은 있다. 이들 분쟁지역은 당사자 간의 합의에 의하거나, 국제사법재판소와 같은 제3의 기관에 의해 조정하게 되어 있다.

(2) 국가 간의 경계와 국경

국가 간의 협력으로 타민족의 국가영토를 존중하고 있기 때문에 영토확장 의욕이 없다고 할 수 있다. 이는 유엔이라는 국제기구가 존재하면서 더욱 분명해졌다.

그러나 현대에는 영토분쟁이라는 형태로 영토주권의 변동이 가능한 지역이 존재한다. 영토분쟁이 존재하는 지역은 유럽을 제외한 대다수의 대륙지역에 존재하고 있다. 그렇다면 유럽에서는 왜 영토분쟁이 존재하지 않을까? 그것은 영토내셔널리즘을 넘어서 시민사회라고 할 수 있는 리저널리즘시대가 도래해 영토 그 자체가 그다지 중요하지 않기 때문이다. 근대시대에는 국민국가, 혹은 단일민족국가로서 국민=단일민족의 영토와 주권으로 구성되어 있었기 때문이다. 그러나 유럽과 같은 현대국가에서는 이러한 등식에 변화가 생겨났던 것이다.

「민족」에 관해서는 현대에 있어서 특정한 국가는 특정한 「민족」이라는 단일민족으로 구성되어 있지 않는 경우가 대부분이다. 민족은 국경을 넘어서 이동하여 다민족국가화 되어가고 있다.

「영토」에 관해서도 영토가 없다고 해서 근대 시대처럼 민권의 자유를 해치고 또한 자유로운 삶을 구속하지 않는다. 즉 다시 말하면 타국에서도 인권이 존중되어 자유로운 삶을 영위할 수 있게 된 것이다.

「주권」에 관해서는 국민이 아니어도 인권이 보장되기 때문에 주권이 그다지 중시되지 않게 되었다.

이러한 결과 유럽공동체와 같은 국가연합체가 형성되는 것이다. 이러한 형태는 향후에 더욱 가속화될 것임에 분명하다.

현대에는 피지배민족과 지배민족으로 반드시 2분법으로 정리할 수는 없다. 왜냐하면 다민족국가는 과거 소수민족이었을 지라도 지배자의 지위에 놓일 수 있기 때문이다. 특히 현대에는 지배민족과 피지배민족이라는 개념이 점차로 사라지고 있다. 미국과 중국의 경우를 살펴보면 다 같이 다민족국가임에도 불구하고 중국은 아직 지배민족과 피지배민족의 구조가 남아있으나, 미국의 경우는 지배-피지배민족의 구조가 거의 사라지고 있다. 특히 중국의 경우는 소수민족 우대정책을 실시하고 민족적 저항을 없애려고, 동시에 소수민족 말살정책을 추진하여 소수민족사회가 와해된 부분도 적지 않다.

(3) 영토주권과 자유

유엔헌장에 입각하여 타국가의 영토침략을 불법으로 규정하고 있다. 따라서 전쟁에 의한 영토 확장은 불가능하기 때문에 영토주권은 법적으로 보장되어 있다고 하겠다. 그래서 영토주권의 변동에 의해 민권의 자유를 구속하는 경우는 사라졌다고 하겠다.

하지만 전전의 영토문제가 지속되어 영토분쟁으로 진행되는 곳이 남아있다. 이들 지역에 한해서는 영토주권의 변동 가능하며, 변동에 의해 민권의 자유가 구속될 수 있다.

(4) 영토문제의 해결 방향

영토문제는 성급하게 서두를 문제가 아니다. 성급한 해결을 원할 경우에는 사법재판소라는 제3의 기관이 중재할 경우에 영토주권이 박탈되는 입장에서 보면 당사자가 원하지 않는 방향으로 결정되었으므로 불만을 갖게 되므로 완전한 해결이 불가능할 경우가 많다. 시간이 흘러 시민의식이 성숙되었을 때 해결하는 것이 타당하다. 캐나다의 경우를 보면 잘 알 수 있다. 프랑스령이었던 쾌백과 같은 국가는 투표로 시민의 의식에 따라 분리 독립과 현 상태의 유지를 선택하도록 했다. 쾌백 시민들은 독립보다는 현 상태유지를 선택하여 캐나다의 일부가 되었다. 분리 독립이 반드시 최선이 아니라는 시대와 상황이 도래했다고 할 수 있다.

또한 영토분쟁지역의 경우도 독일의 통일과정을 보면 원래 독일지역이었음에도 불구하고 그 지역을 독일-폴란드와의 분쟁을 해결하기 위해 독일이 폴란드에 양보한 사례가 있다. 영토 확장보다는 영토적 양보로 지역 간의 협력을 중시하는 시대와 상황이 도래했다는 교훈도 얻을 수 있다.

5. 동아시아 3국의 영토주권의 변천과 민권자유

(1) 일본의 경우

일본은 1869년에 아이누민족과 그 영지를 병합했고, 1879년 강압적으로 유구(오키나와)영토와 민족을 일본에 병합했다. 그 후 1895년 청일전쟁을 일으키고 중국영토로부터 대만지역과 대만주민을 분리하여 일본에 병합했다. 1910년에는 한국영토를 침략하고 한민족을 일본민족에 편입 조치되었다. 그러나 제2차 대전에서 패전함으로써 포츠담선언에 의거하여 대만과 조선은 일본에서 분리 독립하게 되었다.

하지만 여전히 오늘날 일본 국내에는 피지배민족으로서 유구민족과 아이누민족이 소수민족으로서 존재하고 있다. 또한 피식민지민족으로서 대만인과 조선인이 소수민족으로서 일본에 거주하고 있다. 전자는 영토주권과 자유라는 관점에서 관련이 있고, 후자는 영토주권과 무관하게 자유를 억압받고 있다고 할 수 있다.

아이누민족은 홋카이도를 중심으로 변경지역의 소수민족이었다. 이들은 일본정부의 동화정책으로 민족공동체가 많이 분산되었지만, 여전히 민족문화를 공유하는 민족공동체를 형성하고 있다. 일본에 병합된 기간을 본다면 금년으로 141년을 맞이하고 있다. 이들 중에는 민족적 자치를 희망하는 부류도 있고, 그렇지 않은 부류도 있을 것이다. 현재적 시점에서 민족적 자치를 인정함으로써 「영토주권과 자유」라는 관점에서 볼 때 아이누민족과 일본정부간의 모든 현안이 해결되는 셈이다.

이 문제는 유구와도 동일하다. 유구가 일본에 병합된 지 131년을 맞이하고 있다. 유구는 아이누 민족보다 민족적 자치를 요구하는 바람이 더 강렬하다. 그 이유로서는 1945년 종전부터 1972년 오키나와가 일본에 반환되기 전에 미국의 통치령으로서 일시적으로 일본과 분리된 적이 있기 때문일 것이다.

(2) 한국의 경우

한국은 1910년 일본에 합병당하기 전에는 압록강과 두만강을 경계로 1민족 1국가였다. 1910년 일본에 영토와 주권을 수탈 당한 이후에는 일본천황의 신민으로 살아가게 되었다. 일본의 패전으로 한국은 포츠담선언에 의해 1945년 독립을 쟁취했다. 그러나 남북으로 분단되어 1민족 2국가체제가 되었다.

① 조선시대에 있어서는 1민족 1국가체제로서 그 구성원들은 영토에 의한 자유가 제한된 적은 없었다.

② 일제시대에 있어서는 일본국가의 소수민족으로 전락되어 조선민족에게 있어서는 영토와 주권을 갖는 자치권이 존재하지 않았다. 그래서 영토가 없었기 때문에 일본국가로부터 자유를 구속받게 되었다.

③ 대한민국시대에 있어서는 해방과 6.25전쟁 등으로 부득이 원치 않는 국가에 소속되고 말았다. 다시 말하면 조선민족의 일부분은 원치 않게 남북한의 어느 지역에 소속됨으로써 고향을 잃은 사람, 이산가족 등은 영토주권이 상실되어 자유에 대한 구속을 받고 있다.

간도의 경우는 전후 연합국의 정치적 담합에 의해 중국이 간도를 실효적으로 강점하고 있는 상황이다. 전전 근대의 연장선상에서 간도 한민들도 반 강압적으로 중국국적을 취득하게 되어 1909년 간도협약 이후 100여 년이 지나고 있다. 이미 간도 한민(조선족)들은 이미 중국인으로서의 조선족이라는 정체성의 변화를 겪음과 동시에 중국정부의 소수민족 정책으로 조선민족으로서의 민권의 자유가 억압되고 있다는 인식보다는 중국인으로서의 조선족 소수민족으로서 민권의 자유를 누리고 있다는 인식으로 변화되었다.

독도의 경우는 사람이 살고 있지 않아서 직접적으로 주민의 민권이 억압되고 있는 것은 아니다. 그러나 독도를 영토로 하고 있는 한국인으로서 일본의 영유권주장에 의해 정신적으로는 민권이 억압되고 있다는 인식을 갖고 있다.

(3) 중국의 경우

중국은 소수민족의 자치와 독립을 강압적으로 막고 있다. 중국내에는 소수민족들이 독립과 자치를 요구하고 있다. 이들 소수민족들은 중국인으로서 살고 있지만 민족적 독립을 이루어 내지 못하여 민권의 자유가 구속되어 있다는 인식을 갖고 있다. 실질적으로도 중국의 중앙정부가 한족 중심으로 구성되어 있기 때문에 소수민족에 대한 차별이 강하게 남아있을 것이다. 다소 성격상의 차이는 있지만 티베트, 위구르, 대만, 내몽고 등의 지역이 민권의 차별을 받고 있는 지역들이다.

6. 「영토주권과 민권자유」에 대한 현안과 과제

(1) 현안

근대시대에 제국주의국가에 영토주권을 침탈당한 민족은 결국 흡수되지 않을 수 없게 되었다. 이 경우는 대략 100년 이상이라는 세월이 지나면 지배국에 대한 저항이 약해지는 경향이 있다. 그러나 현대에 들어와서는 이들에게도 여전히 많은 문제를 남기고 있다. 과거 통치 국가에 병합된 소수민족들에게는 민족문화를 공유하는 민족공동체가 형성되어 있다. 그런데 이들에 대한 차별적인 처우와 민족적 특성을 무시하는 정책을 실시하고 있기 때문에 문제가 발생하는 것이다.

(2) 과제

향후 동아시아 각국은 다민족국가가 될 것이고, 민권의 자유를 억압하는 일 없이 민족의 자치와 독립을 허용하는 방향으로 전개되는 것이 바람직할 것이다.

중국의 경우는 티베트와 위구르, 대만 등에게 독립을 허용하고 조선족 등의 다수의 소수민족에 대해서는 미국의 각 주처럼 자치를 허용하는 것이 미래에 바람직한 방향일 것이다.

일본의 경우는 소수민족의 아이누민족과 유구민족에 대해서는 자치를 인정하고, 식민지시대에 이주해온 소수민족에 대해서는 시민주의에 입각하여 참정권 등을 인정하여 차별적 대우를 중지해야할 것이다.

한국의 경우는 남북이 통일 되어 영토주권과 더불어 민권의 자유를 누릴 수 있도록 되어야한다. 그것은 오직 한국에 1개의 국가로서 통일하는 방법이다. 그렇다고 해서 단일민족 단일국가형태를 요구하는 것은 아니다. 통일이 되고 다문화가정이 늘어나서 다민족국가로 가야할 것이다.

7. 맺으면서

이상에서 영토주권과 민권의 자유라는 키워드로 시대별 동아시아 3국의 헤게모니 변동에 따른 영역의 변동에 관해 고찰하였다. 이를 정리하면 다음과 같다.

첫째, 국가의 형태에 관해서는 3권(입법, 사법, 행정)으로 엄격하게 분리된 현대의 법치국가가 있다면, 근대, 전근대에는 지역과 시기에 따라 다른 형태의 국가가 존재했다. 대략적으로 현대에서 근대, 전근대로 역사를 거슬러 가면 갈수록 국가형태가 느슨한 국가형태라고 할 수 있다. 그러나 지역에 따라 근대에도 전근대에도 국가형태를 갖지 않은 느슨한 형태의 권력집단도 있다. 전근대의 아이누민족이 여기에 속한다. 따라서 전근대시대에도 문명화된 지역에는 국가형태가 엄격해져 있는 곳이 있으나, 근대에도 비문명화된 지역에는 느슨한 형태의 국가형태를 갖고 있기도 한다. 따라서 국가형태는 반드시 시대에 비례하지 않고 지역에 따라 다르다고 볼 수 있다. 그러나 대체로 3권 분립의 형태의 국가체제로 접근하는 발전단계에 비례하고 있다.

둘째, 시대변화에 따른 헤게모니와 영토주권의 변동에 관해서는 영토에 대한 가치인식의 변화에 따라 전근대. 근대, 현대로 진행되면서 영토주권에 대한 야욕이 시대적으로 다르게 나타난다. 전근대에는 지배와 피지배자와의 관계정립에 있어서 사람과 권력적 수직관계적인 측면이 강했기 때문에 영토주권을 침탈하려는 경향이 그다지 크지 않았다. 그래서 전근대시대에는 근대시대처럼 영토확장이 반드시 국익에 보탬이 되는 시기가 아니었기 때문에 속국과 종주국이라는 정치적 관계를 유지하는 경향이 크다. 그 예는 한국과 중국 간의 관계를 들 수 있다. 그러나 지배국과 피지배국간에 힘의 균형이 지나치게 불균형할 때는 지배국가에 예속되는 경향도 없지 않다. 그 대표적인 예로 몽골의 세계지배를 들 수 있다. 근대에는 어업자원과 농산물, 광물 등의 자원 조달과 상품시장, 그리고 전략적 요충지의 확보라는 측면이 강했다. 그래서 식민지국가로서 영토주권을 침탈했다. 현대에는 영토주권을 침략하는 경향이 없어졌으나, 근대의 유산으로서의 분쟁지역화 되어 있는 곳에 한정해서 영토분쟁이 일어나고 있다. 이들 지역에 한해서는 첨단기기로 파악이 가능한 메탄가스 등의 에너지원인 지하자원의 획득을 위한 경우가 많다.

셋째, 시대별 국가의 형태를 보면, 대체로 전근대는 민족국가의 형태이고, 근대는 국민국가의 형태이고, 현대는 다민족국가의 형태를 띠고 있다. 민족국가라는 것은 1민족 1국가체제를 말한다. 전근대는 대체로 1민족 1국가체제의 형태를 띠고 있고, 근대는 국민국가체제를 띠고 있었다. 제국주의국가가 다른 국가를 침략하여 영토와 민족을 자국에 편입시켰다. 타국을 침략한 지배국가는 자민족의 일원으로서 편입하여 소수민족 자체를 인정하지 않으려고 하여 외형적으로는 1국가 1민족의 형태를 갖추려고 노력했다. 이를 국민국가라고 하겠다. 국가=국민=영토의 범위가 동일하다는 의미이다. 현대의 다민족국가는 소수민족을 하나의 민족으로 인정하여 다민족이 1국가를 이루고 있는 형태이다.

넷째, 영토주권 침략에 있어서는 시대적으로 볼때 근대국민국가시대가 영토주권을 침략하는 시대였다면, 전근대시대는 힘의 균형이 지나치고 불균형이 아니라면 속국-종주국관계를 유지하고 있었다. 그러나 현대에 들어와서는 전근대의 유산으로서 분쟁지역이 아닌 곳에는 영토주권을 침탈하는 경우는 없어졌다. 한편 민권의 제한에 관해서는 시대적으로 볼 때, 근대시대가 영토주권을 침탈하여 민권의 자유를 가장 많이 제한했다. 그러나 전근대의 민족국가시대에는 속국과 종주국관계에서 종주국에 의해 다소 민권이 제한되었다. 현대 다민족국가 시대에 들어와서는 인권의 자유와 평등의 실현이 최종적인 목표이므로 영토주권을 침략하는 곳이 없어서 민권의 자유를 억압하는 것도 없어졌다. 분쟁지역은 예외적으로 근대적인 요소가 내포되어 있어서 민권의 자유를 구속하는 경향이 있다고 하겠다. 간도지역이 그 좋은 예라고 하겠다.

제2부
동아시아 영토분쟁의
특수성
-간도분쟁을 사례로-

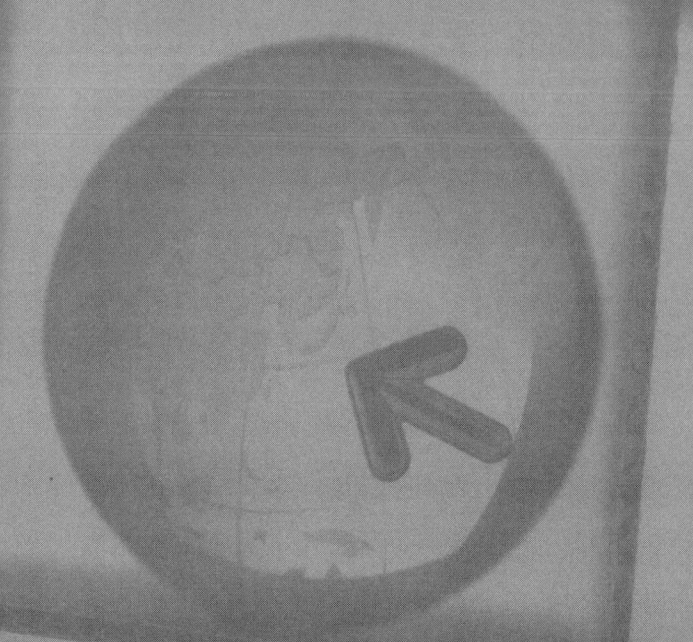

동아시아 영토분쟁의 패러다임

제**4**장
한중 간의
간도 영토문제의 특수성
―동북아 헤게모니와 간도 영토문제 해결의 취약성―

1. 들어가면서

　　현재 한국 내에서는 학계나 매스컴 등 국민여론 중에는 간도 영토문제가 존재하다는 주장과 존재하지 않는다는 주장이 양분되어·있다. 그렇다면 간도문제의 본질은 무엇일까? 본 연구에서는 이러한 의문에 대한 회답을 찾아보려고 한다. 간도문제는 오랜 역사를 갖고 있어서 영토문제의 존재 여부를 파악하기 위해서는 제3자적인 입장에서 공정한 판단이 필요하다.

　　간도문제의 출발은 17세기 조청간의 봉금지역 설정에서 시작된다. 봉금지역은 지금처럼 선 개념의 국경선이 아니었으므로 그 시기에는 영토문제가 존재하지 않았지만, 지금의 국제법에 의거하여 본다면 그 시기부터 간도문제가 야기되었다고 할 수 있다. 그 후 1712년 청국이 백두산정계비를 일방적으로 세웠고, 이에 대해 조선이 이의를 제기하지 않아서 봉금지대를 전적으로 중국 영토화하려는 것을 막지 못했기 때문에 간도 영토의 축소와 영토문제를 양상하는 결과를 초래했다. 1885년과 1887년의 감계담판에서도 청국의 강압적인 결정에 의해 조선의 입장이 묵살되어 또 다시 간도의 영토적 권원을 약화시키는 결과가 되었다. 1905년 대륙침략의 일환으로 일본제국주의가 조선의 간도 영토적 권원을 회복시켜서 간도지역으로 일본영토를 확장하려고 노력했지만, 사실상 그 의도는 달성되지 못했다. 그 원인으로서 이미 여러 단계에서 조선이 영토적 권원을 약화시킨 역사적 사실이 존재했고, 또한 주변국가에 대한 일본제국주의의 영토침략 의도가 폭로되었기 때문이다. 1910년부터 한국이 일본의 식민지 통치를 받았고 1945년 연합국의 전승으로 한국이 독립되었지만, 일본제국주의가 1909년 간도협약을 체결하여 중국영토로 인정한 조치를 묵과함으로써 또다시 간도의 영토적 권원을 약화시키는 요인으로 작용하였다. 또한 1951년 대일강화조약이 체결되었을 때 간도 영토를 전적으로 만주에 포함시켜서 중국영토로 반환했다. 1962년 한반도 38선 이북의 북한정권은 맹방관계인 중국과 간도문제를 협상하여 중국영토로 인정했다. 이처럼 간도문제를 둘러싸고 오랜 기간 동안 영토문제를 해결하려고 노력해왔지만, 다양한 문제점을 노출시키면서 불완전한 것이긴 하지만 중국 측에 유리하게 영토문제를 고착화시켜온 것 또한 사실이다.

현재 국민여론과 달리 한국정부가 적극적으로 간도문제를 제기하지 못하고 있는 이유도 바로 과거 간도 영토문제를 소홀히 취급했기 때문이다. 그래서 한국은 간도 영토문제를 해결하기 어려운 취약성을 안고 있다는 사실을 간과할 수 없다.

본 연구는 간도의 영토적 권원을 약화시킨 사건을 시기별로 나눠서 한중일 동아시아 3국의 헤게모니 변동에 의해 간도 영토의 지위변동 과정을 고찰해보려고 한다. 본연구와 선행연구와의 차이점은 선행연구가 주로 역사적 권원과 국제법적 지위를 규명하는데 초점을 맞추어왔다는 것이다.[1] 또한 본 연구는 간도문제가 원래부터 존재하지 않았다는 중국 측의 주장을 비판하려는 취지도 내포하고 있다.[2]

2. 봉금지대 설정기

(1) 동북아시아 3국의 정치적 역학관계

1616년 여진족의 한 분파인 건주(建州) 여진의 두목 누루하치가 금나라를 세우고, 1618년 2만 명의 군대를 이끌고 明의 무순성을 공격했다. 그때 명은 조선에 대해 1만 명의 군대 출병을 요청했고, 임진왜란 때 은혜를 입은 조선은 1619년 1만 명의 군대를 파병하여 명군과 연합하여 청군과 싸웠으나 패했다. 조선군이 전투에서 적극적으로 임하지 않았다. 청국은 명의 요청에 출병하지 않을 수 없었던 조선의 입장을 이해하면서도 명과의 관계 단절을 요구했다.[3] 그 후 후금(1616년 여진족이 건국)은 조선이 명·청 사이에서 애매한 태도를 취하자, 일찍 항복한 강홍립을 앞장세워 1627년 1월 13일 3만의 군대를 이끌고 압록강을 건너 조선 북부를 침공했다. 그해 3월 13일 「강도회맹(江都會盟)」

---

1) 최장근(1998)『한중국경문제연구』백산자료원, pp.34-36,「주」참조.
2) 본 연구는 김태국·김춘선(2002)「조선후기 한인의 북방이주와 만주개척」(『한국사의 전개과정과 영토』, 국사편찬위원회, pp.159-208)을 비판하는 관점에서 쓰여진 연구이다.
3) 기시모토 미오·미야지마 히로시(1988)『조선과 중국, 그세 오백년을 가다』역사비평사, p.232.

을 체결하고, 수만 명의 조선인을 포로로 납치했다.[4] 「강도회맹」에서 「후금군은 평산(平山)을 넘지 않는다. 맹약 후 후금군은 즉시 철병한 다. 철병 후에는 다시 압록강을 넘지 않는다. 양국은 형제국으로 칭한 다」고 했고, 「조선은 후금과 맹약을 맺되 명나라에 적대하지 않는다」고 했다. 즉 이는 조선이 후금과 적대국의 관계를 개선함과 동시에 후금과 명나라 사이에서 엄정 중립을 취하기로 약속한 것이다.

조선은 이전에 여진족으로부터 조공을 받던 입장에서 굴욕적으로 형제관계를 맺게 되었고, 게다가 1636년 후금이 청으로 국호를 바꾸고 중원지역으로 세력을 확정하기 위해 「형제의 예」에서 「군신의 예」를 다할 것과 병력을 보내어 청과 연합하여 명과 싸울 것을 요구당했다.[5] 이에 대해 인조가 청의 침공에 대비해서 전국에 동원령을 내린 것이 화근이 되어 청국은 정묘호란의 강화를 어겼다고 하여 1636년 12월 9 일 청 태종이 직접 10만 청군을 이끌고 압록강을 넘어 조선을 침략했 다. 인조가 삼전도에서 항복하여 조선과 「성하지맹(城下之盟)」을 체결 하였고,[6] 수많은 조선인들이 인질로 잡혀가서 1619년 명에 파견된 포 로들과 마찬가지로 강제로 팔기군에 편입되거나 왕공귀족의 노예가 되 었다.[7]

「성하지맹」에서는 조선에 대해 「형제의 예」를 「군신의 예」로 바꿀 것을 요구하였으므로 조선을 신하의 나라로 삼으려고 하는 굴욕적 조 치였다. 당시 명의 잔존세력이 각지에서 전투를 하고 있었기 때문에

---

4) 정묘호란.
5) 「정묘약조」, 야후백과사전 참조.
　　http://kr.dic.yahoo.com/search/enc/result.html?pk=17861700.
6) 병자호란.
7) 전게서, 「조선후기 한인의 북방이주와 만주개척」, 『한국사의 전개과정과 영토』, pp.160-164.

청국은 복속관계의 상징적 측면에서 식량지원과 지원군 파견을 조선에 요구했던 것이다.[8]

이전의 조선은 여진족을 동화와 지배의 대상으로 삼고 오랑캐라고 부르며 이적시 해왔는데, 종래의 상황이 역전되어 청에 굴복하여 신하의 예를 다해야했다. 하지만, 조선은 중화의 후계자로서 소중화 사상을 갖고 있었기 때문에 인조의 뒤를 이은 효종은 반청적인 강경한 입장을 취하여 북벌론을 앞세워 전쟁을 준비하기도 했다.[9] 이처럼 조선은 전쟁에 패했으므로 청국의 요구를 거절할 수 없었지만, 청국에 대해서는 은밀히 강한 적대감을 품고 있었다.

(2) 영토적 권원

고려는 예종 이후 여진을 정벌하여 실질적인 점유와 상관없이 선춘령 이남의 동북지방을 국경선으로 간주하고 있었다. 공민왕은 이 지역을 고토로서 수복하여 9성 지역에 대한 영유권을 확보했다. 원명 교체기에 조선왕조는 고려의 영토관을 계승하여 외교적으로 선춘령 이남 지역을 조선영토로 강력히 요구하여 명으로부터 인정받았다.[10] 선춘령은 지금의 왕청현 이남 연길시 북쪽의 산맥들 가운데 한 곳이다.[11]

---

8) 기시모토 미오・미야지마 히로시(1988)『조선과 중국, 그세 오백년을 가다』역사비평사, p.225. 그 외에도 조선 내에 잔류중인 청인의 소환, 양국 간의 무역을 요구했다.
9) 전게서, 『조선과 중국, 그세 오백년을 가다』, p.234.
10) 최규성 「선춘령과 공험진비에 대한 신고찰」, 『한국사의 전개과정과 영토 (한국사론 34)』 국사편찬위원회, pp.157−158.
11) 일제의 간도파출소가 포이통하강에서 선춘령비를 건져 올린 것이 증거이다(최장근(1998)『한중국경문제연구』백산자료원, pp.69−70). 전게서, 「선춘령과 공험진비에 대한 신고찰」, 『한국사의 전개과정과 영토 (한국사론 34)』, p.157.

9성의 최북단은 공험진인데 일제 때 발견된 공험진비를 증거로 삼는다면 연길시내 서쪽의 북대고성(北臺古城)까지이다.[12] 이처럼 고려부터 조선 초기에는 실질적으로 봉금지대를 지배하지는 않았지만, 봉금지대에 대한 영토의식을 갖고 있었다. 고려와 조선의 동북 3성에는 조선에 조공을 바치는 여진족이 살고 있었는데, 요하를 중심으로 한 요동일대 주민의 10분의 3은 한반도에서 건너온 조선인들이었다.[13]

그런데 건주위(建州衛)와 조선은 국경을 확정하지 않은 상황이었지만,[14] 1605년 건주위의 노이합적(努爾哈赤)과 조선 사이에 약정을 체결했다. 이때 노이합적은 도강자(渡疆者)가 발생하면 양측이 상호 체포하여 보낼 것을 요구했고, 조선에서도 만주의 기타 부족들이 조선의 변경을 침입하지 말 것을 요구했다.

정묘호란(1627년) 이후 후금의 강력한 압력을 받은 조선 인조는 1628년 5월 후금에 대해「엄수강(嚴守疆) 단금사월등래의극시(斷禁私越等來意極是)」라는 국서를 보냈다. 그후 조선조정은 범월자들을 엄하게 조치했다. 이는 상국에 대한 하국이 취해야할 태도였으며, 그렇다고 해서 압록강과 두만강이 양국의 경계로 결정된 바는 없었다. 단지 봉금지대의 출입이 금지되었던 것이다.[15]

강화조약에서 양국 간에는 종주국관계를 서약하고 영토문제에 있어서 공광무인지역을 설정하여 양국 간의 분쟁을 최대한 줄이려고 했다.

---

12) 전게서,「선춘령과 공험진비에 대한 신고찰」,『한국사의 전개과정과 영토(한국사론 34)』p.157.
13)『요동지』의 기록을 인용함, 이광규(1997)『재중한인 - 일류학적 접근 - 』일조각, p.15.
14) 전게서,「선춘령과 공험진비에 대한 신고찰」,『한국사의 전개과정과 영토(한국사론 34)』p.166.
15) 전게서,「조선후기 한인의 북방이주와 만주개척」,『한국사의 전개과정과 영토』, p.167.

당시 양국이 무인공광지역을 설정한 것은 영토 확장을 위한 것이 아니었다. 만일 이 전쟁이 영토를 확장하기 위한 전쟁이었더라면 전쟁에 이긴 청국이 무인공광지대를 설정하지 않고 중국영토임을 명확히 했을 것이다. 양국의 합의로 봉금지역을 설정하였지만, 봉금지대가 청국의 영토임을 인정한 적은 없었다.

한편, 청국은 일방적으로 조선에 대해 압록강-두만강 국경을 요구하면서도 청국 자신은 1644년「개간황지조례」를 반포했고, 1653년「요동초민개간 수관례(授官例)」, 1656년「요동초민개간조례」를 제정하여 한인들의 만주이주를 적극적으로 권장했다.16) 이는 결국 만주족과 한(중국)족의 갈등을 유발하게 되었고 관리임용제도의 문란을 초래했다. 그래서 청국은 1668년 만주 개척을 전면적으로 폐지하고 봉금정책을 실시했다. 이러한 봉금정책은 대내적으로는 중국인의 유임을 금지하고 대외적으로는 조선인들의 범월17)을 단속하는데 초점을 두고 있었다.18) 또한 조선인과 청국인간의 분쟁사건의 발생으로 인한 분쟁을 막기 위한 조치이기도 했다고 할 수 있다.

청국은 봉금정책으로 성경 변장(구변)과 길림 유조 변장(신변)을 구축했고, 그 사이에 위장과 초소를 설치했다. 성경 변장은 산해관에서 농북으로 개원의 위원보(威遠堡)에 이르고 다시 농남쪽의 흥경(興京)을 거쳐 서남으로 봉황성의 남해안(지금의 요녕 동구현)에 이른다. 총 960여리로서 16개의 변문이 설치되었다. 그리고 길림 유조 변장(1670-1681)은 남쪽으로 법특동량자산의 법특합 변문을 지나 송하강에 이른

---

16) 전게서,「조선후기 한인의 북방이주와 만주개척」,『한국사의 전개과정과 영토』, p.165.
17) 여기서 범월이라고 하는 것은 봉금지역에서의 조선 측 경계를 두고 말한다.
18) 전게서,「조선후기 한인의 북방이주와 만주개척」,『한국사의 전개과정과 영토』, pp.164-165.

다. 변장의 총길이는 690여리이며 4개의 변문이 설치되었다.[19]

청국은 변문에 정5품 이하의 병정 30-40명을 배치하여 중원지방의 한인[20]들의 출입을 엄격히 통제하는 한편,[21] 조선인들도 압록강과 두만강의 출입을 엄격히 통제할 것을 조선에 요구했다.

청국의 요구에 따라 조선도 숙종12년 『연변범월금단사목(沿邊犯越禁斷事目)』과 「남북삼상연변범월금단사목(南北蔘商沿邊犯越禁斷事目)」을 제정하여 월경을 단속했다.[22]

따라서 봉금지대를 설정하고 청국과 조선은 봉금지대에 들어가는 것을 양국 모두 단속했다. 그런데 기록상으로 보면, 대부분의 범월자는 조선인으로 기록이 남아있는데, 이는 하국의 조선인을 죄인으로 처리했기 때문이다.[23]

그런데 청국은 1652년 조선 국왕에게 국서를 보내어 조선인이 월강하여 도삼(盜蔘)하는 것은 작은 것이지만, 봉강(封疆)은 대사인 만큼 범월자는 물론이고 지방관까지 처벌을 요구하는 특별한 조치를 명령했다.[24] 이를 보면 청국은 상국으로서 봉금지대를 국경지대로 관리하고

---

19) 전게서, 「조선후기 한인의 북방이주와 만주개척」, 『한국사의 전개과정과 영토』, pp.165-167.
20) 여기서 한인은 漢族을 두고 말한다.
21) 전게서, 「조선후기 한인의 북방이주와 만주개척」, 『한국사의 전개과정과 영토』, p.166.
22) 전게서, 「조선후기 한인의 북방이주와 만주개척」, 『한국사의 전개과정과 영토』, p.167. 『숙종실록』권16, 숙종11년 11월 29일 을유조.
23) 전게서, 「조선후기 한인의 북방이주와 만주개척」라는 논문에서는 봉금지역에서 일어난 한청간의 분쟁사건에서 조선인의 월경을 강조하고 있으나, 이는 상국인 청국이 하국인 조선의 잘못으로 일임한 것으로서, 봉금지대가 중국영토라는 의미는 아니다. 전게서, 『한중국경문제연구』백산자료원, pp.49-52, 참조.
24) 전게서, 「조선후기 한인의 북방이주와 만주개척」, 『한국사의 전개과정과 영토』, p.167.

있었음을 알 수 있지만, 그렇다고 봉금지대가 청국의 영토로 확정된 것은 아니었다.

이때에 조선이 청국과의 전쟁에 패하지 않았더라면 청국이 일방적으로 공광무인지대를 선포하지 않았을 것이고, 또한 두만강-압록강이 봉금지대의 조선 측 경계선이 되지 않았을 것이다. 중국의 주장을 묵인한 결과, 조선이 봉금지역에 대해 이권을 적극적으로 주장하지 못하였기 때문에 오늘날과 같은 간도문제가 야기되었던 것이다.[25]

청국이 장백산을 청조의 발상지라고 정한 사람은 1677년 강희제였다. 강희제는 장백산과 압록강, 도문강 이북의 1천여 리에 달하는 지역을 용흥지지(龍興之地)라고 규정하여 봉금을 강화했다.[26] 장백산을 청조 발상지라고 규정한 것은 청나라의 일방적인 주장이다. 따라서 1627년의 강도회맹에 의해 결정한 무인공광지대는 조선과 청나라 사이의 완충지대로서 양국 모두 접근이 금지된 곳으로 청조의 발상지와는 무관하다. 이때의 봉금지대 설정은 영토협정에 의한 것이 아니었으므로 특정한 국가의 소유가 아니었다.[27]

---

25) 일본에서의 중국사 인식으로는 「청조는 만주족이 세운 왕조이고, 원래 중국 동북지방, 요하 동부유역, 흑룡강(아무르강)우측 대안지역에는 반 수렵과 반 유목의 어진족이 거주하여 10세기에는 발해, 12세기에는 금나라를 세웠지만, 17세기가 되어서는 가장 남부에 거주하면서 이미 농경생활을 영위하고 한민족의 왕조인 명조의 통치방법을 알고 있었던 누루하치가 후금을 건국했다. 이어서 쥬르친을 만주라고 칭하고 국호를 청나라라고 고쳤다. 1644년 청조는 山海關을 넘어서 명조의 수도 북경을 탈취하고 여기에 수도를 두었다」라고 하여 간도 영토문제를 다루지 않고 있는 것이 세계사적 간도문제의 실상이다. (姬田光義 외 5명(1991)『中國近現代史』上, 東京大學出版社, p.3)

26) 전게서, 「조선후기 한인의 북방이주와 만주개척」, 『한국사의 전개과정과 영토』, p.166. 전게서, 『재중한인-일류학적 접근-』 p.16.

27) 1884년 독일과 중국의 일각(강유위)에서 조선을 중립국으로 규정하여 청국과 일본의 조선침략을 막으려고 했던 것과 같다. 陳偉芳(1996)『淸日甲

청국은 양국 변민 간에 충돌사건이 빈번히 발생하는 것은 궁극적으로 양국 간의 국경이 명확하지 않았던 것이 원인이라고 하여 1712년 목극등을 파견하여 조선과 국경을 결정하도록 했다.[28]

봉금지대는 청나라가 조선과의 전쟁에 이기고 일방적으로 양국 간의 충돌을 방지하기 위해 국경지대를 설정했던 것이다. 당시의 봉금지대가 특정 국가의 영역이었더라면, 1712년 청국이 백두산정계비를 새로 세우지 않고 압록강과 두만강을 자연경계로 삼았을 것이다. 당시 조청간의 국경은 전승국(종주국) 청국과 패전국(속국) 조선 사이에서 청국이 강압적이고 일방적으로 결정한 경향이 없지 않다. 청국이 일방적으로 정한 국경이긴 하지만, 조선 측에 전적으로 불리한 결정이 아니었으므로 영토를 둘러싼 논란은 발생하지 않았다. 따라서 봉금지대는 중국이 일방적으로 결정한 것이긴 하지만 중국영토로서 결정된 것은 아니었다.

당시는 국경개념이 '선(線)개념'이 아니라 '지대(地帶)개념'이었으므로 국경으로서 공광무인지대를 만들었던 것이다. 오늘날의 선 개념의 국경선으로 대체한다고 하면 중간선으로 해야 할 것이다. 따라서 국경으로서의 봉금지대는 조청 양국 모두에게 영토적 권원이 있다고 볼 수 있다. 이 당시의 간도지역의 범위에 대해서는 봉금지역 전체라고 할 수 있다.

午戰爭과 朝鮮』백산자료원, pp.144-145.
28) 전게서, 「조선후기 한인의 북방이주와 만주개척」, 『한국사의 전개과정과 영토』, p.168.

3. 백두산정계비의 설치기

(1) 조청 양국의 정치적 역학관계

강희제(1662-1722)는 중원 평정 과정에서 공이 컸던 명(明)의 구(舊) 장수들에게 부여한 운남, 광동, 복건의 3번을 중앙집권의 통일국가를 만드는데 위협이 된다고 판단하여 철폐했다. 이에 대해 1673년 명의 부흥운동 명분으로 운남을 거점으로 일어난 세력(吳三桂)이 반란을 일으켰다. 이는 8년간 지속되었으나 결국은 진압되었다. 이때에 대만정권도 청군이 팽호도를 공격하였을 때 투항했다. 강희제는 이러한 과정을 거쳐 중국 대륙 내에 잔존하는 명나라의 세력과 반청 무력활동을 최종적으로 일소하여 중원지배의 기반을 확립하고 청의 중국 정복을 완료했다.[29]

강희제(康熙帝)는 16세기 말부터 시베리아를 공략하여 흑룡강 유역에서 태평양 연안까지 진출한 러시아 일부세력과 충돌하게 되었다. 당시 러시아인들은 흑룡강 주변에 알바진 성을 쌓고 이를 거점으로 북만주를 공략하고 있었다. 강희제는 병력을 보내어 알바진을 분쇄하고 러시아 황제에게 친서를 보내어 국경 수립을 제안했다. 1689년 양국대표는 네르친스크에서 외흥안령(外興安嶺)과 아르군(Argun)강을 국경으로 정하고 양국인의 출입과 통상에 관한 조약을 체결했다.[30] 청국은 외국과 처음으로 국경을 결정하여 흑룡강 유역을 확보함과 동시에 러시아인들을 흑룡강 밖으로 축출하여 러시아의 만주 진출을 저지하게 되었다.[31]

몽고지역에 대해서도 내몽고는 이미 청 태종 시절에 청국에 복속되

---

29) 이춘식(1991) 『중국사 서설』 敎保文庫, p.405.
30) 네르친스크조약, 전게서, 『중국사 서설』, pp.410-411.
31) 전게서, 『중국사 서설』 p.442.

었다. 외몽고에 대해서는 명대의 오이라트의 잔여부족이었던 준가르(Zungar) 부족이 외몽고에서 전 몽고의 통일을 추진하였는데, 강희제는 네르친스크조약 이후 러시아 세력을 흑룡강 이북으로 축출한 뒤 사전에 친히 원정하여 외몽고를 봉쇄했다. 그런데 그 6년 후 다시 세력을 회복하여 티베트를 침입했다. 강희제는 다시 내몽고에 진입하여 몽고지역을 청에 복속시키고 티베트와 청해(靑海)지역32)도 청국의 영토에 편입했다.33) 그 후 강희제는 준가르 부족이 일어날 때마다 군대를 파견하여 영토를 확장했다.34)

당시 청국은 중국본토를 비롯하여 만주, 내외몽고, 티베트와 청해(靑海)지역, 신강(新疆), 서역(西藏)을 영토로서 직접 통치와 간접 통치로 나누어서 다스렸다. 중국본토와 만주는 직접 통치를 했는데, 만주는 청국본토에서 군정조직을 파견하여 통치했다. 청국은 각 번부(藩部)에 대해서는 생활조건, 풍습 및 고유제도에 따라 고도의 자치권을 부여하여 다양한 통치방법을 구사했다. 그러나 완전한 자치권을 부여하지는 않았다.

만주족 출신의 정복왕조인 청국은 중국 본토를 중심으로 만주, 내외몽고, 신강, 서장, 대만을 300년 이상 직접 지배했고, 조선, 베트남, 버마, 태국 등의 주변국은 조공국으로서 복속하여 통치했다.

조선은 1627년 정묘호란과 1636년 병자호란을 거치면서 형제관계에

---

32) 청은 지방행정제도로서 省, 府, 縣 3등급으로 구분하였고, 중국 본토를 18 省으로 나누어 각 성에는 총독 혹은 巡撫를 두었다. 몽고, 티베트, 청해는 藩部라고 하여 일반 행정 관료를 보내지 않고 특별이 임명한 관료 또는 군대를 보내어 통치했다. 번부의 통치방법은 주민자치에 의한 간접 통치로서 관리는 감시 감독에 그쳤다. 전게서, 『중국사 서설』, p.407.
33) 전게서, 『중국사 서설』, p.411.
34) 전게서, 『중국사 서설』, p.420.

서 군신관계로 강요당하여 조공국으로 복속되어 청국의 통치를 받았
다. 청국은 상국으로서 이러한 관계를 적용하여 하국인 조선에 대해
일방적으로 백두산정계비를 설정했다. 그러나 조선은 여기에 순순히
응하지는 않았다. 당시의 국경은 강대국의 의지에 따라 결정되는 경향
이 있었다. 더군다나 봉금지대는 이미 1636-1712년이라는 긴 세월동
안 무인공광지대로 처리되었기 때문에 청국이 일방적으로 자신의 영토
라고 주장해도 조선에서는 현실적으로 소유지를 강탈당했다는 인식이
적었다. 그래서 조선에서도 백두산정계비를 설치하여 봉금지대를 전적
으로 중국영토 시 한 것에 대해 전쟁을 불사하면서까지 반대하지 않았
다. 그렇다고 영토의식이 전혀 없었던 것은 아니었다. 당시 접반사였던
박권이 동북지역의 영토를 잃었다고 여론의 비난을 받은 것을 보면 충
분히 짐작된다.

　당시 한청간의 국경은 이런 식으로 청국의 강압에 의해 결정되었던
것이다. 하국인 조선은 연약하여 적극적인 영토 확장 정책을 펴지 못했
고, 청국의 조치에 대해서도 강력하게 대응하지 못했다. 특히 청국에서
는 조선인들이 봉금지대에 들어가는 것을 범월자로 취급하고 있으나,
사실 많은 조선인이 두만강을 넘고 있다는 것은 지형적으로 조선영토
에 가깝다는 것을 의미한다.[35)]

(2) 역사적 권원

　1710년 위원(威遠)의 백성 이만건, 이만성, 이만기, 이기군 등 8명이
경계를 넘어 청국인 5명을 살해하는 사건이 발생했다.[36)] 청국은 조사

---

35) 전계서, 「조선후기 한인의 북방이주와 만주개척」, 『한국사의 전개과정과
　　영토』, pp.173-174.
36) 『숙정실록』권49, 숙종36년 11월 9일 을해조.

원을 파견하여 조선과 공동으로 조사하고, 이 사건을 계기로 1712년 백두산정계비를 설립했다.[37] 그 후 청국은 1714년 훈춘에 훈춘 협령 (協領)을 두었고, 1848년「사감길림휘발토문강이처협집장정(査勘吉林 輝發土門江二處協緝章程)」을 제정하여 금월조치를 취했다.[38] 그런데 조선은 청국에 의해 백두산정계비가 설치되고 조선인의 월강 금지 조 치된 이후, 조선에서는 범월자에 대한 처단법을 완화하여 적극적으로 북변개발을 시도했다.[39] 이는 종전의 조선조정이 봉금지대를 국경지대 로 간주하여 엄격히 공광지대를 유지하려고 노력했음에도 불구하고, 청 국이 일방적으로 백두산정계비를 세워 봉금지대를 전적으로 청국영토 로 간주한 것에 대한 항의조치였다. 이를 보더라도 조선에서는 봉금지 대를 중국의 영토로 보지 않고 국경지대로 인식하고 있었다는 것을 알 수 있다. 즉 봉금지대가 조청 양국이 합의한 국경지대임에 분명하다.

조선은 영조, 정조, 순조시대에 걸쳐 북변지역 개방에 대한 논의가 활발하게 이루어졌다. 정조 연간부터는 폐사군(廢四郡) 지역에 주민의 입주가 허용되어 1792년 12월에 59호의 223명이 이주했는데, 그 1년 후인 1793년에는 1,161호의 3,742명으로 증가했다. 백두산 일대의 개 간과 주민의 입거가 허용되어 새로운 읍치(邑治)나 진보(鎭堡)가 설치 되었다.[40] 특히 두만강 상류지역의 무산부는 백두산정계비 건립 이전

---

37) 전게서,「조선후기 한인의 북방이주와 만주개척」,『한국사의 전개과정과 영토』, p.168. 숙종실록 권16, 숙종11년 11월 29일 을유조.
38) 전게서,「조선후기 한인의 북방이주와 만주개척」,『한국사의 전개과정과 영토』, p.168.
39) 전게서,「조선후기 한인의 북방이주와 만주개척」,『한국사의 전개과정과 영토』, p.169.『영조실록』권55, 영조18년 5월 29일 정해년.『비변사등록』 63, 숙종37년 10월 26일.
40) 전게서,「조선후기 한인의 북방이주와 만주개척」,『한국사의 전개과정과 영토』, pp.169-171.

부터 주민의 유입이 허용되어 17세기 말에 무산읍이 설치되고 그 후 줄곧 이주가 늘어나서 747호의 4,085명이 되었다. 그 70년 후인 1759 년에는 3,428호의 22,095명으로 증가했다.[41] 조선인의 북방개척은 길림, 영고탑, 봉천 내지까지 넓게 분포되어 있었다.[42]

봉금지역 상태가 지속되는 과정에서 중국은 유럽의 영향을 받아 국경지대를 국경선으로 대체하려는 의식이 생겨났다. 그 과정에서 서양의 선교사를 동원하여 한중 국경지대를 측량하고 지도도 제작했다. 강희제의 명령을 받은 목극등은 조선 관리를 대동하여 백두산에 정계비를 세우고 경계를 설정하려고 했다. 이때에 조선의 접반사인 박권은 백두산정계비를 세우는 곳에 직접 입회하는 것을 일부러 피했고, 조선 조정에서도 박권을 감계사가 아닌 접반사의 자격으로 파견했던 것이다. 그 증거로서 백두산정계비에는 양국의 경계로서 「대청」국이 「동위토문, 서위압록」을 국경으로 한다는 글자가 새겨져있다. 당시 목극등은 두만강 주변의 지리에 어두웠기 때문에 토문강이 두만강의 상류로 잘못 인식하고 있었고,[43] 또한 분계강[44]을 지금의 두만강으로 오인하고 있었던 것으로 판단된다.[45] 중국은 백두산정계비를 세우고 이를 기

---

41) 강석화(1996)『조선후기 함경도의 지역발전과 북방영토 의식』서울대학교 박사학위논문, pp.60-61.
42) 전게서, 「조선후기 한인의 북방이주와 만주개척」, 『한국사의 전개과정과 영토』, p.174.
43) 토문강과 두만강 간의 관계에 대해서는 학자들 간에 의견이 분분하다. 일반적으로 중국 측은 토문강과 두만강이 동일 강이라고 주장하고 있고, 한국 측에서는 두만강과 토문강이 별개의 강이라고 주장하고 있다. 필자는 당시 목극등이 토문강과 두만강을 별개의 강으로 보았다고 판단하고 있지만, 두만강의 상류를 토문강으로 본 것으로 판단된다.
44) 분계강은 두만강 이북지역에 있는 강으로서 두만강과 평행하게 흐르는 강이다.
45) 당시 지도상에는 지리적으로 토문강과 두만강을 엄연히 분리하고 있었고,

준으로 공광무인지대를 전적으로 중국영토로 간주하려고 했다.[46] 실제로 토문강은 두만강의 상류가 아니다. 사실 중국이 의도했던 경계선은 압록강과 백두산 천지에서 두만강을 잇는 선으로 하려고 했던 것이다. 그런데 목극등은 토문강이 두만강의 상류로서 분계강으로 강물이 흘러 두만강 하류에 연결된다고 믿고 있었던 것 같다.

(3) 국제법적 권원

백두산정계비에는 「동위토문, 서위압록」으로 경계를 새겨놓고 있지만, 상국인 중국의 의지에 의한 것으로서 하국인 조선의 의사가 무시된 것이다.[47] 그런데 정계비의 「동위토문, 서위압록」이라는 경계선은 압록강과 토문강이라고 하는 천연경계를 국경으로 삼고 있다. 실제로 백두산정계비의 기록대로 「동위토문, 서위압록」으로 국경선을 정한다면 백두산정계비를 기점으로 서쪽으로는 압록강, 동쪽으로는 토문강 − 송하강 − 흑룡강 − 태평양 동안을 잇는 선이 한중 양국의 국경선이 된다. 중국은 압록강 이서지방과 두만강 이북지방을 중국영토로 선점하려고 일방적으로 국경비를 세웠지만, 사실 백두산정계비의 기록대로 한다면, 중국이 선점을 선언한 지역은 서쪽의 압록강과 동쪽의 토문강 − 송하강 − 흑룡강을 잇는 선이 된다.

백두산정계비에는 「대청(大淸)」 비로서 「동이토문」「서위압록」이라고

또한 분계강이 실제로 존재하고 있었다.
46) 이는 당시 강희제의 명령으로 서양 선교사가 측량한 지도를 보면 알 수 있다.
47) 백두산정계비에는 「大淸」이라는 글씨를 새기고 있다. 이는 한중간에 합의된 국경비가 아니라 중국만의 일방적인 국경비라고 할 수 있다. 이러한 중국의 행태에 불만을 표시한 당시 조선은 감계사를 파견하지 않고 接伴使라는 이름으로 박권을 파견했고, 박권은 여러 가지 핑계로 백두산정계비를 세우는 곳에 동참하는 것을 피했다.

기록되어있다. 이는「대청」국이 세운비라는 의미이다. 당시 조선의 접반사는 대청비를 건립하는데 동행하지 않았다. 이는「대청」국이 일방적으로 세우는 비에는 동의할 수 없다는 의미를 포함하고 있다.「대청」비 안에는 조선이 거기에 동의했다는 증거는 아무데도 없다. 조선조정에서도 중국의 요청으로 박권을 관리로 파견했지만, 감계사 자격이 아닌 영토권을 결정할 수 없는 접반사의 이름으로 파견하였던 것이다. 따라서 백두산정계비의 유효성에는 문제가 많다. 조청간의 국경은 법의 정의에 의하면 1627년 정묘호란 때의「강도회맹」에서 양국이 합의하여 결정한 봉금지역이 경계의 권원이 된다.

백두산정계비의「동위토문」「서위압록」은 조선과는 무관한 결정이었음에도 불구하고 청국은 전적으로 1881년 간도지방을 중국영토로 간주하여 조선인의 추방과 귀화를 종용했다. 그러나 조선인들은 청국인들이 간도지역에 거주하기 이전부터 거주하였기 때문에 이 지역을 조선영토로 인식하고 있었다. 역사적으로도 간도지역은 17세기부터 봉금지역이었고, 게다가 조선인들이 중국인들 보다 먼저 이 지역을 실효적으로 점유하였으므로 영토취득 요건에 부합하며, 현행 국제법의 중간선 개념에서 본다고 하더라도 봉금지대의 두만강 이북지역에서 토문강 이남까지의 지역은 조선영토가 되는 것이다. 따라서 조선조정에서도 중국에 대해 영유권을 주장할 충분한 역사적 권원이 존재하였기 때문에 영유권을 주장하게 되었던 것이다. 또한 중국 자신들이 세운 백두산의「대청」비에도「동위토문, 서위압록」이 명시적으로 기록되어있었다. 다시 말하면 중국 자신들도 토문강 이남을 조선영토로 인정하고 있었다는 것이 된다.

조선조정 입장에서는 중국이 봉금지역을 전적으로 자신의 영토로 간주하기 위해 위협적, 강제적으로 세운 백두산정계비가 합법하다고 인정한다고 하더라도, 「대청」비의 「동위토문」의 기록에 의해 토문강 이남지역은 청국영토가 될 수 없다는 것이다. 따라서 조선조정은 「대청」비를 증거로 간도의 영유권을 주장했던 것이다. 만일 목극등이 「동위두만」이라고 표기했더라면 봉금지대 전체가 중국영토로 강제 편입되어서 오늘날 한국이 「백두산정계비」를 무효라고 주장하지 않는 한, 간도의 영유권을 주장할 역사적 권원이 없어진다. 이러한 의미에서 백두산정계비의 「동위토문」에 의해 토문강 이남은 간도 영토로서의 역사적 권원이 발생하게 된다.[48]

백두산정계비가 중국의 일방적 조치로 세워진 것이라서 합법적인 것이라고 할 수 없지만, 그 후 조선이 백두산정계비의 설립에 대해 적극적으로 이의를 제기하지 않았으므로 현행 국제법에 비추어보면 불법적인 국경비라고 볼 수 없는 측면이 있다. 따라서 현재 한국이 영토적 권원을 가질 수 있는 지역은 토문강 이남지역으로서, 이 지역에 한해서는 영유권을 주장할 수 있는 간도지역이라고 할 수 있겠다.

4. 19세기 말의 강계담판기

(1) 조청 양국의 정치적 역학관계

1882년 미국과 한미조약을 체결하고 미국에 이어 그해 영국과 독일과도 거의 같은 내용으로 수교를 맺게 되었다. 미국과 일본이 한중간의 종번관계를 단절하기 위해 중국에 대해 조선이 「자주의 나라」라고 주장했다. 이로 인해 조선 국내에서는 친미세력과 친일세력이 대두하게

---

48) 백두산정계비의 토문강이 두만강이라는 중국 측의 주장은 간도지역 전부를 중국영토라고 주장하기 위한 억지라고 할 수밖에 없다.

되어서 중국배격운동을 추진했다.[49] 사실 조선은 중국의 속방이었는데, 일본이 1876년, 미국이 1882년, 조선과 조약을 체결하여 속방 관계를 부정했고, 중국이 부득이 하게 서서히 거기에 동의하는 입장을 취하게 되었다.

친일세력들은 일본에 의지하여 정권 탈취를 도모하고 '변법도강(變法圖强)'을 부르짖으면서 일본과 우호적인 관계를 유지했고, 민비도 대원군 등의 반대세력을 제거하기 위해 친일세력을 배격하지 않았다. 민비정권은 일본공사 하나부사의 건의에 따라 일본군관을 초빙하여 신식군대를 훈련시켰다.[50] 일본이 임오군란 후 군함 3척과 800명의 군대를 조선에 파견했고, 게다가 후속으로 1,000명의 육해군을 증파했다. 한편 조선영선사 김윤식과 문의관 어윤중은 청국에 대해 병선 수척과 육군 1,000명의 파견을 요청했다.[51] 이로 인하여 청국은 군사력과 외교적 수단으로 일본의 조선 협박을 막고 조일회담에서 조선에 대한 청국정부의 지위를 강화하여 청국정부가 책봉한 조선의 왕통과 봉건 통치 질서를 유지하려고 했다.[52] 당시 조선은 나약하여 일본과의 회담에서도 청국정부의 지원만을 의지하고 있었다. 일본이 청국정부의 개입을 인정하지 않았기 때문에 청국은 암암리에 조선을 지원했고, 결국 조선은 일본 사이에 제물포조약을 체결하여 일본공사관에 일본군의 상주를 허락했다. 임오군란 이후 청국의 대조선 정책은 강경해졌다. 1882년 10

---

49) 전게서, 『淸日甲午戰爭과 朝鮮』, p.79.
50) 이에 불만을 갖은 구식군대가 일본침략자와 민비정권에 불만을 품고 군인과 서울시민이 합세하여 군란을 일으켰는데 이것이 임오군란이다. 이 봉기를 이용하여 대원군집단이 정권을 다시 장악했다. 이때 흉도 처벌과 배상요구 외에도 하나부사는 안변개항, 공사관 수비병 설치, 거제도 혹은 송도(울릉도) 할양을 요구했다. 전게서, 『淸日甲午戰爭과 朝鮮』, p.83.
51) 전게서, 『淸日甲午戰爭과 朝鮮』, p.84.
52) 전게서, 『淸日甲午戰爭과 朝鮮』, p.86.

월 4일 조선에 대해「조중상민수륙무역장정」을 체결하여 조선은 오래
전부터 중국의 속국이었다고 하는 양국관계를 규정하여 미국과 일본의
간섭을 배제하려고 했다. 또한 조선에서 영사재판권, 변경통상권, 내지
여행권, 토산품구매권 등의 이권을 취득하여 일본의 독점적인 지위에
타격을 주었다.[53] 실제로 상무위원 진수당(陳樹棠)을 파견하여 조선의
내정과 외교를 간섭했다.[54]

조선 국내에는 중일 양국의 경쟁과 쟁탈로 인하여 각각 양국의 세력
을 믿고 정권다툼을 하는 개화당과 보수파가 형성되었다. 이때 민씨집
단은 청국정부에 의존하여 정권을 장악하고 있었는데, 당시 조선에는
청나라 장교 오장경과 원세개의 지지를 받고 6개 병영의 3,000명의 청
군이 주둔하고 있었다.[55] 원세개가 대조선 정책을 적극적으로 추진하
면서 개화당을 극력 배척하고 있었다. 그런데 1884년 중국과 프랑스가
월남문제로 전쟁을 하게 되어 국제정세가 다시 일본에게 유리하게 전
개되었다.[56] 일본은 외교교섭으로 미국과 프랑스의 지지를 얻어내고,
조선의 개화당에 대해 청불(中法)전쟁으로 중국이 멸망한다고 하여 정
권을 장악하라고 선동했다. 결국 개화당은 일본의 지시에 따라 보수파
를 죽이고 새로운 정부를 선포했다. 친청파의 대신 김윤식과 남정철
등은 청군의 주둔지로 찾아가 원군을 요청했다. 청국의 기명제독 오조
유와 영무처 동지 원세개는 먼저 국왕을 보호할 목적으로 청군과 조선
군의 친군 좌우영을 거느리고 창덕궁에서 들어갔는데, 거기서 박영효
가 거느리던 조선 친군 전후영을 만나 전투했다. 친일파는 전투에서

---

53) 전게서,『淸日甲午戰爭과 朝鮮』, p.99.
54) 전게서,『淸日甲午戰爭과 朝鮮』, p.99.
55) 전게서,『淸日甲午戰爭과 朝鮮』, p.101.
56) 전게서,『淸日甲午戰爭과 朝鮮』, p.102.

실패하고 국왕을 협박하여 북관묘로 가다가 청군에게 진압 당했다. 다케조에와 김옥균, 박영효는 일본에 망명했고, 청군은 국왕을 호위하여 왕궁으로 돌아와서 쿠데타를 평정했다.[57] 일본은 갑신정변의 모든 책임을 청국과 조선 측에 있다고 주장했고, 대륙평창주의자들은 다시 청국 응징과 조선 침략을 주장했으며, 또한 프랑스 정부도 일본정부에 대해 프랑스군은 월남에서 북진하고 일본군은 조선에서 공격하여 청나라를 남북에서 협공하자고 제의했다.[58] 갑신정변으로 일본이 조선에서 배양한 친일세력은 정권에서 거의 모두가 축출되었다. 조선정부는 친청파 일당이 되었다. 청불전쟁은 월남 북부에서 프랑스군이 패전했다. 중국은 프랑스와 전쟁 중이었기에 일본과의 전쟁을 원치 않고 평화적으로 사건 해결을 원했다. 조선은 좌의정 김굉집을 전권대신으로 임명하여 이노우에와 담판하여 1885년 1월 9일 한성조약을 체결했다. 일본은 국제사회가 알고 있는 자신들의 죄상을 의식하고 오히려 조선정부가 일본에 사죄하고 배상금을 지불하도록 하여 사건을 마무리했다.[59]

일본은 중국과 프랑스가 한창 전쟁을 치르고 있을 때, 이토 전권대사를 파견하여 중국 사이에서 조선에서의 철병문제와 양국군의 충돌책임 문제를 해결하기 위해 1885년3월 중국에 도착했다. 일본은 공동철병을 거론했지만, 중국은 조선의 종주국으로서 조선국왕의 요청과 더불어 속국을 보호할 의무가 있다고 하여 일본의 철병요구를 거절했다.[60] 결국 양국은 4월 16일 텐진조약을 체결하게 되었는데, 양국은 4개월을

---

57) 전게서, 『淸日甲午戰爭과 朝鮮』, pp.106-107.
58) 전게서, 『淸日甲午戰爭과 朝鮮』, p.108.
59) 전게서, 『淸日甲午戰爭과 朝鮮』, pp.110-112.
60) 전게서, 『淸日甲午戰爭과 朝鮮』, pp.113-114.

기한으로 조선에서 양국 군대 모두를 철수하고, 또한 조선에 변란이나 중대한 사건이 일어나서 군대를 파견할 경우 상대국에 문서로 통보하고 평정되면 즉시 조선에서 철회한다고 합의하여 동시 주둔권을 인정하는 약속을 하였다. 중국은 중한 종번 관계를 유지하여 일본과 러시아 등의 조선침략을 방지하려고 중국의 파병권을 보전하려고 노력했으나, 일본의 출병권을 인정하고 말았다.[61]

당시 중국에서 조선에 파견된 해관사무를 주관하고 있던 독일의 묄렌도르프는 조선 국왕의 신임을 받고 조선의 외교 사무까지 참여하게 되었다. 조선은 청국의 간섭에 염증을 느끼고 있을 때 묄렌도르프의 영향으로 친러 경향이 생겨나기 시작했다. 조선은 갑신정변 후 한성조약에 의거하여 일본에 사죄사절을 보낼 때 그를 부사 자격으로 파견했다. 그때 주일러시아공사관에 대해 러시아군관을 파견하여 조선군대를 훈련시킬 것을 요청했다. 그는 조선을 중일 양국의 통제로부터 이탈시키기 위해 러시아 세력을 접근시키려고 했다. 1884년 러시아 대표로서 조러 수호통상조약을 체결하기 위해 방문한 웨베르도 황제에 대해 중일 양국관계가 악화되면 조선 독립이 어려워진다고 자문하여 러시아와 조약 체결의 필요성을 강조했다. 1884년 조선은 러시아와 통상조약을 체결하게 되었고,[62] 조선은 김용원을 블라디보스톡에 보내어 러시아의 보호를 요청하기도 했다. 당시 러시아가 영국과 중앙아시아의 쟁탈전을 벌이고 있었는데, 영국이 청의 묵인아래 러시아의 남하를 경계하기 위해 1885년 4월 거문도를 점령했다.[63] 이에 대해 조선정부와 중일 양국이 영국에 항의했고, 영국은 거문도의 차용을 요구했다. 1885년경

---

61) 전게서, 『淸日甲午戰爭과 朝鮮』, p.97.
62) 이기백(1991) 『韓國史新論 新修版』 一潮閣, p.364.
63) 전게서, 『韓國史新論 新修版』 p.365.

유럽 특히 독일은 조선을 중립국으로 해야한다고 주장하기도 했다. 일본은 러시아의 조선침략을 저지하기 위해 중일 공동 간섭을 제안하여 조선에 대해 양국이 합의한 인물에게 국정을 맡게 하고, 묄렌도르프를 미국인으로 교체하자고 했다. 중국은 일본의 공동간섭을 거절하고 단독으로 조선의 내정 간섭을 시도했다. 조선국왕에게 서신을 보내어 미국인을 초빙하여 군대훈련을 시킬 것, 조러밀약 유혹에 넘어가지 말고 묄렌도르프를 파면할 것, 김굉집, 김윤식 등의 충신들을 중용할 것을 권고했다. 결국 청국의 간섭으로 조러밀약은 무산되고 묄렌도르프도 외서협판과 총세무사의 직무에서 파면되어 주폐국으로 좌천되었다. 그를 대신해서 1886년 이홍장에 의해 전임상해주재총영사 데니를 외교고문으로, 전 중국해관 세무사 메릴을 조선해관 총세무사로 추천되었다.[64]

친일적인 데니도 청의 간섭을 배제하기 위해서는 러시아와 우호관계를 가질 것을 조선에 자문했다. 그러는 사이에 러시아와 조선은 육로통상장정을 체결하여 러시아와의 무역을 위해 경흥을 개방하고 러시아인의 조차를 허용했고, 러시아인의 두만강 항행(航行)을 자유로이 했다. 더 나아가 러시아는 원산과 절령도에 저탄장을 만들려고 했으나, 청의 간섭에 의해 달성되지 못했다.[65]

중국은 민씨 세력과 조선정부를 견제하여 친중국 세력을 양성하기 위해 1885년 10월 대원군을 조선으로 송환했다. 그러나 민씨 정권과 정부의 견제와 감시로 현실정치에서 완전히 격리되어 청국의 의도가 실현되지 못했다.[66]

---

64) 전게서, 『淸日甲午戰爭과 朝鮮』, pp.126－127.
65) 전게서, 『韓國史新論 新修版』 p.365.
66) 전게서, 『淸日甲午戰爭과 朝鮮』, pp.128－129.

중국에서는 조선을 중국의 군현화하여 감국대신을 파견하자는 견해도 많았다.[67] 원세개는 이홍장의 명령에 따라 1885년11월 총리교섭통상사의(事宜)이라는 직함으로 조선에 파견되어 내정 간섭을 시작했다.[68] 원세개는 친중국 대신을 포섭하고 친러시아 세력을 억제하려고 묄렌도르프를 중국으로 돌아가게 한 인물이다.

1885년 7월 청국정부는 조선정부와 전선조약을 맺고 중국 전신국의 차관으로 서울과 인천, 그리고 서울에서 의주를 거쳐 중국 경내의 봉황성까지 이르는 전선을 개통하여 일본의 우세를 빼앗아서 독점하였다. 1886년 중조 간의 부산 전선조약을 체결하여 조선정부는 중국 전신국에 서울-부산 간의 전선 가설을 위탁했다.[69]

이에 대해 민씨 정권은 조선에서 원세개의 거만한 행동과 정치적 간섭에 불만을 품고 친러파 대신들을 등장시켜서 러시아공사 웨베르와 접촉하고 있었기에 1886년 7월 제2차 조러밀약설이 등장했다. 친러의 대신들은 민비의 지지와 국왕의 묵인 하에 웨베르에게 러시아의 군사보호를 요청했고, 러시아의 군함을 파견하여 영국해군의 조선침략을 저지해줄 것을 요청했다. 또한 조선이 중일 양국과 동등한 자주 독립국이 되도록 러시아가 도와줄 것과 청국의 내정간섭에 대응하기 위해 러시아군함을 파견하여 조선을 지지해줄 것을 요청했다. 이러한 사실은 민영익에 의해 원세개에게 전달되었고, 원세개는 1886년 8월 6일 이홍장에게 육해군을 파견하여 조선을 선점하여 국왕을 갈아치우기위해 무장 간섭을 건의했다. 이홍장은 대외관계를 의식하여 군사적 행동에는 동의하지 않았지만, 국왕 폐립에 대해서는 동감을 표했다. 그러나 중국

---

67) 전게서, 『淸日甲午戰爭과 朝鮮』, pp.143-145.
68) 전게서, 『淸日甲午戰爭과 朝鮮』, p.129.
69) 전게서, 『淸日甲午戰爭과 朝鮮』, pp.151-152.

은 러시아에 타진하여 제2의 조러밀약설에 러시아가 동의한 적 없고, 러시아와 영국이 조선영토를 점령의 대상으로 생각하지 않고, 단지 완충지대 정도로 인식하고 있었다는 점 등을 확인했다.[70] 한편 러시아는 중국에 대해 영국이 거문도에서 철수하도록 하는데 중국의 도움을 끌어내기 위해 조선영토를 점령할 것이라고 협박했다.[71] 결국 이홍장은 영국과 교섭하여 12월 거문도에서 영국군대를 철병시켰다. 당시 청국정부 내에서도 원세개의 의견에 동조하여 조선국왕을 폐위시키고 감국대신을 파견하자는 주장이 제기되었다. 그러나 중국정부는 열강의 반대를 고려하여 감국대신을 파견하지 않고 러시아와 연맹하여 일본을 견제하는 정책을 시행했다.[72] 1888년 5월 8일 러시아의 대조선, 대중국 정책에서 보더라도 1880년대 러시아는 조선을 완충지대로 생각했고, 중국은 조선과의 현실을 유지하면서 전통적인 종번관계를 유지하려고 노력했다.[73]

한편, 미국은 일본과 협력하여 조선을 침략하는 정책을 실시했다. 일본은 조선에 대해 중국의 종주권을 없애고 자신의 보호권으로 대체하려고 했다. 일본은 적극적으로 미국인을 앞세워 조선침투를 시도했다. 미국의 군사장교, 정치고문, 기술자, 선교사 등을 대량으로 조선에 진출하게 했다. 이들은 미국정부의 지지를 받으면서 중국과 조선관계를 이간하였으며, 조선정부와 조선인들에게 민족주의를 부추겼다. 조선정부 고문이었던 데니는 이노우에 등의 일본정부 요인들과 접촉하여 일본의 이익을 대변할 것을 약속했다. 그는 『청한론』을 저술하여 조선을

---

70) 전게서, 『淸日甲午戰爭과 朝鮮』, p.133.
71) 전게서, 『韓國史新論 新修版』, p.366.
72) 전게서, 『淸日甲午戰爭과 朝鮮』, pp.134-135.
73) 아무르 구 총독 코르프와 외교부 아주국 국장 지노비예프간의 회의 내용임. 전게서, 『淸日甲午戰爭과 朝鮮』, pp.136-137.

속국으로 대하고 있는 중국을 비난하고, 일본과 미국의 입장을 대변하여 서양과 친교를 맺고 독립 할 것을 권고했다.[74]

조선정부는 청국정부와 상의없이 미국의 데니와 메릴의 중개로 1887년 8월 유럽 5개국 주재전권대신으로 조신희, 주미전권대사로 박정양을 파견하려고 했다. 원세개는 대사 파견을 중지하도록 요구했다. 원세개는 이것이 데니의 책동임을 알게 되어 데니를 추방하고 내아문의 협판으로 친일성향의 리젠드르[75]를 기용했다. 하지만 그 또한 미일협력의 집행자였다.[76]

이에 대해 미국대사 딘스모어는 한미조약에 의거한 것이라고 하여 원세개의 간섭에 항의하여 조선은 유럽과 교류하여 청국을 견제할 생각으로 미국의 지지를 의식하여 청국의 요구를 거절했다. 이에 대해 유럽의 비난을 의식한 청국은 속국관계를 유지하기 위해 조선에 대해 청국과의 사전교섭을 요구했지만, 조선은 청국과 사전 교섭을 피하였고, 미국도 조선을 독립국가로 예우하여 중국의 개입을 차단했다. 결국 상국으로서 존엄성과 영향력을 행세하려고 하던 원세개의 방해로 조정양은 귀국 조치되었고, 조신희는 홍콩에서 유럽행이 취소되었다.[77]

1885년과 1887년 조선은 청국과 국경담판을 실행하게 되었다. 상국인 중국에 대해 하국인 조선이 어떻게 영유권을 주장할 수 있었을까? 바로 이 시기는 일본을 비롯해서 러시아, 미국, 독일까지 가세하여 조선을 독립국으로 간주하여 중국의 속방관계를 부정하는 국제정치가 존재했기 때문이다. 특히 당시의 조선은 일본, 러시아, 미국, 영국 등과

---

74) 서양인들은 조선을 중국의 속국으로 여기고 있었다. 조선은 독립국이 아니었다. 전게서, 『清日甲午戰爭과 朝鮮』, pp.140-141
75) 일본의 대만침략을 주도한 인물.
76) 전게서, 『清日甲午戰爭과 朝鮮』, p.141,
77) 전게서, 『清日甲午戰爭과 朝鮮』, pp.146-150.

국제조약을 체결한 바가 있었으므로 국제법에 다소 익숙해져 있어서 간도 영유권을 둘러싸고 중국과 감계담판이 가능했던 것이다.

그러나 조선과 중국 관계는 1895년 청일전쟁 이후 1897년 대한제국이 성립되면서 속방관계에서 벗어나 독립국가가 되었다. 그 이전에 행해진 중국과 조선간의 영토담판은 종주국과 속방 사이에서 행해졌던 것이었다. 당시 중국에서는 조선을 중국의 군현에 강제로 편입하려는 의도까지 갖고 있는 상황이었으므로 간도영유권을 주장하는 조선의 의견이 받아질 리가 없었다. 청국이 1882년 두만강 이북과 압록강 이서를 전적으로 청국영토 시 하게 되자 간도현지에 거주하는 한인들이 백두산정계비의「동위토문, 서위압록」의 근거를 가지고 조선조정에 대해 항의하여 조선조정이 간도한민의 의견을 받아들여 청국정부에 감계담판을 하게 되었던 것이다. 국경담판에서 청국은 압록강과 두만강을 전적으로 중국영토임을 조선에 강요했다. 이에 대해 조중 양국은 최종적인 합의를 도출하지 못하여 국경조약을 체결하지 못했지만, 담판과정에서는 중국의 협박에 의해 압록강과 두만강을 경계로 하는 국경선을 대체로 수용하는 협상이 되고 말았다. 이렇게 해서 서서히 압록강─두만강을 자연경계로 하는 조청간의 국경이 서서히 고착화 되어갔던 것이다. 이것은 당시 조청 양국 간의 국경이 힘의 논리에 의해 결정될 수밖에 없었던 상황을 반영해주고 있다.

(2) 역사적 권원

청국은 1712년 백두산정계비를 설치하였음에도 불구하고 1867년 봉황(鳳凰) 직례청(直隷廳)을 개설하고 안동현을 설치했고, 1868년 관전(寬甸), 회인(懷仁), 통화(通化) 3현을 설치하여 대대적으로 한인(漢人) 10만 명을 이주시켰다.[78] 그 이유는 신강(新疆)과 서장(西藏)지방에 1760년부터 이민정책으로 변경을 확장하고 있었지만, 동북지방은 청조의 발상지라는 명분 때문에 늦었기 때문이다.[79] 그 과정에서 월강 문제로 조청 양국 사이에 1867년 봉천부윤(奉天府尹)과 조선 차원(差員) 사이의 변경지역 출입을 엄금하는 장정을 체결하여 애강(靉江) 서안일대의 남북 400여리 구간을 연강(沿江)에서 30−50리의 넓이로 공광무인지대를 설치하여 양국 변민의 월경을 철저히 단속하기로 했다.[80] 이를 보면 압록강 이서 지역이 청국의 영토가 아니고 여전히 양국 사이에 국경지대로 인식되고 있었던 것을 알 수 있다.

이런 상황에서 1860년 조선 북부지방에 재해가 발생하여 많은 조선인들이 만주지역으로 이동했다. 조선인은 압록강 북안지역의 마록구(馬鹿溝)를 비롯해서 거자동(巨紫洞)까지 29개 지역에 걸쳐 470여 호의 3,000여 명이 이주하여 자치조직(會上制, 마을 수령을 大會頭라고 함)을 마련하고 있었다.[81]

두만강 이북지방은 여전히 봉금지역 상태에 있었는데, 러시아는 남하정책의 일환으로 1860년 북경조약을 체결하여 연해주를 획득하고, 조선인의 이주를 허용함으로써 간도를 경유하여 연해주[82]로 이동하게 되자, 청국은 동북지방에 있어서의 영토적 위기를 느끼고 1878년부터 개척을 시작하였다.[83] 청국정부는 조선조정에 대해 쇄환을 요구했고,

---

78) 전게서, 「조선후기 한인의 북방이주와 만주개척」, 『한국사의 전개과정과 영토』, p.176. 『清穆宗實錄』264, p.8.
79) 전게서, 「조선후기 한인의 북방이주와 만주개척」, 『한국사의 전개과정과 영토』, pp.175−176.
80) 『大淸淸穆宗毅皇帝實錄』, 264, pp.8−9, 전게서, 「조선후기 한인의 북방이주와 만주개척」, 『한국사의 전개과정과 영토』, p.177.
81) 전게서, 「조선후기 한인의 북방이주와 만주개척」, 『한국사의 전개과정과 영토』, p.178.
82) 연해주 이주에 관해 1868년 165호가 1869년 1년 사이에 766호로 증가되었다. 신기석(1979) 『간도영유권에 관한 연구』, 탐구당, p.33.

이에 대해 조선조정은 생업이 어려운 자들을 지원해주면서 국경 경비를 강화하였지만, 범월을 전적으로 단속하지는 못했다. 청국은 이들에 대해 귀화 입적을 강요했고, 귀화하지 않은 자에 대해서는 토지를 몰수하여 강제로 조선으로 추방했다.[84]

청국정부는 1881년 러시아의 남하에 대응하여 훈춘에 초간총국(招墾總局)을 설치하여 남강, 훈춘, 동오도구(東五道溝)에 간국(墾局)을 두어 토지를 배분하여주면서 봉금을 완전히 폐지하고 북간도지방의 개척을 실시했다. 그러나 한족(漢族)의 이민정책은 훈춘에서 길림까지 13일이나 걸리는 거리에 있고, 흑석령도(黑石嶺道)의 천여 리와 해발 484m의 노두구령(老頭溝嶺)와 오호정자령(五虎頂子嶺), 해발 652m의 합이파령(哈爾巴嶺)을 넘어야했으며, 크고 작은 하천에 교량이 없어서 중원지역의 한인들의 이주가 쉽지 않았다. 또한 영구 이주가 아니고 단신부임 등의 일시적 이주로서 배분된 토지를 조선인들에게 소작으로 주거나 팔아넘겼기 때문에 동북지방 개척은 성공을 거두지 못했다.[85] 이에 비해 조선은 1880년 회령부사 홍남주의 경진년(庚辰年)의 개척령으로 북간도 이주가 획기적으로 이루어졌다. 1881년부터는 두만강 북안의 길이 500리, 넓이 40-50리에 달하는 광활한 지역으로 확장했다. 그래서 중국은 한족이주의 개척을 유보하고 소선인을 청국 국직에 입적하도록 하여 세금을 징수하는 형식으로 개척방법을 전환했다. 1882년 3월 청조 예부는 조선정부와 경원, 회령, 종성의 지방관서에 대해

83) 延吉邊務督辨 吳祿貞의 『연길변무보고』에 의한 것. 전게서, 「조선후기 한인의 북방이주와 만주개척」, 『한국사의 전개과정과 영토』, p.181.
84) 전게서, 「조선후기 한인의 북방이주와 만주개척」, 『한국사의 전개과정과 영토』, pp.184-186.
85) 吳祿貞, 『延吉邊務報告』, 제4장 『韓民越墾之始末』5. 전게서, 「조선후기 한인의 북방이주와 만주개척」, 『한국사의 전개과정과 영토』, pp.186-190.

조선인 이주민의 호적을 조사하여 훈춘과 돈화현에 이들을 귀속시킨다고 통보했다. 이에 대해 조선조정은 임오군란 직후인 8월 조선인의 쇄환조치를 내렸다. 이러한 상황에서 1884년 청국정부는 훈춘 부도통에 방변길림변방사의를 설치했다.[86] 1884년 12월 조선과 러시아 사이에 육로통상조약을 체결했다는 소식을 전해 듣고 1885년 11월 화룡욕에 통상총국, 서보강과 광제욕에 통상분국을 설치하여 한인들의 귀화 입적하도록 강요했고, 이에 항의하는 자들을 조선으로 추방한다고 위협했다. 조선측의 지방관원은 청국의 항의에도 불구하고 관리를 파견하여 월강 조선인들로부터 조세를 징수하여 관할권을 행사했다.[87] 청국은 신뢰할 만한 입적 조선인에 대해서는 향약으로 임명하여 1890년대에까지도 입적 요구와 더불어 세금을 징수했다. 중국이 조선인의 향약제를 실시함으로써 두만강 이북에서 해란강 이남까지 조선인 집거구가 형성되었다. 청국은 북간도에 지방 관청이 없었으므로 통상국을 설치하여 월강 조선인을 관리하는 등 조중 변계문제에 큰 비중을 두고 있었다. 1893년에는 통상총국은 서보강(西步江) 분국과 광제욕(光霽峪) 분국을 폐쇄하고 화룡욕(和龍峪) 총국을 무간국(撫墾局)으로 개칭하여 길림-조선간의 월강 조선인을 무간(撫墾)하는 행정기구가 되었다.[88]

1897년 조선은 대한제국을 선언하여 청국의 속국이 아님을 국제사회에 공표했다. 이에 대해 청국은 1890년대에 서간도에 설치한 강계(江界), 초산(楚山), 자성(慈城), 후창(厚昌) 등, 조선 4개 군의 28개면

86) 전게서, 「조선후기 한인의 북방이주와 만주개척」, 『한국사의 전개과정과 영토』, pp.190-193.
87) 『淸季中日韓關聯史料』6, p.3295. 전게서, 「조선후기 한인의 북방이주와 만주개척」, 『한국사의 전개과정과 영토』, p.194.
88) 전게서, 「조선후기 한인의 북방이주와 만주개척」, 『한국사의 전개과정과 영토』, pp.193-196.

을 단속하여 지속적인 발전을 방해했다.[89]

백두산정계비를 설치하고 나서 170여 년이 지난, 1860년대에 한발로 인한 흉년이 들어 조선 북부지역에서 많은 사람들이 간도지역으로 이주했다.[90] 그 20년 후 간도지역에는 조선인이 8만여 명이 거주하게 되었고, 중국인은 2만 여명이 거주했다. 중국정부는 간도지역이 조선인의 대거 이주로 조선영토화 되는 것을 우려하여 간도지역 전체를 중국영토 시하여 조선인들의 귀화를 종용하는 한편, 조선조정에 대해 조선인의 쇄환을 요구했다. 조선조정은 상국인 중국의 요구를 받아들여 쇄환에 동의했다.[91] 그런데 간도거주 한민들은 간도가 조선영토라고 주장했다. 결국 양국은 관리를 파견하여 실지를 조사하고 간도 영유권에 대해 담판했다.

1885년 담판에서 조선은 먼저 백두산정계비를 확인하고 거기서 '동의토문'에 의거해서 동쪽의 토문강을 확인하자고 주장했다. 반면 중국은 간도가 중국영토라는 것을 전제로 토문강은 두만강을 두고 하는 말이므로 두만강 하류에서 상류로 거슬러 올라가서 백두산과 연결되는 두만강 상류의 여러 지류 중의 한 지류를 결정하자고 주장하여 서로의 의견이 팽팽히 대립되어 최종적인 합의를 도출하지 못했다.

또한 1887년 담판에서 중국은 두만강을 경계로 국경을 결정하겠다는 강한 의지를 갖고, 조선에 대해 일방적이고 강압적인 자세로 담판에

---

89) 전게서, 「조선후기 한인의 북방이주와 만주개척」, 『한국사의 전개과정과 영토』, pp.207-208.
90) 두만강이 무인공광지대의 한국 측 경계이므로 월경이라는 용어를 사용하고 있다. 이때의 월경은 공광무인지대에 들어갔다는 의미로 해석해야 마땅하다.
91) 조선조정이 중국의 조선인 쇄환을 일단 수용한 것은 당초는 상국의 요구이기도 하고 무인공광지대에 대한 영유권 의식이 희박하였기 때문이었다고 할 수 있겠지만(이는 중국도 마찬가지), 간도 거주 조선인들의 항의에 의해 영토의식이 강화되었다고 할 수 있겠다.

임했다. 중국은 조선의 주장을 무시하고 두만강 하류에서 상류로 답사했고, 게다가 간도지방은 모두 중국영토이고 심지어는 조선의 북부지방조차도 중국영토로 분할하겠다고 협박하여 서두수를 경계로 삼아야한다고 주장했다. 조선은 이러한 내지 분할을 의도하는 중국의 강압적인 자세에 대해 당시 조선의 감계사 이중하는 목숨이 잃는 한이 있어도한 치의 영토(내지) 분할을 허용할 수 없다고 강력히 대응했다. 조선은홍토수를 경계로 하자고 주장했다. 이에 대해 청국은 당초 서두수 주장에서 일보 후퇴하여 석을수를 경계로 하자고 주장했다. 결국 양자 간의최종적 합의를 도출해내지 못하고 담판은 중단되었다.

(3) 국제법적 권원

1885년 담판에서는 중국측이 강압적인 태도로 압록강과 두만강을국경으로 한다는 자신의 의지를 관철하기 위해 국경문제는 두만강 상류를 둘러싼 문제뿐이라고 주장했다. 이에 대해 조선은 중국의 강압에굴복하여 대체로 두만강을 경계로 한다는 중국의 요구를 수용하는 상황이 되었으나, 최종적인 합의를 도출하지 못했으므로 국제법상 조약이 성립되지 못했다.

또 1887년 중국이 조선과의 국경문제가 두만강 상류에 국한된 문제라고 간주하여 국경담판을 강요하여 당초 두만강의 상류 중에서 「서두수」를 경계라고 주장하다가, 조선이 이에 동조하지 않게 되자, 거기서후퇴하여 「석을수」를 국경선으로 하자고 주장했다. 하지만 조선 측은두만강 이남의 영토에 대해서는 단 한 치의 땅도 중국에 분할할 수 없다고 하여 「홍토수」가 두만강 상류라고 주장하여 결국 양국은 합의를도출하지 못하고 담판은 종료되었다. 협상과정에서 상당부분 중국의주장을 수용한 것은 중국 측의 강압에 의한 것이다. 따라서 여기서 현행 국제법상 최종적인 합의를 도출해내지 못했고, 게다가 협상과정이 전적으로 청국의 강압에 의한 것이므로 묵시적으로 인정된 부분조차도 원천적으로 무효가 되는 것이다.

5. 1905년 선후장정에서 1909년 간도협약까지

(1) 한청 양국의 정치적 역학관계

청일전쟁의 승리로 동북아시아의 패권은 일본에 넘어가게 되었다. 일본은 중국 본토를 비롯해서 만주, 몽고 그리고 조선영토에 대한 영토적 야욕을 갖고 있었다. 일본의 중국 침략과 조선 침략에 대해 견제하는 세력이 러시아였다. 만주와 몽고, 그리고 조선은 다른 한편으로 러시아가 노리는 이권이기도 했다. 러일 양국이 이들 지역을 둘러싸고 대립하게 되었다. 일본은 1905년 러일전쟁에서 승리하여 조선과 남만주에 대한 이권에 대해 간섭하지 않기로 러시아와 합의함으로써 일본이 이들 지역에 대한 이권을 최대한 확보할 수 있게 되었다. 러일전쟁의 결과로 일본은 1905년 11월 17일 조선의 외교권을 강제했다. 일본은 이러한 방법과 기세로 1945년 패전할 때까지 주변국의 영토를 침략했다.

당시 동북아시아에서는 영토취득의 한 방법으로서, 전쟁으로 영토를 분할하거나, 무력적 위협으로 협상력을 높여서 조약 협정으로 영토를 분할하기도 했다. 일본은 강제한 외교권을 명분으로 한국의 보호국이라고 내세워 중국이 실효적 점유 상황에 있는 간도지역에 대해 무력시위를 통해 영토를 확보하려고 시도했다. 이미 청국은 일본에 전쟁에 패한 적이 있었으므로 일본의 침략적인 행위에 대해서 강력하게 대항할 수 없는 실정이었다. 그러나 일본은 대륙침략정책을 비난하는 유럽 열강의 방해와 중국 내의 반일여론의 대두를 우려하여 성급히 만주에 있어서의 이권 확보와 교환조건으로 한국이 주장해온 간도 영유권을 중국에 넘기는 결과를 초래했다. 일본에 제외교권마저 강제당한 한국은 약소국으로서 영토를 수호할 국력조차도 갖지 못했던 것이다. 이러한 국력의 약체는 1910년 한국영토를 통째로 일본에 빼앗기는 수모를 겪었으며 간도도 중국영토로 고착화하는 결과를 초래했다.

(2) 역사적 권원

조선은 1903년 조중 간의 간도분쟁에 대응하기 위해 이범윤을 간도 관리사로서 파견하여 변경의 간도지역을 담당하게 했다. 이범윤은 사포대를 조직하여 청국의 일방적인 간도조치에 대항하여 행정조치를 취했다. 이러한 상황으로 인해 간도거주 한인과 중국인 사이에 충돌사건이 빈번히 발생했다. 간도문제를 해결하기 위해 한중간에 영토협상을 예정하고 있었다. 그런데 그 과정에 러일전쟁이 발발했는데, 일본은 한중간의 영토분쟁 사실을 알고 러일전쟁 이후 일본의 중개로 해결할 것을 요구하면서 영토협상을 유보할 것을 강요했다. 결국 청국과 조선은 일본의 간섭을 피하여 선후장정을 체결하고 은밀히 현상유지를 약속했다.

중국은 일본의 간도문제 개입을 피하기 위해 조선정부에 대해 선후장정을 체결하여 간도문제의 현상 유지를 요구하면서 이범윤의 소환을 요청했다. 러일전쟁 중에 이범윤은 러시아령으로 건너가 일본에 대항하여 러시아의 지원을 받으면서 간도지역에서 활동을 계속했다.

일본은 러일전쟁 결과 러시아로부터 조선에 대해 정치적, 경제적, 군사적 우월권을 보장받고, 1905년 11월 17일 조선에 대해 외교권을 강제하였다. 일본은 조선을 대신해서 간도지역을 확보할 계획을 세웠다. 일본은 외교권을 빌미로 간도한민을 보호한다는 명목으로 간도에 조선 주둔의 일본헌병을 파견하여 중국이 실시하고 있던 간도 행정조치를 방해함과 동시에 간도지역을 무주지라고 강변하여 간도의 행정조치를 실시했다. 이로 인하여 간도지방에서는 중국군대와 일본헌병이 무력으로 대치하여 분쟁상황이 연출되었다.

일본정부(구체적으로는 통감부)는 이처럼 양국 국민 간에 대립을 유발한 뒤, 이를 빌미로 중국에 대해 중앙정부간의 국경협정을 요구했다. 중국은 일본의 간도 시정 조치가 전적으로 불법이라고 주장하여 간도 영토의 양보가 다른 국경분쟁지역의 선례가 되는 것을 우려하여 일본의 요구에 강경하게 대응하였다. 한편 일본은 중앙정부 간의 협상으로 간도지역의 일부(동간도 동부)를 분할하려고 했는데, 일본의 의도와는 달리 중국이 협상에 적극적으로 동조하지 않게 되자 일본정부는 분쟁이 지속되는 것을 우려하면서 동요하였고, 게다가 중국 국민의 반일감정의 격화와 유럽열강에 의한 일본의 대중국정책 간섭을 우려했다. 당시 일본은 대륙정책의 현안이었던 조선합병과 만수에 대한 권익사업의 차질을 극복하기 위한 방편으로서 철도부설권 및 석탄채굴권을 확보하는 교환조건으로 간도를 중국영토로 인정하고 말았다.

(3) 국제법적 권원

러일전쟁 중에 일본의 간섭을 피하기 위해 조중 양국 간에 1905년 선후장정을 체결했지만, 이 장정은 양국정부로부터 조약권을 위임받은 정식 조약이 아니었으므로 법적 효력을 갖지 못하는 임시조약에 불과했다. 따라서 선후장정에서 양국이 합의한 내용은 「간도문제를 현상으로 유지한다」고 한 것인데, 이것은 그다지 큰 의미를 가질 수 없다고 하겠다.

러일전쟁 이후 한국의 외교권을 강제한 일본이 분쟁상태에 있는 간도지역에 조선인을 보호한다는 명목으로 헌병대를 파견하여 중국의 간도 행정 조치를 방해했다. 그러나 결국 간도문제가 존재하지 않는다는 중국의 주장을 극복하지 못하고 1909년 간도협약을 체결하여 간도를 중국영토로 인정하고 파출소를 철수했다. 간도협약은 만주문제의 모든 현안을 일괄 타결하는 방법으로 간도가 중국영토임을 인정하는 대신에 법의 정의를 전적으로 무시하고 일본이 만주에 대한 경제적 이권을 확보하는 형식의 정치적 담판으로 체결되었다.

국제법적으로 일본이 조선의 주권을 강제했지만, 국권이 아직 조선에 남아있었던 1909년 시점에서 제3자인 일본이 함부로 조선의 영토를 중국영토로 인정한 것은 불법적인 행위이다. 중국은 간도협약을 계기로 지금까지 간도지방을 실효적으로 지배하게 되었고, 이에 대해 제2차대전 이후 한국이 독립국이 되었음에도 불구하고 영유권에 대한 아무런 이의를 제기하지 않았다. 한국은 묵인한 부분만큼 중국에 대해 간도의 영유권을 주장할 법적 권원이 약해지는 것이다.

6. 1952년 대일강화조약

(1) 한중 양국의 정치적 역학관계

한국은 1910년부터 1945년까지 일본의 식민지통치를 받게 되었고,

일본의 일부로서 존재했다. 그런데 일본이 미국령 하와이를 공격함으로써 태평양전쟁을 도발했고, 이에 대항하여 미국은 연합국을 결성하여 일본에 대적했다. 결국 일본은 미국이 떨어뜨린 히로시마와 나가사키의 원자폭탄의 위력에 견디지 못하고 항복하여 전쟁이 종료되었다. 한국은 전시 중에 연합국이 일본에 강요한 카이로선언과 포츠담선언에 의거하여 독립되었다. 그 때 한국은 1945년 2월에 체결한 미소간의 얄타 비밀협정에 의거하여 남북이 분단되었고, 또한 미소 양 진영으로부터 신탁통치를 받게 되었다. 유엔은 1948년 8월 한국을 한반도의 유일한 합법정부로서 인정했고, 이에 대항하여 소련의 신탁통치를 받고 있던 북에서도 그해 9월 조선민주주의인민공화국을 수립했다. 대일강화조약을 체결함에 있어서 한국은 조약 당사국이 되려고 노력했으나, 일본의 방해로 성사되지 못하여 한국의 입장을 제대로 반영하지 못하고 미국을 비롯한 연합국의 조치에 따르지 않을 수 없는 입장이었다. 그 후 한국은 독립국가가 되었지만, 미국의 원조를 필요로 하는 국가였고, 북한은 소련과 중국의 지원을 필요로 하는 국가였던 것이다.

(2) 역사적 권원

한국은 36년간 일본의 식민지통치를 받고 있었는데, 제2차 대전에서 일본의 패전과 더불어 연합국의 승리로 미영소중이 합의한 포츠담선언에 의해 독립을 달성하게 되었다. 한국의 영토범위는 연합국에 의해 압록강과 두만강을 경계로 결정되었다. 이러한 연합국의 조치에 대해 신생독립국이었던 한국은 중국영토의 일부로 처리된 간도에 대한 영유권을 주장하지 않았다. 종전과 더불어 곧바로 재편된 냉전이라는 국제질서 속에서 한반도는 남북으로 분단되어 미소 양국의 신탁통치를 받게 되었다. 유엔은 남한을 지지하여 1948년 8월 대한민국정부를 수립했고, 소련이 주축이 되어 그해 9월 조선민주주의인민공화국을 수립했다. 그 후 미소 양국의 지지를 받고 있는 남북은 격렬하게 대립하여 1950년에서 1953년까지 3년간 한국전쟁을 겪게 되었다. 그 사이에 미국중심의 연합국은 소련중심의 공산진영을 무시하고 1951년 9월 단독으로 대일강화조약을 체결하여 자유진영에 유리하게 조약을 체결했다. 이때 한국은 미국의 그늘아래 있었는데, 미국주도의 대일강화조약에서 간도문제에 관한 아무런 규정도 정하지 않았다. 이미 포츠담선언에 동의한 미영소중 4개국의 일원이었던 중국은 만주지역을 중국영토에 귀속시키면서 간도지방을 전적으로 중국의 영토로 처리했다. 이에 대해 한국정부와 북한정부는 이러한 연합국의 조치에 대해 아무런 이의를 제기하지 않았다. 이처럼 전후 불법적으로 제국주의에 강탈당한 영토를 회복할 수 있는 중요한 시점이었음에도 불구하고, 남북한 정권은 한국영토로서의 역사적 권원을 갖고 있는 간도지방에 대한 영토주권을 소홀히 하여 영토를 축소하는 결과를 초래했던 것이다.

(3) 국제법적 권원

1952년 대일강화조약에서는 한중간의 국경문제가 전혀 언급이 되지 않았다. 일본이 간도지방을 포기함으로써 중국영토로 취급되었다. 중국이 간도를 실효적으로 점유하게 된 것에 대해 어느 누구도 항의하지 않았으므로 아무런 국제법적 제약을 받지 않았다. 그러나 일본이 카이로선언과 포츠담선언을 무조건적으로 수용함으로써 무력과 협박으로 도취한 제국주의영토에 대해서는 전적으로 일본영토에서 분리되어야 한다고 했다. 간도협약은 침략국가[92]였던 일본과 중국 사이에서 체결

---

92) 전후 처리과정에서 일본은 東京재판에서 전쟁을 일으킨 전범국가로서 침략국으로 판결이 내려졌다.

된 조약이었으므로 무효인 것이다. 따라서 1909년 간도협약 이전에 한중 양국이 영토문제를 논의하던 상태로 다시 돌아가서 논의되어야 마땅했다. 그런데 전후 한국이 대해 간도의 영유권에 대한 아무런 이의를 중국에 제기하지 않았고, 중국은 평온한 상태에서 간도지방을 자국의 영토로서 실효적으로 지배하게 되었으므로 국제법적으로 중국측의 지위를 상당부분 인정하지 않을 수 없는 상황이 되고 말았던 것이다.

7. 1962년 조중 변계조약과 그 이후

(1) 조중 양국의 정치적 역학관계

제2차 대전에서 일본의 패망과 더불어 1945년 8월 조선이 독립되고 그해 9월 소련의 신탁통치 하에서 북한정권이 성립하게 되었다. 북한은 소련과 중국의 지원을 받으면서 미국의 지원을 받고 있는 대한민국과 대립 각을 세워왔다. 1950년에는 소련과 중국의 지원을 약속받으면서 대한민국을 침략하여 한국전쟁을 도발했다. 한국전쟁은 미국을 비롯한 연합국의 지원을 받고 있는 한국에 대항하여 소련과 중국의 후원으로 겨우 38도선에서 휴전하게 되었다. 휴전상태에서 냉전이 계속되었는데, 북한은 소련과 중국을 맹방으로 여기면서 의지해왔다. 그간 조중 양국 간에 국경협정을 체결했다. 조중 간의 국경협정은 동등한 입장에서 국경조약을 체결했다고 할 수 없다. 국가의 안보를 상당부분 중국에 의존하고 있는 북한의 처지에서 체결된 조약이었음으로 17세기의 공광무인지대, 18세기의 백두산정계비에 의거하여 발생하는 영토적 권원을 전적으로 포기한 간도협약을 그대로 답습하여 간도의 영유권을 전적으로 포기하는 조약을 체결했던 것이었다.

(2) 역사적 권원

전후 간도지방은 중국과 북한이 국경을 접하고 있는 지역이 되었다. 현실적으로 간도문제는 북한과 중국 간의 문제가 되었던 것이다. 간도문제는 역사적으로 보면 한중간에 미결의 문제로 존치되고 있음은 중국에서도 알고 있었던 바였다. 그래서 1962년 맹방관계에 있던 북한과 중국은 국경조약을 체결하여 1909년 일본제국주의가 만주의 권익을 확보하고 그 대가로 지불한 압록강-두만강 경계를 그대로 답습하여 그 지류에 한해서는 중국의 종전 주장에서 약간 양보하는 형태로 체결되었다. 북한은 6.25전쟁 때에 지원을 받았던 맹방관계의 중국에 대해 간도지방의 영유권을 적극적으로 주장하지 못했던 것이다. 조중 양국은 국경조약을 비밀리에 처리하여 한국을 비롯한 국제사회의 여론을 반영하지 않았다. 그래서 한반도의 합법적인 정부임을 자처하고 있던 한국도 압록강-두만강 경계의 조중 국경조약에 아무런 항의를 하지 못했던 것이다.

냉전이 해체되고 1992년 한국과 중국은 국교를 회복하였다. 국교를 회복하는 과정에서 양국 간의 현안을 전적으로 해결하는 것이 수교의 정상적인 절차이다. 그런데 한국은 중국에게 간도 영토문제에 대한 논의자체를 언급하지 않았다. 조중변계조약 체결당시 유엔으로부터 인정받은 한반도의 유일한 합법정부였던 한국조차도 간도의 영유권을 제기할 기회를 놓쳤다. 그 후 한국 내의 국회에서 간도문제가 논란이 되었고, 국민여론도 간도 영토문제에 대해 중국에 이의를 제기해야한다는 주장이 엄연히 현실적으로 존재함에도 불구하고 한국정부는 간도문제

의 존재 사실을 인정하면서도[93] 중일간의 우호관계를 유지하기 위해
간도의 영유권을 정식으로 제기하지 못하고 있다.

(3) 국제법적 권원

한국과 북한 모두가 한반도와 그 부속도서를 자국의 영토로 간주하
고 있다. 그러나 실효적 점유라는 측면에서 38선 이북지역은 북한의
영토로서 그 지위를 전적으로 부정할 수 없다. 그렇다고 해서 냉전의
산물로 분단되어 있는 남북한 양측 모두가 한반도 전체를 국토로 생각
하고 있기 때문에 현 상태가 비정상적이라고 할 수 있다. 따라서 현실
적으로 북한지역에 속하는 38선 이북지역에 대해서도 한국이 영토적
권원을 갖고 있다고 할 수 있다. 그래서 북한과 중국 간의 국경문제는
한국과 중국 간의 국경문제이기도 하다. 현재 중국과 북한 간에는 1962
년 조중 변계조약을 체결하여 국경문제를 해결했다. 이는 북한과 중국
간에 단독적으로 비밀리에 체결한 결정이다. 이에 대해서는 한국도 개
입할 수 있는 국제법적 일정한 지위를 가지고 있다. 그런데 비밀리에
체결되어 한국이 조약체결 상황을 알지 못했으므로 조중 간의 국경협
정이 전적으로 합법적이었다고는 말할 수 없다. 그래서 한국이 통일될
경우에는 조중 변계조약에 의해 정해진 현행 국경선은 충분히 문제가
될 수 있다고 봐야하므로 조중 변계조약의 효력을 일정 부분 인정하더
라도 중국과 통일한국은 이 문제를 다시 논의해야 할 것이다.

---

93) 반기문 외교통상부장관이 간도문제는 국제법적으로 문제가 있다고 발언
한 적이 있음.

8. 맺으면서

원칙적으로 영토문제는 법의 정의에 입각하여 공정하게 해결되어야 하는 것이다. 그러나 전근대시대에는 영토문제가 전적으로 힘의 논리에 의해 해결되었고, 근대 이후에도 힘의 논리가 전적으로 배제되지는 못했다. 자유와 평등을 강조하는 오늘날의 국제사회에서도 영토분쟁을 완벽하게 처리해 낼 국제법은 없다. 따라서 결국 국제법은 영토문제 해결의 기준은 될 수 있을 지라도 그 자체가 해결방법은 아니다. 이러한 이유 때문에 국제사법재판소에서도 영토문제를 전적으로 재판에 의해 해결되어야 하는 문제라고 하지 않고 최대한 당사자 간에 외교적 합의로 해결할 것을 권유하고 있다. 결국 영토문제는 국제법을 판단기준으로 삼아서 당사자 간의 합의에 의해 결정되는 것이다. 여기에는 힘의 논리도 상당부분 작용할 수 있는 것이 영토문제의 특성이라고 할 수 있겠다.

간도문제에 관해서 본다면, 전근대시대에 전적으로 힘의 논리에 의해 영토문제가 발생하고 해결되어 왔고, 근대시대에도 국제법을 판단기준으로 하면서도 실제로는 힘의 논리가 작용하여 간도 영토가 결정되었다. 오늘날의 간도문제도 마찬가지이다. 강대국인 중국에 대해 한국이 간도영유권을 제기하지 못하고 있는 것이다. 그 이유는 영유권 제기로 인해 미치는 경제적 정치적 불이익을 우려하고 있기 때문이다.

간도지역은 1909년 한국의 외교권을 불법적으로 강제한 일본이 간도협약을 체결하여 제3국의 영토를 일방적으로 중국영토로 인정한 이후, 1931년 만주국이 건국될 때까지 중국이 실효적으로 지배했다. 사실상 만주국은 일본의 괴뢰국가로서 일본의 반식민지상태에 있는 지역이었다. 1945년 일본의 패전으로 카이로선언과 포츠담선언에 의거하여 만주국이 중국영토로 반환되면서 간도지역은 곧바로 중국이 실효적으로 점유하는 지역이 되어 오늘날까지 지속되고 있다. 현행 국제법은 영토문제 해결의 한 원칙으로서 현행유지에 의한 평화적 해결을 원하고 있다. 1948년 설립된 한국정부가 묵인한 만큼, 중국은 간도지역을 자국영토로 간주하여 60년간 실효적으로 지배해오고 있다. 이제 간도문제는 영토문제에서 서서히 역사문제로 진입되고 있다고 해도 과언이 아닐 것이다. 간도문제가 영토문제로 남기 위해서는 한국정부가 빠른 시일 내에 중국정부에 대해 영유권문제를 제기해야 만이 가능하다.

제5장

역대 한국정부의 간도정책의 오류

－이승만·장면·박정희 정부－

1. 들어가면서

1909년 9월 4일 일본은 청국과 '간도에 관한 일청 협약(간도협약)'을 체결하여 간도영유권을 청국에 양도했다. 간도협약으로 결정된 한청간의 국경선은 1962년 중국과 북한이 '조중변계조약'을 체결하여 북한과 중국간의 국경선이 결정될 때까지 지속되었다.

이번 북중 간의 국경선 결정은 간도문제가 1909년 간도협약으로 종료되었던 것이 아니고, 한국독립 이후에도 '한중'간의 간도문제가 여전히 존재하고 있었다는 사실을 중국이 스스로 인정한 것이 된다. 간도문제는 원래 간도 영토를 둘러싼 영토분쟁이다. 그런데 '조중변계조약'은 북한이 종래 조선조정이 주장했던 영토문제에서 양보하여 중국의 주장을 수용한 「국경문제」로서 체결되었다는 점이 커다란 문제점이라고 할 수 있다. '조중변계조약'은 중국과 북한 사이에 비밀리에 체결되었기 때문에 당시 한국정부는 이러한 사실을 알지 못했다. 또한 간도문제는 한국의 외교권을 강탈한 일본이 1905년 러일전쟁 시기부터 개입하여 만주의 권익을 확보하는 대가로 중국에 간도 영토를 양도했고, 그 후 36년간 일본의 한국병합으로 일본의 지배를 받아 한반도 전체를 일본에 침략당한 상황이었고, 제2차 대전 이후에는 남북이 분단되어 있었기 때문에 현재에 있어서도 한국정치에 있어서 간도문제는 정치적 공백지대에 놓여있었다고 할 수 있다. 이러한 이유 때문에 한국정치에 있어서 영유권을 회복해야겠다는 정치적 여력도 없었을 뿐만 아니라 국민적 관심도가 매우 낮았다. 결국은 한국정부는 간도지방이 북한과 국경을 접하고 있기 때문에 사실 북한의 문제로 치부하였던 부분도 있었다.

제2차 대전 이후 중국이 인접국가와의 많은 국경분쟁을 해결해야하는 과제를 안고 있었는데, 북중 관계는 한국전쟁을 거치면서 밀월관계를 갖고 있었기 때문에 국경문제를 해결하기에 좋은 환경에 놓여 있어서 맨 먼저 '조중변계조약'을 체결하여 북한과의 국경문제를 해결했던 것이다. 그렇다면 이에 대해 당시 한국정부는 어떠한 입장을 취했을까? 북중 양국이 비밀리에 체결했기 때문에 한국정부는 체결사실을 알지 못했을 것이고, 또한 알고 있었다고 하더라도 미국을 중심으로 한 자유진영과 소련을 중심으로 한 공산진영이 조용한 전쟁을 치르고 있는 냉전시대였기 때문에 정치적 담판으로 영유권을 양도한 '조중변계조약' 체결에 대해 충분히 항의할 수는 있었겠지만, 전쟁이 아니면 이를 막을 길은 없었을 것이다. 다만 당시 한국정부가 체결사실을 알고 이의를 제기했다면 통일한국에 있어서 국제법상 간도문제의 시효취득을 약화시키는 요인은 될 수 있었을 것이다.

본 연구에서는 전술한 것처럼 제2차 대전 이후 북한과 중국 간에 국
경조약을 체결하여 북한이 간도의 영유권을 중국에 양도하고 있는 사
이에 한국정부의 간도에 대한 영토정책은 어떠했는지를 고찰하는 것이
연구목적이다. 본 연구는 역대 한국정부[1] 중에서도 이승만, 장면, 박정
희 정부의 간도에 대한 영토인식과 영토정책에 관해서 검토하려고 한
다. '조중변계조약'이 체결된 1962년은 박정희정부시대였다. 박정희정
부시대의 영토정책을 이해하기 위해서는 그 이전 정부였던 장면정부와
이승만정부의 간도정책에 관한 고찰도 매우 중요하다고 생각된다. 특
히 영토문제는 시효에 의해 영토가 취득되기 때문이다. 이승만정부에
서 간도문제를 중국정부에 대해 이의를 제기하였더라면 '조중변계조약'
을 막을 수 있었을 것이기 때문이다. 본 주제에 관한 선행연구는 아직
전무한 상태이기 때문에 본 연구의 의의가 거기에 있다고 할 수 있겠다.

---

[1] 제1공화국은 1948년 5월 10일 총선거로 제헌의회가 구성되고, 1948년 7월
17일 대통령제와 단원제국회를 주요 골자로 하는 자유민주주의적 대한민
국 헌법이 공포, 시행되었다. 제2공화국은 1960년 3.15부정선거가 계기가
된 4.19혁명으로 인해 이승만대통령이 물러나면서 3차 개헌이 이루어지
고, 이를 통해 시작되었다. 대통령제가 의원내각제로 바뀌었으며, 장면을
수반으로 내각이 구성되었다. 제3공화국은 1961년 5월 16일 박정희를 중
심으로 한 군사쿠데타가 일어나면서 결국 5차 개정과 함께 박정희가 대통
령이 되었다. 의원내각제에서 대통령제로 바꾸었다. 제4공화국은 '7.4남북
공동성명' 이후 10월 17일 비상조치법을 단행하면서 헌정을 중단시키고,
7차 개정과 함께 유신체제를 단행했다. 초헌법적인 대통령 권한을 가지게
되었다. 제5공화국은 1979년 10월 12일 박정희 대통령이 저격당하고, 같
은 해 12월 12일 전두환을 중심으로 한 군부가 권력을 잡았다. 물론, 8차
개정헌법과 동시에 전두환이 대통령에 취임하였다. 6년 단임의 대통령간
선제가 실시되었다. 제6공화국은 1987년 전두환의 군사정권에 반발하는
시민들이 벌인 6월 항쟁 끝에 9차 개정헌법이 개정되었고, 대통령직선제
를 도입했고, 이것이 현재에 이르고 있다.

2. 이승만정부의 간도 영토정책

(1) 간도문제의 과제

한중간의 간도 영토문제는 근대시대 한중 양국정부가 간도 영토의 영유권을 다투었던 1885년 을유감계담판과 1887년 정해감계담판에서 시작되어야한다. 이 담판에서는 양국이 자신의 입장을 주장하는데 그 쳤을 뿐 간도 영토의 영유권을 명확히 결정을 하지 않았다.[2] 이러한 상황에 있는 간도문제에 대해 러일전쟁 기간 중에 일본이 개입하여 러일전쟁 이후 1907년에는 간도현지에 한국인과 일본인으로 구성된 헌병과 순사를 파견하여 중국의 관헌에 대항하여 간도지방의 관리를 시도하기도 했다. 일본은 결국 2년여 동안 청국관헌과 대립하다가 청국이 간도 영토를 양보할 의사가 전혀 없다는 사실을 확인하고 1909년 9월 4일 '간도협약'을 체결하여 만주의 철도 및 탄광채굴권 등 다양한 이권과의 교환조건으로 간도 영토를 중국영토로 인정했던 것이다. 이처럼 '간도협약'은 간도문제의 당사국인 한국과 중국 간의 협약이 아니고 한국의 외교권을 강탈한 일본과 중국과의 협약이었다. 당시 한국은 일본에 외교권을 강탈당하였다. 오늘날처럼 당시의 국제공법은 정의의 편에 있지 않고 제국주의 침략자의 편에 있었다. 일본보다 국력이 약했던 조선은 국권을 지켜낼 힘이 없었다. 국권을 지킬 수 있는 유일한 희망은 국제사회의 도움이라고 생각하고 있었는데, 국제사회는 일본의

---

2) 물론 1885년의 감계담판에서 토문강 이남의 간도 영토가 조선영토라고 주장하던 것을 청국의 강압에 의해 협상과정에서 두만강상류의 지류논쟁으로 변질되었던 부분이 있고, 1887년의 감계담판에서도 청국의 강압에 의해 토문강 상류의 지류 중에서 홍토수와 석을수를 두고 논쟁을 했으나, 결국 최종적인 합의를 도출하지 못했다.

음모적인 외교력에 편승되었던 것이다. 당시의 한국은 국제사회에서 무시당하고 있던 약소국가였기 때문에 중일간의 간도협약에 대해 아무런 항의를 하지 못했다. 국제사회도 이를 묵인하는 상황이었다. 결국 당시 한국의 국력약화 때문에 제국주의국가 일본에 의해 간도 영토가 중국영토로 인정되었던 것이다. 이는 국제법에 의하면 불법조치였다. 게다가 국력이 약하여 외교권을 강탈당한 한국은 1910년 급기야 국권마저 일본에 강제당하여 일본의 동화정책에 의해 영토적으로는 일본영토에 편입되었고 민족적으로는 일본민족에 예속되어 국제사회에서 한국이라는 국가와 민족의 존재는 완전히 사라지게 되었다. 당시로서는 국권을 되찾는다고 하는 것은 자주적인 힘으로는 불가능한 상태였다. 국제사회의 도움 없이는 국권회복이 불가능한 상태였다. 그러한 와중에 국권을 기필코 회복하겠다는 지사들은 간도와 연해주, 미국, 일본 등지에서 독립운동을 시작했다. 36년간 일본의 지배를 받고 민족조차도 서서히 일본에 말살되어 가는 상황 속에서 제2차 대전이 시작되었고, 제국주의 일본은 급기야 연합국에 항복하여 패전함으로써 한국은 우연히 독립을 쟁취하게 되었던 것이다. 그 결과 일본에 빼앗겼던 영토와 민족도 되찾게 되었다. 그런데 일본에 의해 빼앗겼던 간도 영토는 회복하지 못했다. 스스로 영토를 찾을 수 없었고, 연합국이 찾아 주어야만이 가질 수 있는 신생독립국 한국은 연합국이 찾아 주지 않는 간도 영토를 스스로 찾을 수 없었다.

이처럼 간도 영토는 근대제국주의시대에 중화제국에게 강탈당한 한국의 고유영토로서, 전후 카이로선언, 포츠담선언, 국제 판례 등의 국제법에 의거하여 신생독립국 한국이 찾아야할 영토였다.

(2) 시대적 배경

한국은 제2차대전에서 연합국의 승리로 독립을 달성하게 되었다. 독립으로 인한 한국의 영토와 민족의 회복은 미영중 3국이 공동으로 선언한 「노예상태의 조선을 독립시키고」라는 카이로선언에 의한 것이다. 카이로선언을 이끌어내는 과정에서 '조선의 독립'을 강력히 주장한 국가는 중국이었다. 과거 조선은 중국의 속국이었는데 일본이 강탈하였기 때문에 일본에서 조선을 분리시켜야한다는 것이었다. 이러한 중국이 자국의 영토로 간주하고 있는 간도지역을 한국영토로 인정할 리가 없었다. 따라서 중국은 조선과의 국경선에 대해 1909년 '간도협약'을 기정사실화하고 있었다. 중국은 제2차 대전의 종전을 앞두고 영토처리에 있어서 일본이 강탈한 영토를 일본에서 분리한다는 원칙아래 대만과 만주를 중국에 반환한다는 것과 조선을 독립시킨다는 것에 중점을 두고 있었다. 그 때문에 만주의 일부에 속하고 있었던 간도지역에 대해 분쟁지역이라는 인식조차도 존재하지 않았다. 한편 신생독립국 한국측에서도 특히 중국의 도움으로 독립을 달성한 상태이었기 때문에 간도문제를 거론할 입장이 아니었고, 간도영유권문제를 생각할 여력조차도 없었다. 간도문제가 이미 일본에 의해 중국에 넘겨진지 46년이라는 세월이 흘렀고, 게다가 당장이라도 간도를 회복할 수 있는 그런 영토분쟁이 아니었기 때문이다. 한국독립이후 정부수립이라는 커다란 과제 앞에 간도문제가 당장 시급한 사안이 될 수 없었던 것이다. 이처럼 한중 양국의 입장에서 보더라도 당시 양국 모두 간도문제가 영유권문제로서 존재한다는 사실조차도 인식하지 못했던 상황이었다고 할 수 있겠다.

한중 양국은 한국영토의 범위에 대해 다 같이 '압록강-두만강(상류석을수)'을 경계로 하는 한반도에 국한된다는 인식을 갖고 있었고, 특히 한국은 일본과의 경계에 대해 '독도-(대마도?)-제주도'를 생각했

다. 대마도의 경우 역사적으로 한국영토로서의 권원을 갖고 있기 때문
에 일본의 식민지통치에 대한 보상으로 일본영토에서 분할되어야한다
는 것이었고,[3] 북방한계로서 압록강-두만강의 경계는 전승국인 중국
의 인식이었다.

1948년에 수립된 대한민국은 이승만을 초대대통령(1948년 7월 17
일~1960년 4월 19일)으로 선출했다. 이승만정부는 헌법을 제정하면서
한국영토의 범위를 한반도에 국한시켰다. 이는 간도에 대한 영유권의
식을 적극적으로 반영한 것이 아니었다. 이러한 결과를 낳은 것은 위에
서도 지적했듯이 간도문제 자체를 의식하지 못했기 때문이다. 그 이유
는 한국의 독립을 보장해준 중국에 대해 간도 영유권을 주장한다고 하
는 것은 당시 신생독립국입장에서 거의 불가능한 상태였다. 이승만 정
부는 이러한 상황에 있는 간도문제에 대해 간도 영토 회복을 위한 조치
를 전혀 취하지 않았던 것이다.

(3) 이승만정부의 과오

이승만대통령은 1948년 7월 17일~1960년 4월 19일까지 12년간 대한
민국의 대통령으로서 통치했다. 대한민국헌법(제3조)을 제정하면서도
「대한민국의 영토는 한반도와 그 부속도서로 한다」고 규정하여 간도지
역에 대해 적극적인 영토의식이 결여되어있었던 것이다. 이러한 규정
은 「대한민국을 한반도의 유일한 합법정부로 선언. 대한민국의 영토는
대한제국의 영토를 기초로 확정되었으며, 대한민국은 이 지역에서 대
한제국과 대한민국임시정부를 계승한 유일한 정통성 있는 국가임을 선
언하는 의미를 갖는다. 영토를 확정함으로써 더 이상의 영토적 야심이

---

3) 동북아역사재단 1주년 학술대회 프로시딩, 2009년, 정병준 연구 참조.

없음을 천명하는 의미를 갖는다.」고 하는 원칙에 입각한 것이었다.[4]

그러나 통치과정에서 학자들 중 신기석(申基碩; 1955)[5], 이선근(李瑄根; 1962)[6] 등은 간도 영토에 대한 문제의식을 갖고 간도 영토회복을 주장하기도 했다. 그럼에도 불구하고 이승만정부는 당시 중국의 도움으로 한국의 독립이 달성되었는데, 중국에 간도 영유권을 주장하기가 쉽지 않았던 부분도 있었지만, 한반도를 한국영토의 범위로 생각하고 있고 언젠가 통일한국을 실현하려는 생각을 가지고 있었던 대통령으로서 괴뢰정권을 단정하고 있던 38선 이북의 김일성정권에 북쪽의 영토를 맡기고 국가의 영토주권을 소홀히 했다는 점에 대해서는 업무태만이고 그 책임을 면할 수 없을 것이다.

장면정부(1960년4월19일~1961년5월16일)는 재임기간이 짧았던 이유도 있었겠지만 간도 영토문제에 대해서는 전혀 다루지 않았다.[7]

3. 박정희정부의 간도 영토정책

(1) 시대적 배경

박정희 시대에는 2번에 걸쳐 간도정책을 고려했던 적이 있었다. 첫번째는 1969년 「조선일보」 등의 몇몇 일간신문이 중국이 북한에 대해 백두산의 영유권을 요구하고 있다는 기사가 있었을 때이고, 두 번째는

---

4) 「대한민국 헌법 제3조」, http://ko.wikipedia.org/wiki
5) 신기석, 「간도귀속문제」, 『중앙대학교개교30주년기념논문집』, 1955.
6) 「백두산과 간도문제」, 『역사학보』제17/18합집, 1962.
7) 이승만 정부가 하야한 후 박정희 정부가 들어서기 전까지 국무총리가 대통령의 권한을 대행하였는데, 제한적인 대통령의 권한을 이양 받아서 국정을 수행한 시기였다.

7·4공동성명이 발표되어 남북통일에 대한 기대가 커지고 있을 시점이었다.

① 중국의 「백두산 할양론」 대두의 시기

1969년 시점에 「백두산과 간도문제」라는 책자가 간행된 것으로 보아,[8] 박정희 정부는 대외적으로 간도문제에 대해 영유권을 주장하려는 움직임이 있었으나, 국내적인 요인 때문에 실현되지 못했다.

1969년 5월 25일자로, 조선일보 등의 일간지는 영국의 선데이 타임즈가 NHK의 보도내용을 인용하여 「중공은 북괴에 대해 백두산 동쪽에 접한 250㎢ 땅을 할양하도록 강력히 요구하고 있다」라고 보도한 것을 전했다.[9] 이는 백두산을 둘러싼 북한과 중국 간의 분쟁을 거론한 것이었다. 박정희정부는 전후 북한과 중국 사이에 실제로 백두산경계를 둘러싸고 분쟁을 일어나고 있었다는 사실을 짐작하고 있었던 것 같다. 사실 1962년에 「조중변계조약」이 체결되어 백두산 천지가 2등분되는 형식으로 「압록강-백두산천지-두만강」으로 국경선이 결정되었던 것이다. 따라서 조중 국경분쟁은 이미 1962년에 종결되어 있었던 것이다. 그런데 본 책자에서는 ①6.25참전대가의 백두산 요구설, ②백두산에 있어서의 군사전략상의 정치적 분쟁, ③압록강 사수의 노래분생, ④「이미 새로운 국경정책이 북괴, 중공간에 정식으로 이루어졌을 것」이라는 다양한 설을 소개하고 있다.[10] 「백두산 요구에 의한 분쟁」(①)에

---

8) 국외적으로는 냉전체제였기 때문에 충분히 영유권을 주장할 수 있는 입장에 있었다. 지금처럼 한중 양국이 국교를 회복하여 협력관계에 있지 않았기 때문에 중국과의 외교관계를 전혀 고려하지 않아도 되었다. 영유권 주장의 절호의 기회를 놓친 것이다.
9) 국토통일원편(1969.8) 「백두산 및 간도지역의 영유권 문제」 p.1.
10) 국토통일원편(1969.8) 「백두산 및 간도지역의 영유권 문제」 pp.1-2.

의해 「국경선획정」(④)이 이루어졌던 것으로 보는 것이 올바른 지적일 것이다.

책자는 집필목적에 대해 「이 글은 (중략) 한중간에 장구한 세월을 두고 논쟁의 대상이 되어왔던 백두산과 간도지역의 영유권문제 전반에 관하여 명백히 규명함으로써 백두산 및 간도지역이 한국영토라는 것을 이 시점에서 대한민국의 이름으로 엄숙히 대외적으로 선언을 하도록 하는 데 자료로 삼고자하는 데 목적이 있다.[11]」라고 했는데, 이를 보아 백두산과 간도가 한국영토임을 대외적으로 선포하려는 움직임이 있었던 것으로 해석된다.

이 시기에 백두산과 간도지역을 한국영토라고 선언을 하였더라면 국제법적으로 분쟁지역의 지위를 확보하여 향후 간도문제를 유리하게 해결하는데 많은 도움이 될 것이다. 그런데 이런 기회를 놓치고 정부차원에서 영유권주장을 하지 못했던 것은 역대한국정부의 큰 실책이라고 할 수 있다.

이 책자의 실질적인 저자는 노계현 박사이고, 대외적으로 영유권을 선언하기 위해 마련된 자료라는 것을 알 수 있는데, 사실 당시 정책수립 책임자가 바뀌면서 계획이 무산되었다고 노계현 박사는 전하고 있다.[12] 본 책자의 내용을 소개하면 다음과 같다.[13]

「제1편 백두산정계비와 백두산 귀속문제」에서는 「제1장 백두산에 대한 한,중의 인식, 제2장 한중의 국경선과 무인지대의 설치, 제3장 정계비의 설립과 백두산 귀속문제, 제4장 정계비 설립후의 백두산 및 완

---

11) 국토통일원편(1969.8) 「백두산 및 간도지역의 영유권 문제」 p.2.
12) 「역대정권의 간도정책에 관한 고찰」 2009년 한국간도학회 발표장에서 특별출연을 하여 발언한 것임.
13) 국토통일원편(1969.8) 「백두산 및 간도지역의 영유권 문제」.

충지대 처리」를 다루고 있고, 「제2편 백두산정계비와 간도귀속문제」에
서는 「제1장 지리적 고찰, 제2장 경제적 고찰, 제3장 간도귀속문제의
발단, 제4장 간도에 있어서 한중의 경쟁적 행정조치, 제5장 간도협약의
체결, 제6장 국제법적 고찰」을 다루고 있다.

최근 간도학회를 중심으로 한국의 간도영유권에 관한 연구활동이
활발히 진행되고 있는데, 간도에 대한 범위를 명확히 제시하고 있지
않는 것에 대해 비판의 여론이 존재한다.[14] 그런데 이미 본서에서는
한중 영토분쟁 대상지의 면적을 「650,000㎢」라고 규정하고 있다. 1712
년의 백두산정계비의 「동위토문, 서위압록」과 「한중양국의 취한 실효
적 주권행사(역사적 사실과 경제적 지리적 법적 사실)」를 기준으로 한
중간의 분쟁지역은 「압록강과 봉황성 사이의 서간도, 백두산, 두만강
건너편의 북간도」로 규정하고 있다.[15]

또한 1968년 시점에서의 간도지역에 대한 중국의 소유현황에 대해
서는 「서간도는 중국영토, 백두산은 한중 두 나라가 그 정상을 양분하
여 공평하게 소유하고 있고, 북간도는 많은 분쟁경위를 거쳐 현재 중공
의 영역 내에 들어가 있으나 한민자치구로서 존재한다.」[16] 「그러나
1909년에 체결한 간도협약에 규정한 두만강 석을수로서 현재의 경계
를 이루고 있는 것이 아니라 두만강 홍토수로서 경계를 이루고 있다.」

---

14) 간도의 면적에 대해서는 봉금지대 기준의 면적, 백두산정계비 기준의 면
   적, 간도협약 기준의 면적, 일제 통감부가 주장한 동간도의 면적 등 다양
   한 견해가 존재한다. 그러나 한가지로 통일된 간도의 면적을 결정하지 않
   은 채 영유권을 주장하는 것은 모순이라는 견해이다. 구체적인 면적의 크
   기는 조병헌의 『지적학의 접근방법에 의한 북방영토문제에 관한 연구』 경
   일대학교 대학원(2007) 박사학위논문 참조.
15) 국토통일원편(1969.8) 「백두산 및 간도지역의 영유권 문제」. pp.85-87.
16) 비정연구잡지사간(1968) 『비정년보』 台北, p.16. 국토통일원편(1969.8)
   「백두산 및 간도지역의 영유권 문제」 p.86에서 인용.

라고 하는 것처럼,[17) 1962년에 비밀리에 체결된 「조중변계조약」의 내용에 관해 이미 정보를 입수하고 있었던 것이다.

1969년 5월 25일에 보도된 것처럼, 「중공은 1909년의 간도협약이 제대로 실천되지 않고 있다고 판단하여 현재의 관행 국경선인 홍토수를 부정하고 간도협약 제1조에 규정된 석을수가 국경선이 되어야한다고 주장하고 나섰다. 즉 중공은 홍토수와 석을수 사이의 250㎢가 중국영토가 되어야한다고 주장하고 있다.」[18) 한편 「백두산정계비를 국경선으로 주장하면 백두산을 잃게 되고, 중국이 백두산정계비를 인정하지 않으면 서간도가 새로운 영토의 대상지가 된다. 그러므로 이상에서 논증한 바대로 백두산을 중국에 빼앗길 수 없는 동시에 다시 간도를 찾기 위한 모든 노력을 아끼지 않아야 한다.」라고 하여 백두산의 소유권은 물론이고 간도 영유권까지 찾으려 해야한다고 주장하고 있다.[19)

② 「7·4남북공동성명」의 시기

박정희 대통령의 재임기간은 1961년 5월 16일~1980년까지였다. 1960년대는 미국중심의 자유진영과 소련중심의 공산진영이 대립하던 시기로서, 한반도에서도 냉전에 편승하여 남북이 군사적, 정치적으로 팽팽히 대립하던 시기였다. 1970년대는 자유진영과 공산진영 사이에 관계를 완화하려고 시도하는 시기로서 한반도의 남북한도 이러한 국제질서에 편성되어 대화의 길을 모색하는 시기였다. 특히 박정희 정부에서 통일한국을 대비하여 간도문제를 조사하게 되는 70년대의 한반도 상황을 살펴보면 다음과 같다.

---

17) 국토통일원편(1969.8) 「백두산 및 간도지역의 영유권 문제」, p.86.
18) 국토통일원편(1969.8) 「백두산 및 간도지역의 영유권 문제」, p.87.
19) 국토통일원편(1969.8) 「백두산 및 간도지역의 영유권 문제」, pp.85-87.

미국 탁구 대표단의 방중을 계기로 미중 양국은 소련을 견제한다는 공통의 이익을 위해 1971년 키신저 국무장관이 중국을 방문했으며, 이 듬해 1972년 닉슨 대통령과 마오쩌둥(毛澤東) 중국주석 간 '미중 공동 선언'을 채택했고, 양국은 상대국에 연락사무소를 설치하여 교류를 시작하여 1978년 정식으로 수교를 맺게 되었다.[20] 이러한 미국과 중국의 화해분위기 속에서 1971년 8월 6일 북한은 통일을 위한 남북대화를 제안했다. 박정희정부는 미국의 동북아 긴장완화정책에 부응하여 북한의 제안을 수용했다. 1971년 9월 20일 남북 적십자 회담이 개최되었고, 마침내 1972년 양측의 특사가 비밀리에 상호 방문하여 7월 4일 남북 간의 공동성명이 발표되었다. 갑작스럽게 닥친 한반도의 변화에 전 국민은 물론이고 세계가 놀랐다. 7·4공동성명의 핵심은 「조국의 평화적 통일을 하루빨리 가져와야 한다는 공통된 염원」이었다. 이를 달성하기 위해 「쌍방은 다음과 같은 조국통일원칙들에 합의를 보았다. 첫째, 통일은 외세에 의존하거나 외세의 간섭 없이 자주적으로 해결되어야 한다. 둘째, 통일은 서로 상대방을 반대하는 무력행사에 의거하지 않고 평화적 방법으로 실현되어야 한다. 셋째, 사상과 이념·제도의 차이를 초월하여 우선 하나의 민족으로서 민족적 대단결을 도모하여야 한다.」라고 양측이 합의했다. 즉 한국전쟁과 같은 전쟁을 하지 않고 평화적인 방법으로 자주적으로 민족끼리 대단결하여 우리의 염원인 통일을 달성한다고 약속을 했던 것이다.

「7·4공동성명」이후 남북관계에 대해서는 첫째, "쌍방은 남북사이의 긴장상태를 완화하고 신뢰의 분위기를 조성하기 위하여 서로 상대방을 중상 비방하지 않으며 크고 작은 것을 막론하고 무장도발을 하지

---

20) 「중·베트남 어떻게 미와 수교했나」, http://news.chosun.com/site/data/html_dir/2007/03/08/2007030800076.html

않으며 불의의 군사적 충돌사건을 방지하기 위한 적극적인 조치를 취하기로 합의하였다."라고 서로 약속하여 빈번이 일어났던 군사분계선의 군사적 충돌과 전쟁의 두려움을 느끼지 않는 평화로운 한반도체제를 약속했다.

둘째로, "쌍방은 끊어졌던 민족적 연계를 회복하며 서로의 이해를 증진시키고 자주적 평화통일을 촉진시키기 위하여 남북 사이에 다방면적인 제반교류를 실시하기로 합의하였다."라고 하여 해방이후 30년 이상 단절되어 생사조차 확인할 수 없었던 혈육을 확인할 수 있다는 기대를 갖게 되었고, 경제, 문화교류, 그리고 양측 국민이 상호 방문할 수 있는 가능성을 약속하였다.

셋째, "남북적십자회담", "서울과 평양 사이에 직통전화"를 개설하고 제반문제를 신속해 해결한다고 약속을 했던 것이다.

넷째로, "쌍방은 이상의 합의사항이 조국통일을 일일천추로 갈망하는 온 겨레의 한결같은 염원에 부합된다고 확신하면서 이 합의사항을 성실히 이행할 것을 온 민족 앞에 엄숙히 약속한다."라고 하여 양측이 통일을 위해 양보하는 입장에서 서로 협력하기로 합의함으로써, 온 겨레의 염원인 통일이 금방이라도 달성될 것만 같은 약속을 하였던 것이다.

이러한 상황 속에서 박정희 정부는 통일 후 한중간의 간도문제를 제기하기 위해 간도조사를 실시했던 것이다.

7 · 4 남북공동성명

최근 평양과 서울에서 남북관계를 개선하며 갈라진 조국을 통일하는 문제를 협의하기 위한 회담이 있었다.

서울의 이후락 중앙정보부장이 1972년 5월 2일부터 5월 5일까지 평양을 방문하여 평양의 김영주 조직지도부장과 회담을 진행하였으며, 김영주 부장을 대신한 박성철 제2부수상이 1972년 5월 29일부터 6월 1일까지 서울을 방문하여 이후락 부장과 회담을 진행하였다.

이 회담들에서 쌍방은 조국의 평화적 통일을 하루빨리 가져와야 한다는 공통된 염원을 안고 허심탄회하게 의견을 교환하였으며 서로의 이해를 증진시키는데서 큰 성과를 거두었다.

이 과정에서 쌍방은 오랫동안 서로 만나보지 못한 결과로 생긴 남북사이의 오해와 불신을 풀고 긴장의 고조를 완화시키며 나아가서 조국통일을 촉진시키기 위하여 다음과 같은 문제들에 완전한 견해의 일치를 보았다.

1. 쌍방은 다음과 같은 조국통일원칙들에 합의를 보았다.

   첫째, 통일은 외세에 의존하거나 외세의 간섭을 받음이 없이 자주적으로 해결하여야 한다.
   둘째, 통일은 서로 상대방을 반대하는 무력행사에 의거하지 않고 평화적 방법으로 실현하여야 한다.
   셋째, 사상과 이념·제도의 차이를 초월하여 우선 하나의 민족으로서 민족적 대단결을 도모하여야 한다.

2. 쌍방은 남북사이의 긴장상태를 완화하고 신뢰의 분위기를 조성하기 위하여 서로 상대방을 중상 비방하지 않으며 크고 작은 것을 막론하고 무장도발을 하지 않으며 불의의 군사적 충돌사건을 방지하기 위한 적극적인 조치를 취하기로 합의하였다.

3. 쌍방은 끊어졌던 민족적 연계를 회복하며 서로의 이해를 증진시키고 자주적 평화통일을 촉진시키기 위하여 남북 사이에 다방면적인 제반 교류를 실시하기로 합의하였다.

4. 쌍방은 지금 온 민족의 거대한 기대 속에 진행되고 있는 남북적십자회담이 하루빨리 성사되도록 적극 협조하는데 합의하였다.

5. 쌍방은 돌발적 군사사고를 방지하고 남북 사이에 제기되는 문제들을 직접, 신속 정확히 처리하기 위하여 서울과 평양 사이에 상설 직통전화를 놓기로 합의하였다.

6. 쌍방은 이러한 합의사항을 추진시킴과 함께 남북 사이의 제반문제를 개선 해결하며 또 합의된 조국통일원칙에 기초하여 나라의 통일문제를 해결할 목적으로 이후락 부장과 김영주 부장을 공동위원장으로 하는 남북조절위원회를 구성·운영하기로 합의하였다.

7. 쌍방은 이상의 합의사항이 조국통일을 일일천추로 갈망하는 온 겨레의 한결같은 염원에 부합된다고 확신하면서 이 합의사항을 성실히 이행할 것을 온 민족 앞에 엄숙히 약속한다.

서로 상부의 뜻을 받들어

이 후 락   김 영 주

1972년 7월 4일

(2) 간도 회복론의 대두와 간도정책

① 간도 회복론의 대두

「7·4공동성명」으로 남북한의 모든 국민들은 금방이라도 통일이 달성될 것만 같은 분위기에 매료되었다. 지식인들 중에서는 통일한국을 설계하기 시작했다. 특히 대외관계를 연구하는 역사학자, 정치학자들 중에서는 통일한국에서 중국에 대해 간도문제를 제기해야한다는 목소리와 함께 간도 영토연구를 시작하기도 했다.

그 대표적인 학자로서는 신기석(1955), 이선근(1962) 두 분이 간도연구의 선구자적 역할을 담당했다. 이들은 선행연구[21]에서도 알 수 있듯

이 선학자들의 영향을 받고 노계현(1966),[22] 이한기(1969),[23] 김용국
(1970),[24] 유영봉(1972),[25] 신기석[26](1973) 등의 후학자들의 연구에
많은 영향을 미쳤다.[27] 이외에도 간도자료집 발간 사업에 동참한 강주
진, 김용덕, 이기백, 노계현, 윤병석, 이종학 등에게도 영향을 주었다.
간도문제에 관심을 갖고 있었던 학자들 중에는 「백산학회」[28]를 창설

21) 장지연(1966) 「백두산정계비고」, 『백산학보』1(12), pp.215-226. 정춘수
(1934) 「간도분규와 역사적 회고」, 『신동아』38(4-12), pp.38-42. 신경
준(1966) 「백두산」, 『백산학보』1(12), pp.227-231. 신기석(1955.3) 「간도
귀속문제」, 『中央大30周年記念論文集』, pp.27-69. 이선근(1962.6) 「백두
산과 간도문제」, 『역사학보』17, 18 합집, pp.547-570. 노계현(1963) 「간
도는 누구 땅인가(상중하)」, 『최고회의보』, 9~11, 상 pp.127-133. /중
pp.132-135. /하 pp.145-148. 노계현(1966.4) 「간도협약에 관한 외교사
적 고찰」, 『유진오박사회갑논문집』 pp.155-162. 김영진(1969) 「백두산
문제에 관한 고찰」, 『양지』 추계호. 홍상표(1965) 「북간도」, 『신동아』, 4,
pp.294-319. 이지택(1970.3) 「북간도 1919년3월」, 『중앙』, pp.138-147.
유봉영(1972.12) 「백두산정계비와 간도문제」, 『백산학보』, pp.71-134.
박태근(1974.7) 「白頭山定界碑の顚末」アジア公論, pp.237-241. 김정호
편 「대동여지도」 백두산부근도, 수원 이종학씨소장, 「城子山城址 및 土壘
圖」(1918년 조선총독부중추원조사), 수원 이종학씨소장 「間島支那 및 朝
鮮人呼稱社名略圖」, 외무부편 「間島西北邊境歸屬問題關係史料拔萃」상, 하
권. 최남선(1973) 『白頭山觀參記』육당전집, vol.6, 10, 高大亞硏六堂全集編
纂委員會, pp.13-152.
22) 노계현(1968) 「간도협약에 관한 외교사적 고찰」, 『유진오박사회갑기념논
문집』, 『한국외교사연구』 海文社.
23) 이한기(1969) 『韓國의 領土』 서울대학교출판부.
24) 김용국(1970) 「백두산고」, 『백산학보』제8집.
25) 유영봉(1972) 「백두산정계비와 간도문제」, 『백산학보』제13집.
26) 신기석(1972) 『新考 東洋外交史』探究堂, (1979)『간도영유권에 관한 문제』
探究堂.
27) 최장근(1998) 『한중국경문제연구-일본의 영토정책사적 고찰-』백산자
료원, pp.34-36.
28) 「백산학회」, http://100.nate.com/dicsearch/pentry.html?s=K&i=292579&v
=42/ "우리 나라 고대사연구를 위하여 설립된 학술단체. 특히, 우리 민족
이 한반도 안에 건국하기 이전의 역사를 조사 연구하여 민족정신 고양에

하여 활동했다. 백산학회는 1966년 '압록강·두만강 너머 만주 땅도 우리 영토'라는 기치를 내걸고 이를 찾기 위하여 백산학회(白山學會)를 창립하여 유영봉을 중심으로 발족되었다. 유영봉은 부회장 겸 총무를 거쳐 회장으로 일하면서 『백산학보』를 32집까지 발간하여 종신사업으로 삼았다.

「백산학회」[29]는 1966년 4월 27일 오후 7시에 발기인 총회가 개최되었고, 참석자로서는 「고병익, 김상기, 김성균, 김원용, 김정학, 신석호, 유홍열, 유봉영, 윤무병, 이광린, 이선근, 이용범, 이홍직, 전해종, 정재각, 정재호, 천관우」 등이 있었다. 초대 회장에는 김상기, 부회장과 총무는 유봉영이 겸임했다. 평위원으로서는 고병익, 김상기, 신석호, 유봉영, 이병도, 이선근, 전해종, 정재호, 천관우 등이 활동했다. 창설 당시 사무실의 위치는 「서울특별시 중구 무교동 19번지 체육회관 303호」에 두었으나, 1973년 5월 15일 「서울특별시 성북구 보문동1가 147-3」으로 이전했고, 2대회장은 유봉영이 맡았다. 현재의 총무간사 육낙현은 1981년 3월부터 맡고 있다. 「학회의 주요 사업」을 보면, "(1) 본 학

기여하고자 유봉영(劉鳳榮) 등이 중심이 되어 1966년 서울에서 창립하였다. 발족 이후 연구발표회 및 집담회 개최 등 활발한 활동을 전개하여왔으나 재정난으로 인하여 정기적으로 개최하지 못하였다. 이후 1967년에 대륙사관계 심포지엄을 개최하는 등 고대사연구와 고대사관계자료 발굴에 노력하여왔다. 어려운 여건 하에서도 학술지 『백산학보』를 학회설립과 함께 창간하여, 그동안 정간 등 행정조치를 당하면서도 꾸준히 계속하여 1986년 현재 33호까지 간행하였다. 회원자격은 한국사를 전공하고 고대사에 관심을 가진 사람이면 누구나 가입할 수 있다." 이 시기의 선행연구로서, 현규환저(1968.8)『韓國流民史(상)』語文閣, 韓國流移民史編纂會. 이창세(1984.7) 한국문헌연구소편. 篠田治策編著(1973)『統監府臨時間島派出所紀要』国境資料叢書1, 亜細亜文化社 등도 있다.

29) 「백산학회 설립목적」, http://www.paeksan.com/technote/read.cgi?board=d1&y_number=18&nnew=1

회의 주요 사업은 1966년도 학회 창설 이래 계속 하여온 백산학보의 발행이다. 이 학보의 발행은 본 학회의 창설취지인 한민족의 옛 영토인 대륙에 관한 학술상의 연구를 활발하게 하여 민족사관의 확립에 기여하고자 하는 데에 가장 적절한 사업이다. (2) 또한 계획 했던 바 있는 대륙 관계사는 대륙에 관계한 국내의 학계에 연구 성과를 정리하고 일반국민으로 하여금 한민족과 대륙의 유구한 역사적 연관성을 밝히며 대륙의 고토에 대한 한민족의 권리를 인식하게 함을 목적으로 하여 언젠가는 대륙관계사를 간행하여 국내의 학술 연구기관 및 일반 독자들에게 반포하여야 할 것이다. (3) 본 학회는 신규 사업으로 백두산정계비 연구 단행본의 발간을 추진하였지만 자금난에 중지된 바 있다. 사업의 목적은 대한제국의 외교권을 일본에 이양된 이후 1909년 일본에 의해 청국에 넘겨진 간도 지방에 관한 문제를 종합적으로 다루어 우리 민족의 영토권 주장에 대한 학술적 근거를 제시해 주는 것."으로 삼고 있다.

이처럼 백산학회는 근본적으로는 간도문제 회복을 위해 한국영토로서 이론적 근거를 연구하는 단체였던 것이다. 박정희정부가 간도문제를 국책사업으로 결행하게 하는 데는 이들 연구자와 백산학회와 백산학보가 그 견인차 역할을 하였던 것이다. 한편 백산학회의 간도연구는 일제시대의 일본인에 의한 간도연구가 그 계기가 되었다고 할 수 있겠다.[30]

---

30) 有賀志雄(1908.11) 「間島処分の一案」, 『外交時報」 제12권 제3호, pp.42 −43, 篠田治策(1930) 「間島協約締結の由来と改正の気運」, 『稲葉岩吉博士回甲記念滿鮮史論叢』, 東京経済調査局編(1931) 『間島問題の経緯』 『東亜小冊』東京. 篠田治策, 『白頭山定界址』東京, 昭和13(1938) 東洋拓植株式會社京城支店編(1918) 『間島事情』京城. 有賀啓太郎, 『(間島)特別調査』調査時日: 大正7년 11월 3일~大正7년 11월 25일, 조사지방: 동부간도 및 함경

② 간도정책

1962년 중국과 북한 사이에 비밀리에 '조중변계조약'을 체결하고 있었다. 최근의 외신보도에 따르면 「중공측은 지금도 백두산을 자국의 영내에 있는 산이라고 주장하고 있다. 아마 1962년의 '조중변계조약'에서 백두산의 경계를 반으로 나눈 것과 깊은 관계가 있음에 분명하다.」라고 지적하고 있다.[31] 당시 1974년경에 백두산 소속문제가 대두되어 있었다는 사실을 알 수 있다.

또한 「이러한 때에 본서의 발간은 더 큰 의미가 있다고 믿으며 앞으로 우리민족의 중대문제가 아닐 수 없는 국토회복에 좋은 참고가 되리라고 확신한다.」고 하는 부분은 한국통일 후 간도문제가 한중간의 경계문제로 대두될 것을 예상한 것이라고 하겠다.[32] 이는 국회도서관장 김종호는 「발간사」에서 본서 간행에 있어서 시의적 적절성에 대해 「안정과 번영을 기반으로 하는 조국의 평화통일을 이룩하려는 국민의 의지와 열망은 착실히 정착되어가고 있다.」「우리민족이 깊은 관심을 갖고 있는 간도영유권 문제에 관한 문헌을 간행하게 되었다.」라고 하는 부분으로도 알 수 있다.[33]

당시 간도문제에 대한 정부차원의 인식으로서는 「특히 두만강과 일

북도 兩道, 191枚 26cm(미농지 수사본), 牛丸潤亮, 村田恋麿(1927) 『最近間島事情』東京. 篠田治策(1930) 『間島小史』, 『間島問題の回顧』東京, 今村邦典外8人編(1915) 『国境地方観察 復命書「秘)』 조선총독부 大正4년, 263, p.26.
31) 간도영유권관계발췌문서(1975) - 일본외무성 육해군성 문서(제1집), 국회도서관, 초판, p.8
32) 간도영유권관계발췌문서(1975) - 일본외무성 육해군성 문서(제1집), 국회도서관, 초판, p.8
33) 간도영유권관계발췌문서(1975) - 일본외무성 육해군성 문서(제1집), 국회도서관, 초판, p.7

의대수한 간도지방은 우리와 끊으래야 끊을 수 없는 깊은 관계를 계속 맺어온 우리의 강역이다.」「오두(吾頭)는 가단(可斷)이언정 국경은 불가축(不可縮)」이라는 불굴의 의지로 선인들이 지켜온 간도가 구한말에 이르러 우리의 국력쇠퇴로 국적이 일제에게 탈취된 상태에서 우리의 의사와는 관계없이 이른바 1909년 간도협약으로 일제의 대륙진출의 발판구축을 위한 안봉선 부설권의 흥정에 의하여 우리의 강역에서 떨어져나가고 말았다는 사실은 통탄치 않을 수 없다.」라는 인식을 갖고 있다.「간도귀속문제가 중일 양국에 의하여 논의될 때 우리의 국력이 강하였더라면 우리의 영토로 결착되었을 것임을 생각할 때 민족의 생존과 국제외교에서는 언제나 힘이 뒷받침이 된다는 교훈을 새삼 통감케 하는 것이다.」라는 것으로 간도에 대한 영유권의식을 강하게 갖고 있었다는 것을 알 수 있다.

7·4남북공동성명이 발표되어 국민들에게 있어서는 당장이라도 통일이 될 것으로 믿게 했던 분위기가 조성되었다. 이러한 분위기 속에서 간도문제가 통일한국에 있어서 국제분쟁으로 대두된다는 절박한 인식이 생겨서 국회차원에서 황급히 정부의 예비비에서 예산을 책정하여 행했던 국책사업이었다. 이는「우리의 당면과업은 분단된 조국의 통일이지만 차원을 달리할 때는 통일이후의 민족 진로노 또한 염두에 두이야한다. 즉 통일이 성취되는 즉시 두만강 이북의 국경문제는 중대한 외교문제로 등장할 것이 명약관화한 일이다. 따라서 이 간도문제에 관한 자료의 수집과 정리 그리고 이에 대한 철저한 연구는 국가적인 중대사라 하지 않을 수 없다.」라는 것으로도 알 수 있다.

간도 찾기 운동을 벌이고 있던 백산학회가 제시한 사업으로「본 학회는 신규 사업으로 백두산정계비 연구 단행본의 발간을 추진하였지만 자금난에 중지된 바 있다. 사업의 목적은 대한제국의 외교권이 일본에 이양된 이후인 1909년 일본에 의해 청국에 넘겨진 간도 지방에 관한 문제를 종합적으로 다루어 이에 대한 우리 민족의 영토권 주장에 학술적 근거를 제시하였다」라고 규정하고 있는 것처럼, 박정희정부는 간도 연구가 및 백산학회에서 마련한 간도영유권의 학문적 배경을 토대로 통일한국을 대비하여 국회차원에서 간도문제를 다룰 수 있도록 자료집 발간 팀을 구성했던 것이다.[34]

자료집 발간의 주체는 「귀중한 자료를 골라서 정리 발간한 김종호 국회도서관장 이하 담당 직원들의 노고에 감사하고」라고 하는 것으로 보아 「김종호 국회도서관장」이 주축이 된 것이다.

자료집발간의 배경에 대해서는 「작년(1974년)에 대통령각하께서 정부예비비에서 특별히 할애하여 주신 예산으로 그동안 국회도서관에서는 '일본외무성 및 육해군성문서'라는 제목의 마이크로필름」이 있었는데, 그 내용은 「1867년(일제명치유신)부터 1945년 제2차 세계대전 종결까지 약 80년 동안의 일본제국주의의 침략정책에 관한 제반 음모와 특히 우리한국을 영구히 식민지화하기 위하여 우리민족을 탄압한 각종 비밀사항이 그대로 기록되어 있다.」[35] 「그 중에서도 제1차로 한국 관계 자료를 책자로 제본하였고, 또 한편으로는 복제된 자료가운데서 이번에 간도영유권자료를 따로 추려서 누구나 읽을 수 있도록 번역문까지 붙여 여기에 출간된 것을 무한히 기쁘게 생각하는 바이다.」라고 하고 있는 것으로 보아, 1974년 이전에 이미 예비비로 국회도서관에서 「일본외무성 및 육해군성문서 마이크로필름」중에 제1차로 한국 관계

---

34) [간도를 되찾자] 30년 전 국회서 간도문제 다뤘다, 「weekly 경향」, 2004-04-23. 「간도와 박정희」, http://cafe.daum.net/parkaedan/CzzY/43732
35) 간도영유권관계발췌문서(1975) - 일본외무성 육해군성 문서(제1집), 국회도서관, 초판, p.7

자료를 책자로 제본했고, 2차로 이들 자료 가운데 간도문제를 발췌하
여 자료집을 만들었다는 사실을 알 수 있다.[36]

　자료집 발간의 목적에 대해서는 「우리의 당면 과업은 조국의 통일이
지만 통일이 성취되는 즉시 국경문제가 중대한 외교 문제로 등장할 것
이 명약관화하다. 따라서 간도 문제에 대한 자료를 수집－정리하고 철
저히 연구하는 것은 국가적인 중대사」라고 자료집의 「서문」에서 분명
히 밝히고 있다. 국회운영위원장 김용태[37]는 「발간에 즈음하여」에서
백두산정계비의 설치경위, 19세기 청조의 간도영유권 선언 경위, 간도
협약의 체결경위 등의 간도문제의 본질을 제대로 파악하고 있었다.

　자료집의 발간은 국회의장 정일권의 「서」[38]에서 언급한 것처럼, 「국
회의사당 신축이전을 기념하는 기념사업의 일환으로 결실되었던 것」
으로 당시 국회도서관장이던 강주진이 제안하여 국회도서관이 주관한
사업이었다. 강주진은 일제의 기밀문서 복사본이 마이크로필름 형태로
미국 국회도서관에 보관되어 있다는 사실을 알고 있었던 것이다. 간도
전문가였던 신기석은 국회의원이었다. 신기석은 당시 국회의장 정일권

---

36) 「당관이 이 방대한 필름을 입수하여 보존하고 있으나, 그 동안 학계에서의
　　빈번한 이용과 보존시설의 미비로 그 영구보존이 어렵게 되었으므로 이를
　　국회의장님과 국회운영위원장님께 보고하여 대통령가하의 특별하신 배려
　　에 의해 그 영구보존과 보다 손쉬운 이용이 가능하도록 5개년 계획으로
　　복사 제본하는 작업을 1974년 9월부터 착수하였다.」 「본서는 이 같은 작
　　업과정에서 우선 1집으로 일본이 만주를 침략하기 위하여 우리 민족이 수
　　천 년 점유한 바 있는 영역을 청국에 넘겨주었던 '間島의 版圖에 관한 韓淸
　　兩國紛糾一件'이라는 문서에서 지금까지 그다지 알려지지 않은 부분을 발
　　췌 수록한 것이다.」라고 한 것을 지적하고 있다. 간도영유권관계발췌문서
　　(1975) － 일본외무성 육해군성 문서(제1집), 국회도서관, 초판, p.7
37) 간도영유권관계발췌문서(1975) － 일본외무성 육해군성 문서(제1집), 국
　　회도서관, 초판, pp.5－6.
38) 간도영유권관계발췌문서(1975) － 일본외무성 육해군성 문서(제1집), 국
　　회도서관, 초판, pp.3－4

에게 간도자료집 발간을 요청하였고, 당시 국회운영위원장이었던 김용태도 적극적으로 지원했다.[39] 정일권은 박정희 대통령에게 간도사업을 건의했다. 박정희 대통령의 도움으로 예산을 배정받게 되었고, 미국 국회도서관에 보관되어 있는 간도관련 마이크로필름을 복사할 수 있었던 것이다. 발간사업의 경비는 정부 예산과 기업의 후원으로 충당했다. 박정희대통령과 정일권 국회의장은「모두 만주군관학교 출신이라 누구보다 간도 문제에 관심이 컸기 때문에」[40] 간도문제에 적극적이었다.

간도자료집 발간 사업은 국회차원에서 1974년 9월, 5개년 계획으로 시작됐다. 발간의 주체는 국회 산하기관인 국회도서관이었다. 제1집은 간도영유권 관련문서를 모으고, 제2집은 독립운동사 자료를 정리하여 발간한다는 계획이었다.

이 자료를 편집하는데 관여한 관계자에 대해「이 자료가 발간되기까지 많은 성원과 격려를 해주신 정일권 국회의장님과 김용태 국회운영위원장님께 감사를 드리며 해제를 맡아주시고 원고를 시종 교열해주신 국회의원 신기석 박사님의 노고에 심심한 감사를 드리며 또 자문에 의해주신 김용덕, 이기백, 노계현, 윤병석 등 여러 선생님과 지도 자료를 제공해주신 이종학 선생님에게 사의를 표하고 아울러 당관 관계직원의 노고도 함께 치하하는 바이다.」[41]

신기석 박사님이 해제하고 원고교열 등 깊이 관여하였다는 사실을 알 수 있다. 그리고 국회도서관 직원이 실무를 담당했다는 것을 알 수

---

39) 김용태는 "정부의 예비비에서 예산이 할애됐다"고 적고 있다.「weekly 경향」, 2004-04-23.「간도와 박정희」, http://cafe.daum.net/parkaedan/CzzY/43732

40) 노계현의 증언.

41) 간도영유권관계발췌문서(1975) – 일본외무성 육해군성 문서(제1집), 국회도서관, 초판, p.9.

있다. 김용덕, 이기백, 노계현, 윤병석 등의 연구자가 간접적으로 관여했고, 이종학은 지도를 제공했다는 사실을 알 수 있다.[42] 노계현은「자료의 입수에서 문서 발췌까지 2년 정도의 시간이 걸렸다.」고 한다.[43] 이상의 간도자료집 발간에 참가한 학자들은 처음부터 준비위원회에 가담한 것이 아니라 전문가로서 참가권유를 받고 참가했던 것이었다.

1975년 국회에서 발간한 간도자료집은「일본 외무성 및 육해군성 문서」라는 부제와 더불어「간도영유권관계문서발췌」라는 이름으로 발간되었다.[44] 이 자료는 "1867년부터 1945년 사이에 작성된 일제의 기밀문서 가운데 간도영유권과 관련되는 문서들을 번역본과 원문 영인본을 함께 수록하고 있다. 자료집 후반부에는 분량이 제한되어 싣지 못한 중요한 기밀문서는 목록만을 게재했다."

간도자료집이「간도영유권관계문서발췌」(비매품)[45]라는 이름으로 소량의 한정된 수량만 발간할 수밖에 없었다고 하는데, 그 이유로서는 국회도서관에 입수된 분량이 마이크로필름 모두 51책으로 구성되어 상당히 양이 많았다는 것과, 예산이 예비비로 긴급하게 충당된 것으로 경비가 넉넉하지 못해서 전체를 책으로 엮기 어려운 상황이었다는 것이다. 발췌작업을 담당했던 사람은 당시 통일원 기획관리실장이자 간도전문가였던 노계현이었고, 3개월 남짓 자료를 신별했으며, 공문과 각종 자료에 제목을 달고 연대별－종류별로 분류해서 국회도서관에 다시 이관했다고 한다.

---

42) 현재 생존해 있는 사람은 노계현·윤병석 박사 두 명임.
43) 본문의 내용은 Weekiy경향의 내용을 참고하여 수정 보완한 것임.
44) 원본이 발견되지 않은 대한제국의 공문서들이 많이 인용되고 있다.
45) 간도영유권관계발췌문서(1975) － 일본외무성 육해군성 문서(제1집), 국회도서관, 초판, 하드커버, 케이스, 국역과 원문이 수록되어 있음. 노계현의 증언.

　　박정희대통령의 간도에 대한 관심은 1960년대로 거슬러 올라간다. 최근 한일협정의 자료가 공개되었는데, 그 자료 속에「당시 정부가 한일협정에 대비, 간도가 우리 영토이며 청일간 간도협약이 무효라는 입장을 내세운 사실은 향후 대중국 관계에도 적지 않은 영향을 미칠 것이다.」라고 지적하고 있는 것처럼,[46] 박정희 대통령은 한일협정을 논의하던 때에도 간도가 한국영토라는 사실을 일본에 주장했다. 실제로 박정희정부의 간도에 대한 영유권 의식은 이미 1965년 이전부터 있었다는 사실을 확인할 수 있었다. 그런데 박 대통령이 서거한 이후로 통일한국을 대비했던 간도사업은 위축되게 되었고, 특히 1992년 한－중수교로 완전히 후퇴하게 되었던 것이었다.[47]

---

46)「박정희정부 외교적 노력 드러나…'굴욕회담' 인식 고쳐질 수도, 日 독도 야욕 적나라하게 드러나, '위안부' 韓・日 책임공방 가열될 듯」, http://news.hankooki.com/lpage/politics/200508/h2005082618415621040.htm, "반기문 외교부장관은 지난해 국회에 출석, 간도가 우리 땅임을 주장하는 입장을 포기하지 않겠다는 발언을 한 바 있다."「한일협정 문서 공개는 현대사의 공백처럼 남아있던 14년간(1951년~65년)의 한일협정 과정을 역사의 양지로 끌어낸 것으로, 역사적・정치적 재평가 작업을 촉진할 전망이다. 지금까지 한일협정 평가의 주류는 박정희 정부의 경제개발 자금마련 필요성과 미국의 압력이 결합돼 이뤄진 '굴욕회담'이라는 것이었다. 하지만 세세한 협상과정 공개로 한국 정부의 진의와 외교적 노력이 상당했음이 드러나 긍정적 평가의 계기가 마련된 측면도 있다. 일본은 40여 전 청구권 자금을 미끼로 독도를 한일 간 영유권 분쟁지역으로 만들기 위해 국제사법재판소 제소 등 집요한 공작을 벌였다.」
47) 아래「국회도서관 보관중인 '일본 외무성 및 육해군성 문서'의 복사본원본」과「1975년 발간된 국회 간도자료집 "간도영유권관계문서발췌"의 사진은「weekly 경향」에서 인용한 것임.

국회도서관 보관중인 '일본 외무성
및 육해 군성 문서'의 복사본 원본

1975년 발간된 국회 간도자료집
<간도영유권관계문서발췌>

(3) 박정희정부의 공과

박정희 정부(1961년 5월 16일~1980년)시대는 물론이고, 이승만정
부, 장면정부, 그리고 지금도 마찬가지로 남북이 분단된 상황이다.[48]

48) 제1공화국은 1948년 5월 10일 총선거로 제헌의회가 구성되고, 1948년 7월
17일 대통령제와 단원제국회를 주요 골자로 하는 자유민주주의적 대한민
국 헌법이 공포, 시행되었다. 제2공화국은 1960년 3.15부정선거가 계기가
된 4.19혁명으로 인헤 이승만대통령이 물러나면서 3차 개헌이 이루어지
고, 이를 통해 시작되었다. 대통령제가 의원내각제로 바뀌었으며, 장면을
수반으로 내각이 구성되었다. 제3공화국은 1961년 5월 16일 박정희를 중
심으로 한 군사쿠데타가 일어나면서 결국 5차 개정과 함께 박정희가 대통
령이 되었다. 의원내각제에서 대통령제로 바꾸었다. 제4공화국은 '7.4남북
공동성명' 이후 10월 17일 비상조치법을 단행하면서 헌정을 중단시키고,
7차 개정과 함께 유신체제를 단행했다. 초헌법적인 대통령 권한을 가지게
되었다. 제5공화국은 1979년 10월 12일 박정희 대통령이 저격당하고, 같
은 해 12월 12일 전두환을 중심으로 한 군부가 권력을 잡았다. 물론, 8차
개정헌법과 동시에 전두환이 대통령에 취임하였다. 6년 단임의 대통령간
선제가 실시되었다. 제6공화국은 1987년 전두환의 군사정권에 반발하는
시민들이 벌인 6월 항쟁 끝에 9차 개정헌법이 개정되었고, 대통령직선제

이들 분단 상황에 있는 정부들의 공통적인 책임은 중국정부에 대해 간도영유권을 제기하지 않았다는 사실이다. 국제법의 영토취득 방법으로 '시효에 의한 영토취득'이 있다. 영유권을 상대국에 제기하지 않고 오랜 시간이 지나 상대국이 자신의 영토처럼 실효적 지배가 계속되면 영토로서 굳어지는 현상이다. 당시의 냉전체제는 공산진영과 자유진영이 대립되던 시기로서 공산진영의 중국에 대해 자유진영에 속한 한국이 충분히 영유권을 주장할 수 있는 좋은 기회였다. 그런데 당시 영유권을 주장하지 못했던 것은 체제가 다른 진영 간의 현안을 외교적으로 해결한다는 것은 거의 불가능했기 때문이었을 것이다. 그러나 이는 시효에 의한 영토취득에 있어서 유리한 지위를 만들어주는 결과가 되고 말았다.

박정희 정부는 남북이 통일된 이후 간도문제를 해결한다고 하여 간도문제를 조사하는 등 통일한국을 대비하고 있었다. 물론 그것도 간도회복을 위한 매우 중요한 박정희정부 외교정책의 일환이었다. 그러나 박정희 정부는 그것보다 더 중요한 사실을 간과했던 것이다. 간도영유권을 제기할 의향이 있었더라면 적당한 시기에 정기적으로 영유권을 제기했어야했다.

한국이 간도영유권에 대해 아무런 이의제기가 없는 틈을 타서 중국은 북한과 1962년 비밀조약으로 조중변계조약을 체결했다. 중국은 간도를 실효적으로 점유하고 있으면서도 한편으로는 간도문제가 한일 양국간에 완전히 해결된 사안이 아니라는 것을 알고 있었던 것이다. 박정희 정부는 북한과 중국에 대해 '조중변계조약'이 무효라는 입장조차도 표명하지 않았다. 물론 비밀조약이었기 때문에 한국정부가 알지 못했

를 도입했고, 이것이 현재에 이르고 있다.

기 때문일 것이다. 이의를 제기하지 않았다고 하는 것은 묵인으로 간주될 수 있다. 하지만 비밀리에 체결된 것이기 때문에 조약체결 사실 자체를 알지 못했기에 이의를 제기할 수가 없는 것은 당연하다. 따라서 이 경우조차도 묵인이라고 할 수는 없다. 하지만 중국의 입장에서는 자신에 유리하게 해석하게 될 것이다. 간도는 국제법적으로 영유권문제가 존재하지 않기 때문에 공개할 필요가 없다. 다만 북중 간에 편의상 맺을 조약이라고 항변할 수도 있다. 양국 간의 이 비밀조약이 세간에 알려졌다면 그때라도 정부차원에서 반드시 공식적으로 항의를 해야한다. 박정희정부에서 '조중변계조약'체결사실을 간접적으로 알 기회가 있었는지, 아니면 간도문제 자체를 중국정부에 이의를 제기했어야 했다. 특히 만일 '조중변계조약'의 사실관계가 세간에 알려졌음에도 불구하고 여전히 중국이나 북한정권에 이의를 제기하지 않았다면 그것도 묵인에 해당될 수가 있다는 것이다.

덧붙이면 정부정책을 시행함에 있어서 연구자들의 이론적 근거를 만들어 주어야만이 가능하다. 간도문제는 연구자들이 그다지 중시하지 않았던 분야로서 간도문제의 이론적 근거가 부족했다는 사실을 인정하지 않을 수 없다. 그 때문에 역대정권에서 간도문제를 다루지 않았던 것에는 학자들도 책임을 면치 못할 것이다.

4. 맺으면서

이상으로 이승만정부, 장면정부, 박정희정부의 간도정책에 대해 검토했다. 그 요지를 정리하면 다음과 같다.

첫째, 이승만정부는 간도문제에 대한 아무런 정책도 시도하지 못했

다. 그 이유는 카이로선언에서 '노예상태에 있는 조선의 독립'을 지지해
준 국가가 중국이었기 때문에 중국의 은혜를 입고 있었던 상황이고,
해방정국에 있었던 이승만정부가 중국이 실효적으로 관리하여 중국영
토로 간주하고 있는 간도지방에 대해 영유권을 주장할 수 있는 입장이
되지못했을 뿐만 아니라 당시는 한반도 통일이 최우선과제였기 때문에
간도문제의 존재자체도 파악하지 못하고 있었던 상황이었기 때문이다.

둘째, 사실상 미국중심의 자유진영과 소련중심의 공산진영이 대립되
어 한국전쟁을 치렀기 때문에 1948년 이후는 물론이고 1953년 한국전
쟁이후에는 사실상 중국과 대립관계에 있었다. 이때는 지금처럼 국교
훼손을 두려워할 필요도 없었으므로 간도문제에 대해 이의제기를 할
수 있는 가장 적절한 시기였다. 이 시기에 이승만정부가 간도문제를
제기하지 않았기 때문에 그 이후의 정권들도 연장선상에서 간도영유권
에 대한 이의를 제기하지 못했다고 할 수 있다. 반대로 중국입장에서는
간도지역을 중국영토로서 고착화하는 기회가 되었던 것이다. 이것이
바로 이승만정부의 간도문제에 대한 최대 과오라고 하겠다.

셋째, 7·4공동성명을 통해 남북한의 대화가 시작되면서 통일의 가
능성을 엿보게 되었다. 간도문제가 다시 부각되기 시작했던 것이다. 박
정희정부는 연구자들의 조언에 따라 통일한국을 대비해서 중국의 간도
실효적 점유에 대해 이의를 제기하기 위한 간도문제를 조사했다.

넷째, 박정희정부는 남북이 대립되고 있는 상황에서 정권을 담당하
게 되었기 때문에 이승만정부보다도 중국에 대해 간도영유권 문제를
제기할 수 있는 좋은 기회였다. 그러나 간도문제가 당장 해결될 수 있
는 사안이라는 의식조차 없었다. 간도문제는 북한과 중국 간의 경계선
과 관계되기 때문에 국경을 접할 수 있는 통일한국이 되어야 만이 해결
될 수 있다고 판단하고 있었기 때문이다. 정부의 이러한 인식을 갖게

한 것, 그리고 간도문제가 국제법적으로 어떤 지위에 있는 가를 제시하지 않았다는 부분에 대해 연구자들의 책임도 면치 못할 것이다.

다섯째, 이 시기는 남북이 팽팽히 대결하고 있는 상황이었기 때문에 한국의 정권담당자들의 국경선에 대한 주요정책은 간도를 둘러싼 대중국 외교정책이 아니었고, 대북간의 외교정책이었다. 북한의 입장에서 본다면 국경관련 대외정책은 대남외교정책, 대중국외교정책이었을 것이다. 간도문제는 대중국외교정책에 해당되었기 때문에 '조중변계조약'을 체결했던 것이다.

제6장

통일한국에서의
간도문제의 전망

-'조중변계조약'의 정치성과 법적 지위-

1. 머리말

대한민국의 헌법 제3조에 「대한민국의 영토는 한반도와 그 부속도서로 한다」라고 규정되어 있지만, 압록강과 두만강이 경계라고 규정하고 있지는 않다. 간도지방도 때로는 한반도의 부속도서에 포함될 수 있다고 해석된다.[1]

그런데, 1962년 북한[2]과 중국 사이에 '조중변계조약'을 체결하여 국경선을 결정했다. '조중변계조약'은 1962년 양국이 비밀리에 추진하여

---

1) 한반도라는 명칭의 유래는 고조선과 위지동이전에 사용된 적이 있다는 주장도 있으나, 본격적으로 널리 사용한 것은 일제시대에 사용되었던 「조선반도」를 고쳐서 해방 후에 〈한반도〉라고 칭했다고 판단된다.
2) 본고에서는 편의상 국제적으로 통용되는 '조선민주주의인민공화국'을 사용하지 않고 '북한'으로 사용한다.

유엔의 등록은 물론이고 공식적인 발표도 하지 않아서 그 내용에 대한 당사자들의 의중을 직접 파악할 수가 없다. 그러나 2000년에 유출된 중국어본의 '조중변계조약'을 통해 간접적으로 그 내용을 분석하고 있는 실정이다. 그러나 아직 북한측의 자료에 대해서는 알려진 바가 없다.

'조중변계조약'이 연구과제로서 중요한 이유는 북한과 중국 사이의 국경선이 통일한국에 있어서 국경선으로서 계승되는 것인지, 아닌지와 관련되는 문제이기 때문이다.

본연구의 목적은 이러한 문제의식에 입각하여 '조중변계조약'의 내용과 특수성을 고찰하고, 이 조약이 향후 있을 통일한국에 미칠 법적 지위에 관해서 고찰하는 것이다. 연구방법으로서는 먼저 '조중변계조약'의 체결배경과 내용을 분석하고, 이를 바탕으로 조약의 특수성을 분석한다. 마지막으로 이 특수한 성격을 갖고 있는 '조중변계조약'이 통일한국에 미치는 효력에 관해서 분석한다.

선행연구에서는 '조중변계조약'의 중국어본이 유출된 지 그다지 오래되지 않았다는 점도 있지만, 간도문제에 대한 학계의 관심도가 떨어져서 그다지 주목하지 않았는데, 최근에 몇몇 연구자가 '조중변계조약'을 분석한 사례가 있다.3) 주로 비밀리에 체결된 '조중변계조약'의 내용을 규명하고 있고, 국제법적으로 이 조약이 통일한국에 미치는 법적 지위에 관해서도 논하고 있다. 특히 후자는 북한이라는 특정 집단과 이미 국경을 체결하였기 때문에 통일한국에 매우 불리하다는 결론을

---

3) 노영돈, 「북한-중국의 국경획정 상황의 고찰」(『백산학보』제82호, 2008년 12월)에서 '조중변계조약'의 구체적인 내용을 분석했고, 이현조, 「조중 국경조약체제에 관한 국제법적 고찰」(『국제법학회논총』 제52권 제3호 통권 제109호)에서 '조중변계조약'의 개략적인 내용과 통일한국의 영토승계에 관한 법적 지위에 관해 해석했다.

내리고 있다. 본 연구는 이러한 선행 연구에 동의하면서 통일한국에 있어서 영유권 회복의 가능성에 초점을 두고 '조중변계조약'의 시효적 측면의 재해석은 불가능한 지, 그리고 '조중변계조약'이 북한과 중국 사이에 체결한 완전한 조약으로서 더 이상 국경 문제가 제기될 가능성은 전혀 없는지에 관해서도 고찰할 것이다.

본 연구에서는 통일 한국의 도래를 전제로 진행하려고 한다. 독일의 경우는 소련의 붕괴와 더불어 냉전시대를 종언하는 시점에서 '2+4회의'에서 서독이 동독을 흡수하는 형태로 통일이 이루어졌다. 그런데 한국과 북한도 독일통일처럼 동일한 민족과 역사성을 갖고 있다는 점에서 통일의 당위성을 지니고 있지만, 현재 남북이 대립되고 있는 상황과 더불어 북중관계와 한미관계라는 국제 정치 구도 속에서 통일 한국이 반드시 실행된다고 장담할 수 없는 요소도 있다.[4] 하지만 본고에서는 민족적 당위성과 동북 아시아의 평화라는 측면에서 보더라도 반드시 통일한국이 이루어져야 한다는 점을 고려하였다.

2. '조중변계조약'의 체결

(1) 체결 배경과 경과

1962년 시점에 북한과 중국 사이에 국경 조약을 체결할 수 있었던

---

4) 2009년 8월 2일자의 「조선일보」보도에 따르면 미국이 중국에 대해 김정일 국방위원장 사망 이후 북한 대책을 논의하자고 제의를 했는데, 중국이 반대했다는 기사가 있었고, 같은 날의 사설에서는 북한이 붕괴된다고 해서 반드시 한국에 흡수되는 것이 아니라고 하는 논평을 내놓았다. 하지만, 북한이 붕괴될 경우, 남북한과 미국, 중국, 혹은 유엔이 개입되어 통일은 반드시 이루어질 것으로 본다.

요인으로는 대내적인 요인과 대외적 요인으로 구분하여 생각해볼 수 있다.

대외적인 요인은 다음과 같다. 즉, 북중 간의 국경문제 해결은 중소 대립이라는 동북아시아 국제질서와도 깊은 관계가 있다. 중국이 한국전쟁에 개입하여 성공을 거둠으로써 한국전쟁 이후 미소 양극체제의 동북아시아 국제질서가 중국을 포함하는 다극체제로 전환되었다. 1950년 중반이후 중국은 동맹국이었던 소련과 대립적 입장에 놓이게 되면서 미국에 대항할 수 있는 세력으로 부상하게 되었다. 중국과 소련의 대립은 1956년 세계평화공존을 내세우던 소련의 수정주의론에 의한 것이다. 소련과 미국의 관계가 진전됨에 따라 흐루시초프가 1956년 20차 공산당대회에서 스탈린을 비판하였고, 이에 대해 중국의 모택동이 항의하면서 이념대립이 본격화되면서 양국관계가 악화 되어갔다. 1959년 미소정상회담을 계기로 미소협력시대가 시작되었고, 한편 중국에 대해서는 미국과의 정면대결 위험성을 경고함과 더불어 대만문제에 대해 성급한 해결을 하지 말 것을 요구했다. 동시에 중국에 대한 핵기술 전수 약속을 철회했다. 이때 중국이 소련에 대해 적극적인 적대정책을 펼치게 되어 중소관계가 악화되었다.[5] 여기서 북한과의 관계는 어떠했는가? 흐루시초프의 집권 이후 중소관계가 악화되었을 때 중국이 소련을 중대한 위협으로 간주하여 북한과의 우호관계를 유지하려고 했다. 북한은 핵우산을 포함한 안전보장을 담당하고 있는 소련을 공개적으로 대립할 수 없었다. 이러한 상황에서 중국은 북한에 대한 회유책으로 다양한 당근을 제시했다.[6] 그 중에 하나가 '조중변계조약'이었다고 할

---

5) 「중국과 소련의 이념, 국경분쟁으로 본 국제관계」, http://hwkang83.tistory.com/48(2009년 7월 30일 검색).

6) 최명해(2009) 『중국 북한 동맹관계: 불편한 동거의 역사』 오름, 본서에서

수 있다.

한편 중국은 당시 인도와도 국경문제를 둘러싼 전쟁을 일으키고 있었다. 1962년 10월 20일 인도군이 양국의 동·서부 관할선에서 중국군을 향해 무장 공격을 감행했다. 이에 대해 중국은 인도군대를 본래의 관할선까지 퇴각시킨 후 국경문제를 평화적으로 해결하기 위해 인도와의 충돌을 최대한 회피했다.[7] 그 이유는 중국은 국경지대의 다른 많은 인접국가들과도 영토분쟁의 소지를 내포하고 있었기 때문이다.

이처럼 중국이 동북아시아에서 소련과의 관계가 악화되어있던 상황에서 북한과의 우호관계를 지속하기 위해 영토분쟁을 해결하는 '조중변계조약'을 체결했다는 사실을 간과할 수 없다. 이러한 배경에 의해서 북한은 중국으로부터 현상유지보다는 더 유리한 조약을 체결할 수 있던 것이다.

다음과 같이 지적하고 있다. 즉, 이후 북-중-소 관계에서 중국과 미국이 국교를 수립하여 한반도문제에 공조를 취하자, 북한은 중국의 하위체제에 들어가지 않기 위해 1980년대에 소련에 밀착했다. 소련이 1990년 붕괴되고 난후, 독자적인 길을 선택하느냐, 아니면 중국의 하위체제에 들어가느냐의 선택의 기로에 서 있다고 했다.

7) 「중국-인도 간의 국경분쟁 발생」, http://kr.blog.yahoo.com/phillipe2003 2000/3514(2009년 7월 30일 검색). 인도는 1959년 조약법률에 기초하여 중국에 대해 국경지대의 영유권을 주장했다. 이에 대해 중국은 양국의 국경선은 역사적으로 형성된 전통적·관습적인 것이라고 하여 반대했다. 인도군은 1961년부터 양국의 실제 관할선(1959년 11월 7일 체결)의 동·서부 지점에서 국경을 넘어 군사적 거점을 증설했다. 이에 대해 중국정부는 여러 차례 국경문제해결을 제안했지만, 인도가 이를 모두 거부했다. 중국은 1962년 10월 20일 무장공격을 받고 인도군을 본래의 국경선 부근까지 퇴각시켰다. 그리고 국경문제를 평화롭게 해결하기 위해 양국의 실제 관할선에서 20㎞ 후방에 철수하고 휴전을 선포했다. 현재 중국과 인도의 분쟁지역은 서부, 중부, 동부 3개 지역이고, 동부 9만㎢, 중부 2000㎢, 서부 3만 3000㎢로서 총12만 5000㎢이다. 중국의 문화대혁명으로 1960년대 후반에는 대립이 심화되었지만, 1981년부터 국경회담이 진행되고 있다.

한편 대내적인 요인으로서는 다음과 같은 점을 지적할 수 있다. 1958
년 김일성주석이 중국을 방문하여 우연히 백두산을 중국영토로 취급하
고 있다는 사실을 알게 되어, 중국정부에 이의를 제기하여 백두산의
소속문제를 둘러싼 국경협상이 시작되었다는 신빙성이 있는 주장이 있
다.[8] 그 증거로 1961년 중국에서 제작한 중국지도에 백두산이 중국영
토로 표기되어 있었고,[9] 1961년 11월호의 「중국화보(中國畵報)」는 백
두산의 영유권을 둘러싸고 북한과 중국이 대립하고 있다는 내용을 게
재했다. 이러한 사실을 알게 된 북한은 1961년 11월 만주까지 북한영
토의 소속으로 하는 지도를 작성했다.[10] 일설에 의하면 간도문제를 둘
러싼 북한과 중국과의 의견차는 1948년 건국 당시부터 잉태되어 왔었
다고 한다.[11] 그런데 여기서 문제는 간도문제에 대해 북한이 영토문제
가 아닌 국경문제로 다루어왔다는 사실이다. 이는 간도지방의 영유권
을 포기하고 압록강-백두산 천지-두만강이 국경선을 문제시하는 백
두산 천지와 두만강의 상류문제에 국한시키고 있었다는 점이다. 이때
에 중국은 북한에 대해 한국전쟁의 참전 및 원조의 대가로 백두산 이남

8) 황장엽의 국회인권포럼, 2006년 11월 23일, http://new.empas. com/2006
1223(2009년 7월 30일 검색). 황장엽은 '조중변계조약이 체결된 계기는 19
58년 김일성 주석과 황장엽 일행이 주은래 수상을 방문하였을 때, 주은래
수상의 집무실 벽에 걸린 백두산지도가 중국영토로 표시된 것을 보고 김
일성주석이 항의하였을 때 "두만강도 한복판을 나눴고, 압록강도 한복판
을 나누었으므로 천지도 절반으로 나누는 것이 어떠냐"라고 하여 '조중변
계조약'이 체결되었다고 증언했다. 이현조, 「조중국경조약체제에 관한 국
제법적 고찰」(「국제법학회논총」제52권 제3호, p.178)에서 재인용.
9) 김득황(1987) 「백두산과 북방강계」 서울: 사사연, p.27. 이형석(1990.7)
「한민족의 한이 서린 두만강」, 「북한」, 북한연구소, p.182. 전자는 백두산
남쪽 30km, 후자는 백두산 남쪽 16.7km까지 중국영토라고 표기하고
있음.
10) 이형석, 「한민족의 한이 서린 두만강」, 「북한」 북한연구소, p.85.
11) 국토통일원편(1969) 「백두산 및 간도지역의 영유권문제」 국토통일원, p.1.

의 일정지역을 할양해줄 것을 요구하기도 했다.[12] 이상에서 보는 것과
같이, 중국과 북한 사이에 1962년의 '조중변계조약' 이전에도 국경문제
를 둘러싼 대립이 있었다는 사실을 알 수 있다.

즉 다시 말하면, 북한이 한국전쟁에서 중국의 지원을 받지 않았다면
오늘날의 북한은 그 당시에 소멸되었을 것이다. 이러한 이유 때문에
중국과 북한은 맹방관계가 되었다. 중국은 1960년대에 인접한 많은 국
가들과 국경지대에서 국경선 분쟁을 일으키고 있었다. 그래서 중국은
항상 국경분쟁을 최소화하려고 노력했다. 타결 가능한 지역에 대해서
는 해결을 의도했다. 당시 북한과 중국의 국경문제는 우선적으로 타결
가능한 지역에 포함되어 있었다. 결국 1962년 주은례가 북한을 방문하
여 김일성 사이에서 '조중변계조약'을 체결했던 것이다. 중국이 북한에
'조중변계조약'을 체결한 것은 「간도협약」이 미해결 상태에 있었다는
것을 스스로 인정했던 것이 되었고, '간도문제'가 완전히 해결되어야한
다는 인식을 갖고 있었기 때문일 것이다.

(2) '조중변계조약'의 내용

'조중변계조약'의 내용에 대해서는 중앙일보가 2000년 10월 16일 주
요내용을 보도한 바 있었다. 2000년 중국정부가 비공식화하고 있넌 문
건이 길림성 혁명위원회 외사변공실이 편찬한『중조・중소・중몽유관
조약, 협정 의정서』가 외부에 유출되었던 것이다.[13] 이 서적에는 「비밀

---

12) 노영돈, 「북한-중국의 국경획정 상황의 고찰」, 『백산학보』제82호, pp.232
   -233. 실제로 NHK의 1965년 5월 25일 보도 등은 모두 설에 해당되지만,
   실제로 1962년 '조중변계조약'에서 원래의 〈영토문제〉를 〈국경문제〉로 축
   소하여 다룬 것은 중국이 한국전쟁 참전 및 원조에 대한 대가도 고려된
   결정이라고 할 수 있다. 전개서의 국토통일부 연구, 양태진의 「백두산천지
   를 위요한 한중국경선」(『한국학보』제22집, 1981, p.116) 연구 참조.

문건, 주의보존」이라는 단서가 있고, 길림성이 북한, 구소련, 몽고와 인접하고 있어서 국경관리업무에 참고로 제공한 것이라는 설명이 적혀있는 것을 보면, 비공개의 내부용이라는 것을 알 수 있다.[14] 본 조약서의 북한어본에 대해서는 북한이 공개하지 않고 있기 때문에 알 수 없으나, 중국어본은 2007년 동북아역사재단에서 번역 발간하였다.

'조중변계조약'에 관련되는 문건은 3개로 되어있다. 첫 번째로는, 「조중변계문제에 관한 회담기요」(1962년 10월 3일, 북중 정부대표단 간의 체결)로서, 이는 중국의 외무성대표 희붕비(姬鵬飛) 일행이 1962년 9월 26일에서 10월 2일 사이에 평양을 방문하여 북한의 외무성대표 유장식(柳章植) 사이에서 체결되었던 것이다. 두 번째로는 「조중변계조약」으로서, 이는 1962년 10월 12일 중국의 전권대표로서 주은래(周恩來) 국무원 총리가 평양을 방문하여 김일성 내각수상 사이에서 체결된 것이다. 세 번째로는 「조중변계의정서」로서, 이는 1964년 3월 20일, 북한민주주의인민공화국정부의 전권대표 박성철(朴成哲)이 북경에서 중화인민공화국정부의 전권대표 진의(陳毅) 사이에서 체결된 것이다. 「조중변계문제에 관한 회담기요」와 「조중변계의정서」는 서명과 동시에 발효되도록 규정하고 있었다. 이 3개 문건의 관계성에 관해서는 「조중변계문제에 관한 회담기요」를 채택하여 이를 바탕으로 법적 구속력을 갖는 「조중변계조약」을 체결하여 국경선을 확정하고, 이를 실천하기 위해 「조중변계의정서」를 체결하여 구체적인 국경선을 획정하였던 것이다.

---

13) 길림성 혁명위원회 외사변공실편 『중조, 중소, 중몽, 유관조약, 협정 의정서』 중국길림성 길림성혁명위원회 외사변공실, 1974.
14) 이현조, 「조중국경조약체제에 관한 국제법적 고찰」, 『국제법학회논총』제52권 제3호(통권 제109호), pp.177-178.

이들 3개 문건의 내용을 개략적으로 살펴보면 다음과 같다.[15]

첫째로, 1962년의 「조중변계문제에 관한 회담기요」는 모두 8개조로 구성되어 있으며, 변계조약의 체결권자를 총리와 수상으로 한다는 것(제1조), 압록강 하구의 강해분계선(제2조), 해상분계선(제3조), 자유항행구역(제4조), 자유항행구역의 경계와 범위, 국경하천에서의 도서와 사주의 귀속원칙(제5조), 압록강과 두만강상의 국경너비의 범위확정원칙(제6조), 양측의 국경획정 후 지도제작원칙(제7조), 조중변계연합위원회의 구성과 임무(제8조)를 규정하고 있다.[16]

둘째로, 「조중변계조약」은 5개 조항으로 이루어져 있다.[17] 제1조에서는 압록강, 두만강, 백두산천지의 경계를 구체적으로 규정하고 있다. 제2조에서는 국경하천의 도서와 사주의 귀속결정원칙으로서 기득권 존중원칙과 지리적 인접성 원칙을 규정하고 있다. 제3조에서는 압록강과 두만강의 수면너비를 명시하여 국경하천의 공동소유, 공동이용, 관리원칙, 해상분계선을 규정하고 있다. 제4조에서는 제1조-제4조에서 실무담당자가 될 조중공동변경위원회의 설치, 의정서와 변계지도 채택 등을 규정하고 있다. 제5조에서는 비준서교환 및 발효, 경과조항, 조약의 文本의 관련사항을 규정하고 있다.

'조중변계조약'은 1909년의 「간도협약」을 승계한 조약이라고 할 수 있다. 「간도협약」과 1962년의 「조중변계조약」과의 차이점을 보면, 간도협약에서는 중국이 두만강 상류문제에서 종래 중국측의 주장이었던 「석을수」에서 양보하여 1887년 정해감계담판에서 조선측이 주장했던

---

15) 「조중변계조약」의 상세한 내용은 전게의 노영돈과 이현조의 연구 참조 바람.
16) 노영돈, 「북한-중국의 국경획정 상황의 고찰」, 『백산학보』제82호, p.235 참조바람.
17) 이현조, 「조중국경조약체제에 관한 국제법적 고찰」, 『국제법학회논총』제52권 제3호, p.183.

「홍토수」로 결정되었다는 것,[18] 그리고 백두산을 2등분하여 천지의 서북부는 중국, 남동부는 북한으로 하고, 그 범위가 북한 54.5%, 중국 45.5%로 결정되었다는 것이다.[19]

이 조약의 특징은 간도문제가 원래 간도지역의 영유권을 다투는 영토문제임에도 불구하고, 두만강 상류와 백두산의 소속을 다투는 국경문제로 국한되었다는 것, 그리고 본 조약의 비준사실을 명시하고 있지 않다는 것이다.[20] 또한 '조중변계조약'과 관련해서 그 이전 조약을 전적으로 무효로 한다고 하여 1962년의 '조중변계조약'이 북한과 중국의 최종적인 국경선으로서 중국정부의 의중이 내포되어 있다는 것이다.[21] 특히, 제2조에서는 "본 조약 체결 전에 이미 한쪽 공민이 정착 혹은 경작하는 도서와 사주는 곧 당해 국가의 영토가 되고 더 이상 변경은 없다."(제2조1항)라고 규정하고 있다. 이는 외형적으로 사주와 도서에 관한 규정으로 보이지만, 실제로는 현재 중국국적의 인민이 살고 있는

---

18) 홍토수와 석을수 사이의 면적은 280㎢로서 서울 면적의 45%임. 이현조 「조중국경조약체제에 관한 국제법적 고찰」, 『국제법학회논총』제52권 제3호, p.182.

19) '조중변계조약'의 「장백산산봉도」에 의하면, 장군봉(2749m), 해발봉(2719m), 향도봉(2711m) 등의 2700m고지의 봉우리가 모두 북한에 있다. 「장백산산봉도」.

20) 노영돈, 「북한－중국의 국경획정 상황의 고찰」(『백산학보』제82호), p.236에서 지적하고 있으나, '조중변계조약'을 구체적으로 실현한 「조중의정서」가 체결과 동시에 발효되도록 되어 있으므로 적어도 1964년 3월 20일 이후에는 효력이 발생되었다고 볼 수 있음.

21) 노영돈의 연구(전게, p.236)에서는 그 이전 조약에 대해 「조중압록강과 두만강에 있어서 목조운반에 관한 의정서」(1956년 1월 14일), 「중소두만강유역 치수공정에 관한 의정서」(1956년 9월 2일), 「조중 국경하천 운항협조에 관한 협정」(1960년 5월 23일)이라고 주장하고 있으나, 이현조, 「조중국경조약체제에 관한 국제법적 고찰」, 『국제법학회논총』제52권 제3호, pp.188－192에서는 백두산정계비(1712)와 간도협약(1909)을 지칭하고 있다.

간도지역에 이를 적용하여 간접적인 방법으로 완전히 중국영토로서 고착화시키기 위해 본질을 호도한 정치적인 타협이라고 볼 수 있다.

셋째로, 「조중변계의정서」는 「전문」, 「21개조 본문」, 「부록」으로 구성되어있다. 「전문」에는 "1962년 변계조약 제4조에 따라 변계공동위원회는 양국국경을 조사하고 국경비의 건립과 국경하천의 도서·사주의 귀속확정 임무를 완료하였으며, 명확하고 구체적으로 양국의 국경을 측량하여 확정하였다"라고 규정되어 있다. 본문구성은 총칙(제1조-제6조), 백두산지대에 세울 국경비의 위치(제7조-제8조), 양국 국경하천과 바다에 있는 도서와 사주의 귀속확정(제9조), 해상분계선과 자유항행구(제12조-제13조), 국경유지와 관리(제14조-제19조), 의정서의 발효요건(제20조-제21조)으로 되어 있다.[22] 「부록」에서는 「도서와 사주 귀속 일람표」가 압록강과 두만강 부분으로 나뉘어서 첨부되어 있다.[23]

북한은 '조중변계조약'을 체결함에 있어서 다음과 같은 국경분쟁해결원칙을 제시했다. 즉, "북한은 국경분쟁해결에 있어서 외세의 간섭 없이 당사국들의 협상에 의한 평화적인 해결이 되어야 한다. 그 이유로서는 분쟁당사국들만이 역사적으로 형성되어온 국경과 관련된 문제를 가장 정확히 알 수 있으며, 그 해결에서 사기 인민의 이익을 옳게 반영할 수 있기 때문에 선의와 단결의 원칙에서 최대한의 아량과 인내심을 발휘하여 상대방의 의견을 존중하면서 합리적인 해결책을 공동으로 모색해야한다."고 했다.[24]

---

22) 이현조, 「조중국경조약체제에 관한 국제법적 고찰」, 『국제법학회논총』제52권 제3호, pp.184-186.
23) 구체적인 내용에 대해서는 노영돈 「북한-중국의 국경확정 상황의 고찰」, 『백산학보』제82호 참조바람.
24) 사회과학원 법학연구소(2002) 『국제법사전』평양, 사회과학출판사, 이현조

이러한 주장은 국제법상 영토분쟁의 해결을 우선적으로 외교적 수단으로 해결할 것을 권유하고 있는 이유이기도 하다. 특히 '조중변계조약' 체결에서 간과해서 안 되는 것은 간도문제가 「역사적으로 형성되어 온 국경과 관련된 문제」라는 것과, 「자기 인민의 이익을 옳게 반영할 수 있기 때문에 선의와 단결의 원칙에서 최대한의 아량과 인내심을 발휘하여 상대방의 의견을 존중」해야 한다는 대목이다. 중국이 한국전쟁에서 북한의 영토주권수복에 지대한 도움을 주었다는 사실은 위의 국경분쟁 해결원칙에서 언급한 「역사적으로 형성된 관련문제」와 결부되고 있다는 점, 그리고 「자기 인민의 이익」을 위해 「아량」으로 양보하여 간도문제가 본래 「영토문제」이었음에도 불구하고,[25] 당초부터 북한이 중국의 의중을 수용하여 「국경문제」로 축소하여 '조중변계조약'을 체결하였다는 점이다. 따라서 이러한 문제점은 통일한국에서는 반드시 재고되어야할 요소일 것이다.[26]

북한과 중국이 간도문제를 종래의 「영토문제」에서 「국경문제」로 격하시킨 경위에 관해서는 북한이 한국전쟁에 은덕을 입은 중국과의 맹방관계를 고려하여 최대한 타결 가능한 상태에서 중국의 의도대로 1909년의 「간도협약」을 기준으로 삼았던 것이다. 간도협약에서는 두만강 상류를 「석을수」로 하여 체결되었다. 중국은 양국의 최대 쟁점이었던 두만강 상류에 대해 근대 중국의 입장이었던 「석을수」에서 양보하여 근대 조선 측의 입장이었던 「홍토수」를 수용했던 것이다. 북한이

「조중국경조약체제에 관한 국제법적 고찰」, 『국제법학회논총』제52권 제3호, p.178에서 재인용.

25) 백두산정계비문제(1712), 을유감계담판(1885), 정해감계담판(1887), 간도협약(1909) 등이 있음.

26) 이러한 부분은 선행연구에서 누락된 내용으로 매우 중요한 부분이라고 할 수 있음.

간도의 영토문제를 포기하여 압록강-백두산천지-두만강선으로 하는 국경문제로 양보했다. 즉 다시 말하면 근대시대의 중국은 간도영유권을 주장하기 위해 백두산이 청조의 발상지라고 하여 두만강의 지류를 「석을수」라고 주장했다. 그런데 중국은 종래의 주장에서 양보하여 백두산 천지를 2등분하는 방법을 택했던 것이다. 중국이 이러한 결정을 하게 된 이유는 양국이 국제법적 입장에서 조약을 체결한 것이 아니고, 은밀하게 정치적으로 타협했다는 점이 중요하다.[27] 북중 양국이 이를 공식화 하지 않았다는 것은 국제법적 관점에서 볼 때 조약체결의 하자를 내포하고 있다고 하겠다. 다시 말하면, 조약이 냉전체제에서 한국과 북한이 정치적으로 대립하고 있는 상황에서 비정상적인 방법으로 비밀리에 체결되었다는 것을 의미한다.[28]

그리고 압록강, 백두산천지, 두만강의 구체적인 경계선에 관해서는 다음과 같은 원칙을 정하고 있었다. 즉 "압록강과 두만강 같은 국제하천의 국경선을 설정할 때는 일반적으로 배가 다닐 수 있는 강은 배가 다니는 물줄기의 중심선으로 하고, 배가 다닐 수 없는 강은 강폭의 중간선으로 설정하는 것이 국제적으로 공인된 일반적 관례이다. 그러나 국가들 간의 합의에 따라 강 너비 전체를 국경선으로 설정 할 수도 있다."라고 했다. 이러한 원직에 입각한 압록강, 두만깅에서의 양국 국경선은 강 너비 전체를 국경선으로 했다. 또한 "백두산 천지와 같은 국경호수의 국경선은 호수의 중간선 또는 호수 너비 전체를 국경선으로 설

---

27) 중국은 역사적으로 보면 조선의 上國으로서 중국의 의지대로 한중 국경을 결정하려고 했다. 이번 '조중변계조약'도 중국의 은혜를 입은 북한의 약점을 악용하여 국경조약을 체결하였던 것임.
28) 박정희정부가 간도문제에 관심이 많아서 1978년도에 간도문제를 조사했다. 비밀리에 체결된 '조중변계조약'의 체결사실에 대해 알고 있었는지 검토가 필요함.

정할 수 있다."라고 하였다.[29] 이상의 내용은 1992년에 출간된 북한의 일반화된 국제법 도서에서 보인다. 여기서는 1962년의 '조중변계조약'의 체결사실에 대해 직접적으로 언급하지는 않았지만, 북중 간의 국경이 이러한 원칙에 입각하여 결정되었다는 점을 간접적으로 시사하고 있다.

3. '조중변계조약'의 특수성과 문제점

(1) '조중변계조약' 체결에 있어서 북한측의 취약점

간도문제는 엄밀하게 말하면 영토분쟁이다. 그런데 '조중변계조약'은 종래 중국의 주장대로 영토문제가 국경문제로서 축소되어 체결된 것이다. 영토분쟁은 간도라는 지역의 소유권을 다투는 것인데 '조중변계조약'은 국경문제로서 국경선을 획정하는 것이었다. 즉 압록강－백두산천지－두만강을 경계선으로 하는데 생기는 문제들로서 압록강에 산재한 사주의 귀속문제, 백두산 천지의 귀속문제, 두만강 상류의 지류(홍토수, 석을수, 홍단수, 서두수)의 귀속문제를 해결한 것에 국한되었다.

'조중변계조약'의 가장 큰 특징은 간도문제가 종래의 「영토문제」에서 「국경문제」로 축소되었다는 점이다. 이는 중국에 대한 종래 한국측의 간도문제에 있어서의 취약성 때문이었다. 북한이 종래 중국이 주장해왔던 간도문제를 「국경문제」로 축소하여 수용해야했던 이유에 대해서 다음과 같이 지적할 수 있다.

---

29) 김일성종합대학(1992) 『국제법학(학부용)』평양, 김일성종합대학출판사. 이현조, 「조중국경조약체제에 관한 국제법적 고찰」, 『국제법학회논총』제52권 제3호, p.178에서 재인용.

첫째로, 조선이 1627년과 1636년의 두 번에 걸친 호란에서 패하여 군신관계를 맺게 되었고, 전승국으로서의 중국이 일방적으로 정한 공광무인지대에 대해 조선은 중국의 요구대로 행동하여 적극적으로 간도 지방을 관리하거나 개척하지 않았으며, 무인공광지대에 대한 중국의 관리 강화에 대해서도 적극적으로 이의를 제기할 수 있는 입장이 아니었다는 점이다.[30]

둘째로, 1712년 백두산정계비가 설립되었을 때, 조선이 이를 적극적으로 저지하지 못했다는 점이다. 중국이 백두산정계비를 일방적으로 설정하였을 때 속국-종주국관계에서 하국이었던 조선이 적극적으로 항의하지 못하였기 때문에 지금처럼 조중 국경선이 「토문강설」, 「두만강설」로 대립되었던 것이다.[31]

셋째로, 중국이 1885년의 을유감계담판에서 압록강-두만강 국경설, 1887년의 정해감계담판에서 두만강 상류가 석을수라고 강압적으로 요구한 것이라고 하지만, 1885년 을유감계담판에서 토문강과 두만강이 동일한 강이라고 하여 간도가 전적으로 중국영토라는 중국의 주장과, 1887년 정해감계담판에서는 중국의 의도에 의해 두만강 상류가 어느 것인가 하는 논쟁이었는데, 두만강과 토문강이 동일한 강이라는 것에 조선이 동의한 것과 같은 인상을 주었나는 점 등에서 조선이 중국의 요구에 상당부분 동의한 부분이 없지 않다는 점이다. 이처럼 강압에

---

30) 그렇다고 해서 이 시기의 중국은 영토 확장의 의지를 갖고 있었던 시기가 아니었고, 단지 현상유지차원에서 무인공광지대를 만들었기 때문에 그때부터 간도지역을 적극적으로 관리했다고 단정할 수 없다.

31) 중국이 북한 측의 압록강-두만강 이북의 무인공광지대를 중국영토라고 인식하고 있었다면 1712년 백두산정계비를 새로 건립하여 「동위토문, 서위압록」이라는 국경선을 설정할 이유가 없었을 것이다. 공광무인지대 자체를 국경으로 판단하고 있었기 때문에 새로운 국경선을 획선했던 것이다.

의한 요구는 현재의 국제법상으로 하자가 되지만, 당시 전쟁으로도 영토를 확장하는 시대이었으므로 강제적인 행위에 대해 전적으로 불법이라고 단정할 수 없는 부분도 있다는 점이다.

넷째로, 1905년의 「선후장정」은 양국의 지방관들 사이에서 체결된 것이므로 임시조약에 불과하다.[32] 하지만 한중양국이 국경선에 대해 종래의 주장대로 "현 상태(1887년 정해감계담판)"를 유지한다고 결정했던 것이다.

다섯 번째로, 1909년의 간도협약이 일중간의 협약이긴 하지만, 압록강-두만강(상류는 석을수)을 양국 간의 국경으로 합의하여 지금까지 간도지역이 중국의 행정구역에 포함되어 관할되어 오고 있다는 사실이다. 1905년 11월 17일 한국의 외교권을 강압한 「보호조약」이 불법이라고 하더라도 이미 중국이 이를 바탕으로 간도지역을 실효적으로 점유하여 1962년 '조중변계조약' 체결 당시의 시점에서 보더라도 일제식민지시대를 포함하여 63년이 경과한 시점이었다. 그 사이에 한국정부는 물론이고 북한 당국에서도 중국의 간도실효적 점유에 대해서는 적극적으로 이의를 제기하지 않았다는 점이다.

여섯 번째로, 북한과 중국은 맹방관계로서 중국은 북한당국이 정치적으로 의지하고 있던 국가였고, 한국전쟁에서도 중국의 도움으로 정권의 위기를 모면할 수 있었던 것이다. 이러한 입장에 있는 북한이 위에서 지적한 것과 같은 취약성을 극복할 정도로 중국에 대해 강력히 간도 영유권을 주장하지 않았다는 점이다.[33]

---

32) 최장근(1998) 「일본의 한청국경문제 개입배경」, 『한중국경문제연구』 백산자료원, pp.105 - 107.
33) 오늘날 한국정부가 한중간의 외교관계를 중시하여 간도영유권에 대한 언급 자체를 기피하는 것과 같은 성격의 것임.

(2) 비밀조약이라는 정치담판의 소산

영토문제는 국제법적 원칙에 의해 본질적으로 해결되어야한다. 그런데 조중변계조약은 국제법적 원칙을 철저히 무시한 조약이었다. 북한과 중국 모두 조약체결 후 유엔에 등록절차도 밟지 않았으며, 또한 비공개적으로 은밀히 체결했고, 그 후 60여 년이 경과하려고 하는 지금까지도 비공개로 하고 있다. 양국 정부가 공식적으로 발표하지 못하는 이유는 '조중변계조약'이 불건전한 정치적 담판의 산물임을 암시해주고 있는 것이다.

국제법에서도 영토분쟁은 우선적으로 외교적 담판으로 해결하도록 촉구하고 있다. 영토분쟁이 외교적 해결이 불가능할 때에는 양국의 합의 아래 국제사법재판소라는 제3의 기관에서 문제를 해결하는 것이 바람직하다. 그런데 북한과 중국 사이에는 1962년 조중 국경조약의 체결로 이미 간도문제가 해결된 것과 마찬가지로 국제사법재판소의 중재가 필요 없다. 그러나 간도문제는 전적으로 북한과 중국 간의 문제가 아니라는 점이다. 그러한 이유 때문에 '조중변계조약'은 한국을 비롯한 국제법적 원칙에 어긋나는 요인을 내포하고 있어서 지금까지 조약내용을 공개하지 않고 있다고 보는 것이 타당할 것이다. 1948년에 한반도에 남북한이라는 2개의 정부가 탄생되었지만, 유엔이 인정한 한반도의 유일한 합법정부는 대한민국이었다는 점이다. 1962년의 '조중변계조약'이 체결되던 시점에서도 유엔이 인정하는 한반도의 유일한 합법정부도 대한민국이었다. 대한민국의 견해를 전적으로 무시하고 유엔이 합법적인 정부로 인정하지 않는 북한이 중국과 국경을 결정하였던 것이다. 이상과 같은 이유로 북한과 중국 간에 체결한 '조중변계조약'은 국제법적 효력이 미약함을 인정해야할 것이다.

그러나 지금 한국과 북한은 대한민국과 조선민주주의인민공화국이라는 이름으로 1991년 동시에 유엔에 가입하였다. 북한과 중국이 1962년의 '조중변계조약'의 결함을 보완하여 효력을 강화하려고 한다면, '조중변계조약'을 새로운 조약으로 대체하고 유엔에 등록하여 대외적으로 공개할 필요가 있다.

지금 중국은 간도문제가 전적으로 해결되었다는 관점에 있기 때문에 북한당국과 중국정부 사이에서 간도협약을 공식적으로 다시 체결할 가능성은 높지 않다. 만약 중국이 북한에게 새로운 조약체결을 요구한다면 북한은 이를 정치적으로 이용할 수 있으므로 쉽게 동의해서는 안 될 것이다. 그 이유는 북중관계에 있어서 북한이 중국에게 간도 영토를 포기해야 하는 하위체제의 위치에 있었던 1962년 시점과 2009년 이후의 시점이 크게 변화하였기 때문이다. 현 상태의 '조중변계조약' 체제에서 통일을 맞이하는 것이 국제법에 따라 조중변계조약을 변경한 새로운 조약으로 통일한국을 맞이하는 것보다 훨씬 민족적 이익에 부합된다고 하겠다.

4. 통일한국에서의 '조중변계조약'의 지위

(1) 국제법의 조약체결권자로서 북한의 지위문제

국제법상 조약이 그 정당성을 객관적으로 인정받기 위해서는 조약, 국제관습법, 국제사법기관의 판례 등의 국제법적 관점을 무시할 수 없다.[34]

---

34) 이석우(2007) 「동아시아의 영토분쟁과 국제법」, 『서울』, 집문당, pp.262

유엔은 해방 이후 1948년 12월 12일 대한민국을 유일한 합법정부로서 승인했다.[35] 이로 인해 대한민국은 국제사회에서 새로운 국가로서 인정을 받게 되었다. 이에 비해 북한은 국제사회가 인정하는 합법정부가 아니었다. 북한(조선민주주의인민공화국)은 김일성이 "남북한 인민의 총의에 의하여 수립된 통일적 북한 중앙정부"라고 규정했으나, 이는 국내법적인 성격을 띠고 있어서,[36] 국제사회에 정식으로 인정받은 국가가 아니었다. 이러한 이유로 한국전쟁 때에 유엔군의 지원을 받을 수 있었다. 한국전쟁에 있어서 소련의 입장은 한국전쟁에 관여하지 않았으며, 또한 유엔이 결의하여 파견된 유엔군과 전면전을 벌일 명분이 없다고 하여 한국전에 직접적으로 개입하는 것을 거부했다. 다만, 소련은 공산주의의 맹주로서 중국의 제의를 수용하여 중국의 지상군 투입에 대해 은밀한 방법으로 항공부대를 지원했다. 이를 보더라도 공산진영의 맹주였던 소련조차도 한반도의 유일한 합법정부가 대한민국임을 부정하지 않았다는 사실이다.

영토문제는 외교적인 방법으로 해결되지 않을 경우는 당사자 간의

─ 264.

35) 리영희, 「대한민국은 한반도의 유일한 합법정부'가 아니다」, 1947년 11월 14일 유엔총회결의 제112호 Ⅲ에 입각한 것으로 〈결의 195호 Ⅲ의 제2항〉의 내용임. http://blog.naver.com/gavier/12104443(2009년7월30일 검색)에서 인용. 유엔 한국임시위원단은 10월 8일 대한민국의 '5·10 총선'을 긍정적으로 평가하여 "(유엔) 임시위원단이 감시 및 협의할 수 있고, 한국(코리아)인민의 과반수가 거주하고 있는 한국(코리아)의 그 지역에 대한 효과적인 행정권과 사법권을 갖는 합법적인 정부가 수립되었다는 것, 이 정부가 한국(코리아)의 그 지역의 유권자의 자유의사의 정당한 표현이며, (유엔) 임시위원단이 감사한 서거에 기초를 두고 있다는 것, 그리고 이 정부에서 한국의 그 지역에서의 그와 같은 유일한 정부임을 선언한다."고 했다.

36) 「북한민주주의인민공화국(朝鮮民主主義人民共和國)수립」, http://kcm.kr/dic_view.php?nid=39928(2009년 4월 30일 검색).

합의에 의해 국제사법재판소에서 해결할 수 있다. 중국은 당시의 북한을 한반도의 유일한 합법정부라고 인정하려고 했지만, 중국도 유엔이 인정하는 유일한 합법정부가 아니었다. 중화민국(지금의 대만)이 1945년에 유엔에 가입하였기 때문에 중국의 유일한 합법적인 정부였다. 그러나 공산진영의 중국이 유엔에 가입한 것은 1971년이다. 중국은 비가맹국으로서 조약등록이 가능했음에도 불구하고 1962년의 '조중변계조약'을 유엔에 등록하지 않고 비밀리에 체결하였기 때문에 당사국인 북한과 중국을 제외하면 유엔은 물론이고 한국 등 국제사회에서는 '조중변계조약'의 존재자체를 알지 못했다.[37] 현재 중국은 일반적으로 북한을 포함한 12개 국가와 국경조약을 체결하였기에 국경문제가 해결되었다는 국제법적 인식을 갖고 있다.[38] 그러나 중국내의 전문가그룹에서조차도 여전히 '조중변계조약'이 비밀조약이라는 인식을 갖고 있다.[39]

따라서 당시의 중국도 유엔에 가입한 자유진영의 중화민국이 있었기 때문에 국제법상으로 조약체결권자로서 인정받기에는 미흡한 부분이 있었다. 그러므로 '조중변계조약'은 국경을 접하고 있는 공산진영의 중국과 북한이 국경분쟁을 없애기 위한 잠정적인 조치라고 할 수

---

37) 중화민국(현재의 대만)은 1945년 유엔에 가입하여 안전보장이사회 상임이사국이 되었다. 그러나 1970년대 중국의 위상이 높아져, 중화민국이 대만과 자유중국으로 격하되고 중화인민공화국이 1개의 중국으로서 1971년 유엔에 가입했고, 그 이전에는 비동맹가입으로 유엔활동을 해왔다. 중국은 대만을 23개 성 중의 1개의 성으로 보고 있다. 대만에서는 통일중국과 분리대만을 주장하는 세력으로 구분된다.

38) 邵津周編(2005) 『國際法』北京大學出版社, p.113. 이현조, 「조중국경조약체제에 관한 국제법적 고찰」, 『국제법학회논총』제52권 제3호, p.178에서 재인용.

39) 임채정 외(2005) 『간도에서 대마도까지 ─한중러일 영토문제의 현장─』 동아일보, p.22. 이현조, 「조중국경조약체제에 관한 국제법적 고찰」, 『국제법학회논총』제52권 제3호, p.178에서 재인용.

있겠다.

요컨대 2국가체제의 국경을 결정하는 조약을 체결함에 있어서 중국, 한국처럼 유엔이 인정한 합법정부가 있음에도 불구하고 유엔이 인정하지 않은 북한과 중국 같은 국가는 국제법상 1962년의 '조중변계조약'을 체결할 수 있는 체결권자로서의 자격이 미흡했다고 할 수 있겠다.[40]

(2) 통일한국의 '조중변계조약'의 승계문제

결론부터 언급을 하면, '조중변계조약'은 비밀조약으로서 국제사회가 인정하는 조약이 아니기 때문에 양자 간에는 효력이 발생하지만, 국제법상의 효력은 갖고 있지 않다고 하겠다. 따라서 통일한국에 그대로 계승될 수 없는 조약이다.

그러나 선행연구에서는 통일방법에 따라 「합병」과 「병합」으로 구분하여 2개의 국가가 「합병」으로 이루어졌을 경우는 이전 2개의 국가가 체결한 조약 모두 승계가 되고, 「병합」의 경우는 '조중변계조약'은 북한 중심으로 통일이 이루어질 때만이 승계가 되고, 한국중심으로 통일이 이루어 질 때는 승계가 되지 않는다고 한다. 이러한 결론은 분단국가 양자 모두가 국제사회에서 동등한 지위를 갖고 있었을 때만이 적용된다. 1962년경 유엔에서 한국과 중화민국(대만)을 유일한 합법국가로 인정하고 있는 상태임에도 불구하고 유엔이 합법정부로 인정하지 않은 중국과 북한이 체결한 '조중변계조약'의 특수성을 간과한 결과라고 하겠다. 본연구의 성과에 따른다면 원칙적으로는 승계되지 않지만 양자 간의 합의에 따라 승계할 수도 있다고 해석하는 것이 타당하다.

그렇다면, '조중변계조약'이 통일한국에 미치는 국제법적 지위에 관

---

40) 북한이 유엔에 가입된 상태에서 새롭게 '조중변계조약'을 수정하게 된다면 그 효력이 달라질 것임.

해서 축적된 선행연구의 성과를 살펴보기로 한다.[41]

선행연구에서는 「1991년 한국과 북한이 동시에 유엔에 가입하였다. 1945년 유엔헌장 제4조에는 유엔가입조건에 대해 "헌장상의 의무를 수락하고 이행할 의사와 능력이 있는 평화애호국"이라고 하여 국가라는 것을 명시하고 있다.[42] 유엔이라는 기관에서는 북한과 한국을 별개의 국가로 보고 있다. 유엔에 가입하였다고 해서 한국이나 북한 서로가 국가로서 인정하는 것은 아니다. 그러나 외국에서는 한국과 북한을 별개의 국가로 보고 있고,[43] 또한 한국에서도 대외적으로 남북관계를 1민족 2국가, 사실상 주권국가로 보는 경향도 있다. 한국이 대내외적으로 북한을 국가로 인정하였다고 한다면, '조중변계조약'을 계승하지 않을 수 없게 된다.」라고 주장한다.

또한 「1933년 국가의 권리와 의무를 규정한 "몬테비데오협약" 제1조에 의하면, "국제법 주체로서 국가는 상주인구, 확정된 영토, 정부 및

41) 이현조, 「조중국경조약체제에 관한 국제법적 고찰」, 『국제법학회논총』제52권 제3호, pp.177－201.
42) 국제연합(UN)은 1945년 10월 24일에 설치되어 전쟁을 방지하고 평화를 유지하며, 정치·경제·사회·문화 등 모든 분야에서 국제협력을 증진하는 것을 목적으로 하고 있다. 주요활동으로는 평화유지활동, 군비축소활동, 국제협력활동을 담당하고 있고, 가입국은 2000년 현재 188개국임, 한편, 북한과 한국은 국제사회에서 정식으로 국가로 인정받기 위해 UN에 가입을 여러 번 시도했다. 한국은 표결로는 승인될 수 있었음에도 불구하고 소련(상임이사국)을 중심으로 한 공산진영은 한국을 국가로 인정하지 않으려고 했다. 북한의 가입은 미국(상임이사국)을 중심으로 한 자유진영이 거부권행사를 했다. 1990년 냉전이 해체된 이후 1991년 9월 17일 제46차 총회에서 한국과 북한(북한민주주의인민공화국)이 동시에 가입했다. 일본은 패전국으로서 유엔안전보장이사회 상임이사국이었던 소련과 1956년 「일소공동선언」을 체결하여 국교를 회복함으로써 1956년 소련이 거부권을 발동하지 않음으로서 가입할 수 있었다.
43) 신각수(1991) 「국경분쟁의 국제법적 해결을 위한 연구」 박사학위논문, 서울대학교, p.204.

타국과의 관계를 맺을 수 있는 능력을 가지고 있고, 대내적으로 국민과 영토를 통제할 수 있고, 대외적으로는 타국에 법적으로 종속되지 않고 국제적 수준으로 독자적 행위능력을 가지고 있어야한다"라고 규정하고 있다.44) 이 규정에 의하면, 오늘날 북한은 국가로서 충족되고 있다고 볼 수 있다. 국제법에는 정부의 형태에 관한 규정이 없고, 사실상 정부의 위법성은 국내법상의 위법성이다.45) 따라서 사실상 정부와 법률상 정부를 구분할 국제법상의 규정이 없다. 분단국가가 자신을 합법적인 국가로 하고 상대를 지방정부라고 하는 것은 국내법적 문제이다.46)」

「국제법에는 "국가승계"에 관한 원칙이 있다. 1987년 "조약의 국가승계에 관한 비엔나협약", 1983년 "국가재산, 국가문서, 국가채무의 국가승계에 관한 비엔나협약"이 있다.47) 그러나 현재 남북한은 이 승계조약에 가입하지 않고 있기 때문에 구속받는 것은 아니지만, 참고가 될 수 있다. 현대의 국가승계이론에는 신생독립국과 국가통합, 국가분리를 구분하여 적용하고 있다. 신생독립국가는 백지출발주의, 조약불계속의 원칙으로 하고, 국가통합, 국가분리의 경우는 계속성의 원칙과 조약자동승계원칙으로 하고 있다. 그러나 1969년 조약법에 의한 비엔나 협약 62조 제2항의 사정변경의 원칙에 대한 예외규정과 1978년 국가승계협

----

44) 이현조, 「조중국경조약체제에 관한 국제법적 고찰」, 『국제법학회논총』제 52권 제3호(통권 제109호), p.188.
45) 한국의 헌법에는 한반도에 1국가가 존재하고 한반도를 대한민국의 영토로 한다고 규정하고 있다. 북한의 존재를 인정하지 않고 있다.
46) 김명기(1980) 『국제법상 남북한의 법적 지위』서울: 화학사, pp.23 - 27.
47) 이현조, 「조중국경조약체제에 관한 국제법적 고찰」, 『국제법학회논총』제 52권 제3호(통권 제109호), p.188. 전자의 경우는 협약제48조규정의 발효 요건으로 15개국 비준서가 기탁되어 30일이 경과된 1996년 11월 6일에 발효되었다. 현재 2003년 10월 17개국이다. 후자의 경우는 이 협약은 협약 제50조의 발효요건에 의해 15개국이 기탁되어 30일이 경과된 이후에 발효 되게 되어있다. 2003년 10월 현재 협약당사국이 6개국.

약 제11조 "국가승계가 그 자체로서 국경 체제 - 조약에 의해 확립된 국경 및 이와 관련된 권리, 의무의 총체- 에 영향을 미치지 않는다."에 의거하여 국제관습법상으로 국경조약과 같은 영토적 성격의 조약은 계속성 원칙에 따라 승계국의 법적 승계를 의무화하고 있다.[48]」라고 지적하고 있다.

「조약의 승계도 통일이 합병이냐? 병합이냐? 하는 통일방식에 따라 승계하는 형태도 다르다. "합병"의 경우는 양자가 동등한 지위로 통합하여 양자 모두가 소멸하고 새로운 국가로서 탄생하여 국가통합이 이루어진다. 1978년 조약승계협약 제31조에 "합병에 의한 국가통합에서 국제조약의 승계에 관해 원칙적으로 계속성 원칙을 규정하고 있다. 특별한 경우를 제외하고 관련조약이 유효했던 영역 내에서 계승국에게도 유효하다"고 명시하고 있다. 이 조약을 따르면 '조중변계조약'을 부인할 수 없다.[49] 예맨의 경우는 '합병'의 형태인데, 통일정부는 일방국이 사우디아라비아와의 영토분쟁을 그대로 계승했다.[50]」고 지적하고 있다.

「"병합"의 경우는 2개의 국가 중 한 국가가 다른 국가에 흡수되어 1개의 국가가 되는 것을 말한다. 독일의 경우는 서독이 동독을 '병합(흡수)'한 경우이다. 남한이 북한을 흡수한다면, 남한은 통일국가의 주체로서 남한의 법을 승계하게 된다. 독일의 경우는 흡수통일로서 독일통일조약 제11조와 제12조 역시 구서독이 국제법 주체로서 존속함을 규

---

48) peter Malanczuk, supra note 28, p.162의 내용을 이현조 「조중국경조약체제에 관한 국제법적 고찰」, 『국제법학회논총』제52권 제3호, pp.192-193 에서 재인용.
49) 이현조, 「조중국경조약체제에 관한 국제법적 고찰」, 『국제법학회논총』제52권 제3호, p.194.
50) 박기갑(1996) 「일반국제법 이론에 비추어 본 남북한 간 가능한 국가승계형태론」, 『한림법학 FORUM』제5권, pp.178-118.

정하고 있어서,[51] 동독의 조약은 "법률상 당연 계속의 원칙"이 적용되지 않았다고 하는 것으로 보면,[52] 이때에 조중변계조약은 승계의 대상이 될 수 없다. 흡수통일 시 제15조 '영토의 일부 할양과 조약 경계 변경 원칙'에 따라 적용되는 국제관습법은 '조약 경계 변경 원칙'으로서 흡수될 경우 흡수된 국가의 조약은 종료되고, 흡수한 국가의 조약만이 흡수된 국가의 영역에 적용된다.[53] 하지만 독일의 경우는 독일통일법 제12조 1항 "체약당사국(구동독과 구서독)은 독일통일의 달성과 관련하여 구동독이 체결한 조약들의 계속적인 적용, 개정 또는 종료를 결정 또는 확인하기 위하여 신뢰보호, 관련당사국의 이익, 법의 지배원칙에 의해 규율되는 자유민주적 기본질서, 독일연방공화국의 조약관계, 유럽공동체의 권한 존중 등을 고려하여 관련당사국과 합의를 행한다."고 규정했기 때문에 기존의 국제관습법을 그대로 적용한 것은 아니다.[54] 또한 1990년 9월 12일 통일독일의 영토적 범위에 관해서 '2+4협정(당사자인 서독과 동독, 제2차 대전 후 전체독일에 권리와 책임을 갖고 있었던 전승국이었던 미국, 영국, 프랑스, 소련)'이 체결되어 "통일독일의 최종적인 국경은 현재의 동독과 서독의 국경으로 하며 통일독일은 다른 국가에 대해 결코 영토의 요구를 하지 않는다"고 명시했다(제1조 1항, 3항, 5항).[55] 또한 통일독일협정 제1조 2항에 "동일독일과 폴란드

---

51) 이근관(1999) 「국가승계법 분야의 새로운 경향과 발전 - 조약승계를 중심으로 하여 - 」, 『서울국제법연구』제6권 제2호, p.198.
52) 이현조, 「조중국경조약체제에 관한 국제법적 고찰」, 『국제법학회논총』제52권 제3호, p.195.
53) 박기갑, 앞의 논문, pp.120 - 121, American Law Institute, Restatement, Third: Foreign Relations Law of the United States(1987), §210(2).
54) 이현조, 「조중국경조약체제에 관한 국제법적 고찰」, 『국제법학회논총』제52권 제3호, p.195.
55) 이현조, 「조중국경조약체제에 관한 국제법적 고찰」, 『국제법학회논총』제

간에 쟁점이 되었던 국경획정문제는 국제법적 구속력을 갖는 조약에 의해 양국 국경을 확인하도록 규정했다. 이 조항에 의거하여 독일과 폴란드는 1990년 11월 14일 국경획정조약을 체결하여 2+4협정 내용을 반영하여 유럽 평화 질서 확립과 주변국가와의 평화적 공존을 위해 통일독일이 양보하여 양국의 쟁점사안이었던 기존의 오더(Oder)강－나이세(Neisse)강(제2차 대전에서 독일의 패배로 폴란드에 양도한 동프로이센 영토에 관한 권리를 포기)을 양국 국경선으로 확립했다.[56] 이러한 독일통일의 사례를 보면 통일한국은 '조중변계조약'을 변경할 가능성의 여지가 있다고 본다. 그러나 「통일한국과 중국과의 외교관계를 보더라도 변경하기는 쉽지 않을 것이다.」라고 지적하고 있다.

이상의 논지는 국제법 이론상으로는 올바른 견해라고 할 수 있겠다. 그러나 본 연구에서 다루고 있는 1962년의 '조중변계조약'의 경우는 체결 당시 한국과 중화민국은 유엔이 인정하는 유일한 합법정부였다. 이러한 상황에서 유엔으로부터 합법적인 정부로서 인정받지 못한 북한과 공산진영의 중국이 체결한 '조중변계조약'의 효력은 유엔의 인정을 받은 합법정부인가 아닌가를 구분해서 논해야한다고 본다. 상기의 선행연구에서는 1991년 한국과 북한의 동시 유엔가입 상황만 고려하여 논증한 것인데, 바로 그러한 점이 선행연구의 문제점이라고 하겠다.

(3) '조중변계조약'과 간도문제 시효와의 관련성

"시효"란 일정한 사실상태가 일정기간 계속됨으로써 권리를 취득하거나 소멸되는 것이다. 간도의 경우는 중국이 실효적 점유를 지속적으

52권 제3호, p.196.
56) 이현조, 「조중국경조약체제에 관한 국제법적 고찰」, 『국제법학회논총』제 52권 제3호, pp.196－197.

로 하고 있는 상태인데, 실효적 점유에 의한 시효를 정지하거나 중단
하게 하려면 한국정부가 중국정부에 대해 이의를 제기해야한다. 사실
상 실정국제법 즉 국제조약이나 국제관습법에는 시효기간에 관한 언
급이 없기 때문에 정해진 기간은 없지만, 학설이나 판례의 영향을 받
게 된다.[57]

해방이후 한국정부는 중국정부에게 간도영유권 문제에 대해 이의를
제기한 적이 없다. 이는 한국이 간도 영유권의 법적 지위를 확보하는데
가장 중요한 절차이다. 2004년 10월 22일 반기문 외교통상부 장관이
외교부 청사에서 열린 국정감사에서 의원들의 질의에 답하는 형식으로
"간도협약은 법리적인 측면에서 볼 때 무효"라고 대답을 한 적이 있었
다.[58] 이는 중국정부에 공식적으로 이의를 제기한 것은 아니다. 그리고
노무현정부가 중국정부에 대해 역사인식에 있어서는 양국의 입장을 존
중한다고 동의한 적이 있다. 이는 한국의 간도문제를 더욱 불리하게
하는 발언이다.

이런 의미에서 중국이 1962년 '조중변경조약'을 체결한 것은 중국이
스스로 간도문제의 존재자체를 인정한 것이 된다. 그래서 '조중변계조
약'은 북한이 중국에 대해 간도지방을 포기했다는 의미도 존재하지만,
중국이 통일한국에 대해 간도문제의 존재를 스스로 인정한 것으로서 간
도문제의 시효성에 있어서 한층 한국 측에 유리하게 작용할 수가 있다.

현재 북한과 중국 양자관계에서는 간도문제가 이미 해결된 상태이
다. 그러나 한국과 중국 간의 간도문제는 미결상태이다. 한국이 중국에

---

57) 노영돈(2005.4) 「한중간도영유권문제와 국제법상의 시효문제」, 『백산학
보』제71호, 백산학회, pp.480−490.
58) 「반기문 장관 "간도협약 법리적으로 무효"」, http://www.dragon5.com/news
/news2004102204.htm(2009년 8월 5일 검색).

대해 이의를 제기하지 않아서 시효에 의한 중국의 영토취득을 인정해야하는 상황까지 임박하고 있다고 볼 수 있다. 그러나 통일한국에 대해서는 중국이 간도문제 존재 자체를 인정하였기 때문에 통일한국과 중국 사이의 시효기간은 불과 47년 밖에 지나지 않았다고 볼 수 있다. 따라서 현시점에서 한국이 중국정부에 대해 간도문제를 제기하면 간도의 시효문제는 통일한국에 아주 유리하게 작용할 수가 있다고 본다.

(4) 전망

남북이 통일이 되지 않는다면, 한국과 북한이 중국에게 새로운 외교관계를 요구하지 않는 한, 간도문제는 현 상태 그대로 지속될 것이다. 그렇다면 통일한국에 있어서 있을 수 있는 간도문제의 변화에 대해 몇몇 경우를 예상해 볼 수 있다.

첫째로, 한국이 중국에 대해 간도문제의 영유권을 지금처럼 앞으로도 계속 주장하지 않든가, 아니면 북한과 한국 모두가 중국의 간도 실효적 지배를 인정할 경우이다. 이 경우는 통일한국이 되더라도 간도문제는 더 이상 외교현안이 될 수 없다.

둘째로, 한국이 중국에 대해 간도영유권을 주장하여 현재 중국의 실효적 지배에 대해 이의를 제기하는 경우이다. 이 경우는 중국의 시효에 의한 간도 영토화의 고착을 방해하는 것이 되어 간도문제가 한중간의 현안으로 대두하게 된다. 한중간의 현안상태에서 통일한국이 되었다고 할 때 간도문제는 통일한국과 중국 사이에 주요한 안건으로 부상하게 된다.

셋째로, 북한이 중국에 대해 유엔가입 이전에 체결한 '조중변계조약'의 변경을 요구하게 될 경우이다. 이 경우 북한이 현재의 상태를 인정하는 경우와 현재의 상태에 이의를 제기하여 국경변경을 요구하게 될

경우가 있다. 전자는 간도문제가 완전히 해결되는 것은 아니지만, 통일
한국에 있어서 더 이상 중국과 영토문제로 서로 대립하지 않게 된다.
후자는 북한이 이의를 제기하는 통일한국과 중국 간에 간도문제가 가
장 큰 현안으로 대두하게 될 것이다. 간도문제가 간도협약체결 이전
상태 즉, 1887년 정해감계담판 상태에서 논의해야할 것이다.

넷째로, "합병"으로 남북한이 당장 통일한국을 달성하여 중국에 대해
'조중변계조약'은 북한, 중국 모두 유엔이 인정하는 합법정부가 아닌 시
점에 체결된 것이라는 법적 효력의 취약성을 문제 삼아서 간도문제의
재협상을 요구할 수 있다. 이 경우는 통일한국과 중국 사이에 최종적으
로 간도문제를 해결해야한다. 하지만, 사실상 통일한국과 중국 사이에
간도문제를 재협상한다고 하더라도 한국정부가 중국의 실효적 지배를
오랫동안 묵인해왔다는 사실적인 것이 존재하고, 또한 유엔이 정한 합
법정부도 아니었고, 게다가 비밀조약이긴 하지만 북한과 중국 사이에
최종적인 국경획정이 이루어졌다는 사실적인 부분이 존재하기 때문에
간도 영토를 한국영토로서 회복하는 일은 쉬운 일이 아닐 것이다.

5. 맺음말

이상과 같이 '조중변계조약'과 통일한국에서의 간도문제의 법적 지
위라는 측면에서 간도문제를 고찰해보았다. 연구 성과로서 다음과 같
이 그 특징을 정리할 수 있다.

첫째로 '조중변계조약'으로 인한 한중간의 국경선은 압록강-백두산
천지(양분)-두만강 경계선이 되어 종래의 중국 주장과 간도협약의 취
지를 살린 것으로 볼 수 있다. 다만 두만강 상류에 대해서는 중국이

종래의 주장과 「간도협약」체제에서 양보하여 북한의 요구를 수용했다는 점이 특징이다.

둘째로, 중국이 북한에 대해 '조중변계조약'의 체결을 제안한 것은 간도문제의 존재를 인정한 것이므로 통일한국과 중국 간에 간도문제가 현안이 될 경우, 간도문제의 시효기점을 1962년으로 잡을 수 있다.

셋째로, '조중변계조약'은 유엔이 한국을 한반도의 유일한 합법정부로 하였을 때에 합법정부가 아니었던 북한이 중국정부 사이에 체결한 비밀조약이기 때문에 국제사법재판소와 같은 제3의 국제기관에 간도문제를 위탁하게 된다면 '조중변계조약'의 체결권자의 법적 취약성이 지적되어 중국에 매우 불리하고 통일한국에 유리할 것이다.

넷째로, 북한과 남한이 평화적으로 통일을 성취하여 통일한국의 국익을 달성하려고 한다면, 중국정부에 대해 간도영유권에 대한 이의를 제기하여 우선적으로 분쟁지역화 하는 것이 무엇보다도 중요하다. 하지만 영토문제는 국제법상 시효에 의한 영토취득이 가능하므로 통일한국은 가급적 빨리 중국에 이의를 제기해야겠지만, 양국 간의 우호관계를 유지하기 위해서라도 쉬운 일은 아닐 것이다. 따라서 정치적 결단이 필요이다.

다섯째로, 실제로 간도문제는 영유권문제로서 간도 영토를 한국영토로서 회복하는 것은 쉬운 일이 아니다. 어쩌면 새로운 시대가 도래 하지 않는 이상 해결이 어려울 수도 있다. 그래서 향후 간도문제의 과제는 간도의 역사를 본질적으로 재조명하는 것이라 할 수 있다. 왜냐하면, 중국이 고구려를 중국의 변방국가라고 주장하여 한국의 정통성을 단절하려고 하고 있는 것처럼, 역사전쟁을 대비할 수 있기 때문이다.

여섯째로, 지금까지의 간도문제 현황을 고려해 보면 통일한국과 중국 사이에 간도문제가 현안이 되어 외교적 해결이나 제3의 국제기관에 위탁한다고 할 때, 전적으로 한국에 불리한 것은 두말 할 나위가 없다. 만일 외교협상으로 간도문제를 해결한다면 역사적으로 간도지역이라고 지칭되던 지역 중에서 그 일부를 분할할 수도 있다. 그러나 국제사법재판소에 기탁될 경우에는 시효취득에 의해 중국영토로 판결이 날 가능성이 높다.

마지막으로 '조중변계조약'은 정치적 논리에 의해 결정된 것으로서 국제법적 논리와 소원한 것이다. 따라서 이것이 통일한국에 미치는 영향은 크지 않다. 따라서 통일한국에 있어서 양국 간의 간도문제협상에 있어서는 1909년 간도협약 이전 상태 즉, 1887년 정해감계담판 시점에서 다시 논의되어야할 것으로 본다.

제3부

동아시아 영토분쟁의 성격비교

-독도·간도·센카쿠제도· 쿠릴 남방4도-

동아시아 영토분쟁의 패러다임

제**7**장
일본 민주당정부의
분쟁지역에 대한 영토정책

－북방영토, 죽도, 센카쿠제도－

1. 들어가면서

　자민당은 55년체제 이후 1993년 중의원 선거에서 과반수를 획득하지 못하여 비자민, 비공산의 8개 야당 연립 정부에게 1년 남짓 정권을 넘겨준 적이 있었으나, 이 때를 제외하고 줄곧 정권을 담당해왔다. 그런데 이번 2009년 8월 중의원 선거에서 민주당이 480석 중 308석을 확보하여 자민당을 대신하여 정권을 담당하게 되었다.

　이번 민주당정부는 2009년 2월 24일 민주당 하토야마 간사장(5월 16일 대표취임)이 「미국 추종외교에서 국제협조노선으로 전환하여 '아시아 태평양 공동체' 실현을 국가의 새로운 목표로 삼고 있다.」라고 언급한 것처럼,[1] 종래 자민당 정부와는 달리, 「아시아 외교의 강화」를

---

1) 「鳩山由紀夫をもっとよく知りたい人のための資料集【簡略版】」, 『エラ

목표로「중국, 한국을 비롯한 아시아 제국과 신뢰 관계를 구축하는데 전력을 다한다. 동아시아 공동체 구축을 목표로 하여 통상, 금융, 에너지, 환경, 재해 구원, 전염병 대책 등의 분야에서 아시아 태평양 지역의 역내 협력 체제를 확립한다. 아시아·태평양 제국을 비롯하여 세계 각국과 투자·노동이나 지적 재산 등 넓은 분야를 포함하는 경제연대협정(EPA), 자유무역협정(FTA) 체결을 적극적으로 추진한다.」고 하는 방침을 세웠다.[2]

종래 자민당 정부는 아시아 중시 외교 보다는 일미 동맹을 더욱 중시하여 아시아 각국 특히 한국과 중국, 북한 등과 외교적 마찰을 불러일으켰다. 영토 정책에 있어서도 예외는 아니었다. 야당 시절 민주당은 제1야당으로서 자민당의 정책을 비판하는 입장이었다.

전 자민당 정부는 동아시아 3국과의 영토분쟁에 있어서 센카쿠제도는 일본의 고유 영토로서 영토 문제가 존재하지 않는다는 입장이고, '죽도'는 한국, '북방4도'는 러시아가 불법적으로 점령하고 있다고 주장하고 있다. 쿠릴열도와 독도는 조기에 회복해야할 영토로 규정하고 있다.

그렇다면 자민당의 영토 정책을 비판하고 있는 민주당 정부는 영토 정책을 어떻게 전개할 것인가를 고찰하는 것이 목적이다.

연구 방법으로서는 우선 민주당의 정치적 이념을 살펴보고, 다음으로 민주당 요인의 영토 정책에 대한 인식을 고찰한다. 마지막으로 향후 민주당 정부의 외교 정책 중에서 영토 정책은 어떻게 전개할 것인

通信のチラシの裏』, 2009년 5월 18일, era-tsushin.at.webry.info/200905/article_88.html(2009년 11월 3일 검색).

2)「민주당정책집」, http://www.dpj.or.jp/policy/manifesto/seisaku2009/index.html(2009년 11월 3일 검색).

가를 검토한다. 선행 연구에서는 아직 민주당 정부의 영토 정책에 대해 검토한 바 없다.

2. 민주당의 정치이념의 다양성

민주당의 정치이념을 규명하는 것은 민주당의 대외영토정책을 고찰하는데 유익할 것이다. 민주당은 1998년 간 나오토(菅直人), 하토야마 유키오(鳩山由紀夫) 등이 신당사키가케에서 탈퇴(1996년 9월)하여 간 나오토 이들이 중심이 되어 대표 하토야마 유키오, 대표대행 오자와 이치로(小沢一郎), 간 나오토, 코시이시 아즈마(輿石東), 간사장 오카다 카츠야(岡田克也), 참의원 의원단회장 코시이시 아즈마로 하여 창당되었다. 1998년 4월 원내회파 「민주우애태양국민연합」(민우련)에 참가하고 있던 구민주당·민정당·신당우애·민주개혁연합이 정권전략회의 의장이었던 호소가와 요시히로(細川護熙)의 주도로 기존 정당을 해산하고 민주당에 합류하여 간 나오토를 초대당대표로 선임하여 새로운 민주당으로 재창당하게 되었다.

민주당은 이처럼 다양한 계파가 모여서 만든 정당이다. 당내에는 공산당, 사민당과 같이 종군위안부의 명칭을 「전시 성적 강제피해자」로 바꾸자고 하는 오자와 이치로 등의 그룹과 위안부문제와 난징(南京)사건을 부정하는 마에하라 세이지(前原誠司) 등의 그룹으로 나뉘어져 있고, 또한 당내 주류파 중에는 재일 영주외국인의 법적 지위를 인정하자는 하토야마·오카다 등의 그룹과 영주외국인의 지방참정권을 반대하는 그룹으로 나뉘어져 존재하다.[3] 따라서 민주당은 이념적으로 「중도좌파 사회자유주의」라고 하지만,[4] 2006년 4월 14일 오자와 이치로 대표체제의 하토야마 간사장은 보수 중도와의 연대도 시사했다.[5] 이처럼 보수, 중도, 좌파까지 다양한 이념을 가진 정치인들이 모여 있기 때문에 사안 별로 항상 대립의 가능성을 내포하고 있다.

　민주당의 의석의 변화를 보면 다음과 같다. 2000년 6월 총선거로 32의석에서 127의석이 되었다. 2003년 9월 민주당(대표 菅直人)은 민주당의 임원과 정책을 그대로 계승하여 자유당(대표 小沢一郎)과 합병하여 2003년 11월 총선거에서 177의석이 되었다. 2004년 7월 참의원의원 선거에서 50의석을 획득했고, 비례구 득표에서는 자민당을 추월했다. 2005년 9월 총선거에서는 113의석 획득으로 참패하여 오카다 가츠야 대표를 사임하고 마에하라 세이지가 간 나오토와 경합하여 대표가 되었다. 2006년 4월 마에하라 세이지가 대표를 사임하고 오자와 이치로가 새로운 대표가 되었다. 2007년 7월 참의원의원 선거에서 60의석을 획득하여 참의원에서 110의석(정수 242)이 되어 처음으로 참의원에서 제1당이 되었다[6]. 2009년 5월 오자와 대표는 비서 니시마츠(西松)의 헌금문제로 당의 지지율 하락과 당내 동요를 막기 위해 대표직을 사임했다. 5월 17일 대표선거에서 하토야마 유키오(鳩山由紀夫)가 오카다 가츠야와 겨루어 대표가 되었다. 2009년 7월 12일 도쿄도(東京都) 의

---

3) 일반적으로 자민당은 보수・중도우파라고 하고, 민주당은 리버럴・중도 좌파 정당이라고 함. 하지만 일부 보수적 이념의 의원들도 소속되어 있고, 사회민주주의적 정책을 주장하는 의원도 참가하고 있음. 鳩山由紀夫는 「좌파는 민주당의 이념이 아니다.」라고 부정하고 있음.

4) フリー百科事典『ウィキペディア(Wikipedia)』, Democratic Party of Japan, "DPJ".

5) 「鳩山由紀夫をもっとよく知りたい人のための資料集【簡略版】」,『エラ通信のチラシの裏』, 2009년 5월 18일, *era－tsushin.at.webry.info/200905/article_88.html*(2009년 11월 3일 검색).

6) フリー百科事典『ウィキペディア(Wikipedia)』, Democratic Party of Japan, "DPJ".

회의원선거에서 54의석(정수127)을 획득하여 도정(都政)에서 처음으로 제1당이 되었다. 2009년 8월 30일 중의원의원 총선거에서 480의석 중에 308의석(64%)을 획득하여 자민당을 누르고 제1당이 되어 정부를 담당하게 되었다.

민주당의 대표적인 정책을 보면, 「유엔에서의 역할」에 대해 「일본은 유엔이 국제평화, 안전과 번영에 대해 기능을 잘 할 수 있도록 유엔개혁에 적극적으로 주도적 역할을 해야한다. (중략) 우리나라가 상임이사국에 들어가는 것을 목표로 한다.」 또한 「유엔평화활동에도 적극적으로 참가한다」고 하는 방침을 세우고 상임이사국에 들어가서 국제사회의 주도적인 역할을 의도하고 있다.[7]

하토야마 수상은 정치적으로 민주당 계열의 자민당 총리였던 조부 하토야마 이치로 수상의 영향을 받고 있다고 할 수 있는데, 조부 하토야마는 「자주개헌과 재무장을 주장했고, 일본의 안보는 스스로 담당해야하므로 미국에 강요당한 평화헌법은 개정되어야한다」고 주장했다.[8] 민주당의 정책과 조부였던 하토야마 이치로 전 수상과는 정치이념의 맥을 같이 하는 부분이 있다. 하토야마 수상의 동생인 자민당의 하토야마 쿠니오 전총무상은 「1996년 민주당 창당 시 현재의 간 나오토(菅直人) 부총리, 하토야마 유키오 전 총리, 요코미치 타카히코(横路孝弘) 중의원 의장은 '미군의 상시주둔은 필요없다'는 것이 기본적인 인식이었다.」라고 하여 하토야마가 주일미군 철수론자임을 지적했다.[9] 민주

7) 「민주당정책집」, http://www.dpj.or.jp/policy/manifesto/seisaku2009/index. html(2009년 11월 3일 검색).
8) 김세걸/김웅희(2008) 『현대 일본정치의 이해』한국방송통신대학교출판부, p.65.
9) 「하토야마 동생 "총리는 주일미군 철수론자"」, 『조선일보』 2009년 11월 20일, http://news.chosun.com/site/data/html_dir/2009/11/20/2009112000 0386.html?srchCol=news&srchUrl=news2(2009년 11월 23일검색).

당 간사장 오자와 이치로도 보통국가론을 주장한 인물로서 자주적인 안보를 주장하고 있다.[10]

결론적으로 민주당은 유엔 상임이사국이 되어 유엔에서 주체적인 역할을 목표로 하고 있고, 외교정책에 있어서는 미국과의 동맹관계를 유지하면서도 주도적으로 대아시아정책을 중시하여 동아시아공동체 형성을 목표로 하고 있다.[11] 과거 자민당정부는 대아시아정책보다는 미일동맹을 중시하여 국익을 도모했는데, 민주당 정부는 대아시아정책을 중시하여 국익을 도모하고 있다. 이러한 측면에서 본다면 민주당 정부는 전 자민당정부와 달리 대아시아정책을 달성하기 위해서라도 영토문제에서 일부러 분쟁을 야기하는 정책은 피할 것으로 판단된다.

3. 「북방영토문제」에 관한 정책

(1) 전 자민당정부의 정책

북방영토는 제2차 대전 중 미영소가 합의한 얄타회담을 근거하여 소련이 점령하여 현재 러시아가 실효적으로 점유하고 있고, 대일평화조약에서는 일본에 대해 쿠릴열도의 영토주권을 전적으로 포기한다고 규정되어 있다. 이에 대해 일본은 북방4개 섬이 쿠릴열도에 포함되지 않고 역사적으로나 국제법적으로 일본의 고유영토로서 빠른 시일 내에 반환조치를 취한다는 방침을 세우고 있다.[12] 국회에서는 「북방영토의

---

10) 小沢一郎(1993)『日本改造計画』講談社, pp.102-174.
11) 「민주당정책집」, http://www.dpj.or.jp/policy/manifesto/seisaku2009/index. html(2009년 11월 3일 검색).
12) 「北方領土問題」, http://www.mofa.go.jp/mofaj/area/hoppo/index.html (2009년 11월 3일 검색).

날」을 제정하여 매년 국민들에게 영유권 의식을 고취시키고 있고,[13] 일본정부는 기회가 있을 때마다 러시아정부에 대해 평화조약을 체결하여 4도반환과 더불어 영토문제를 해결하자고 제의해왔다.[14]

자민당정부의 마지막 총리였던 아소 타로(麻生太郎) 수상은 러시아가 북방영토를 「불법점거」하고 있다는 인식을 갖고 있었다.[15] 수상재임기에 러시아대통령 드미트리 메디베데프의 초청을 받고 사할린 남부(南樺太-일본명)를 방문하여 일러 수뇌회담을 가졌는데, 이때에 북방영토문제에 대해 「면적이등분」으로 북방영토를 해결하자고 제안하였다. 전후 역대정권들이 「4도 일괄반환론」을 견지해왔는데, 방침을 변경한 것은 북방영토를 방기한 행위라고 여론의 비난을 받았다.[16] 사할린 남부에 대해서도 종래 일본은 러시아영토임을 공식적으로 인정하지 않기 위해 귀속미확정지역으로 간주하여 전후 역대 총리대신의 사할린 방문을 피해왔다. 그런데 아소 수상은 러시아출입국의 절차를 밟고 사할린 남부를 당일치기로 방문했고, 귀국 후에는 외국으로부터 귀국했음을 기록하는 황거 기장(記帳)을 작성한 것도 사할린 남부를 러시아령으로 사실상 인정한 것이나 다름없다고 여론의 비판을 받았다.[17]

일본은 영토분쟁지역에 대해서는 상대국의 주권을 인정해서는 안된다는 의미에서 일본국민이 상당대국 출입국의 허가를 받고 입국하는

13) 木村汎(1989) 『北方領土 ―軌跡と返還への助走―』時事通信社, pp.76-77.

14) 최장근(2009) 『독도문제의 본질과 일본의 영토분쟁의 정치학』제이앤씨, pp.139-189.

15) 「鳩山ブランド゛で進展狙う=北方領土解決に意欲-対ロ外交」, 『時事通信』 2009년 9월 6일, http://headlines.yahoo.co.jp/hl?a=20090906-00000024-jij-pol(2009년 11월 3일 검색).

16) 「麻生内閣」, http://ja.wikipedia.org/wiki/(2009년 11월 3일 검색).

17) 「麻生内閣」, http://ja.wikipedia.org/wiki/(2009년 11월 3일 검색).

것을 제한하고 있다. 사실상 북방영토에 대해서도 일본국민의 입국을 제한하고 있다.[18] 사할린의 경우는 일부 여론이 아소 총리의 행동을 비난하였지만, 사실상 러시아영토로서 인식되고 있는 러시아영토나 다름없다. 그러나 러일 국경문제가 해결되지 않은 상황에서 아소의 행동은 북방영토의 반환에 전혀 도움 되지 않는다는 차원에서 비난을 받았던 것이다.

(2) 민주당 요인의 발언 분석

현재 민주당정부에서 최고의 지위에 있는 하토야마 수상과 민주당의 실질적인 실력자인 오자와 간사장의 북방영토에 대한 인식을 살펴보기로 한다.

하토야마 수상은 민간우호단체인 「일러협회」 회장을 역임한 적이 있는 친러파이다. 과거 하토야마는 우선적으로 러시아로부터 북방4도의 주권이 일본에 있다는 사실만 러시아로부터 인정만 받는다면 반환 시기나 방법은 대응할 수 있다는 입장을 표명했다. 2005년 러시아를 방문하여 4도반환을 달성할 때까지 우선적으로 과도적으로 「공동통치」를 검토할 수 있다고 언급했다.[19] 또한 조부 하토야마 이치로(鳩山一郞)가 서명한 1956년의 일소공동선언에서 평화조약을 체결할 경우 「하보마이(歯舞), 시코탄(色丹) 2도를 일본에 인도한다」고 결정한 2섬을 우선적으로 반환한다는 입장을 적극적으로 취한 적도 있었다.[20] 이러

---

18) 독도에 대한 입도도 제한하고 있어서 일본국민은 독도에 입도하는 것을 의식적으로 거부하고 있다. 2006년 죽도문제연구회의 울릉도 조사시 독도 입도를 행하지 않은 것과 더불어 독도연구자들도 독도를 연구하면서도 독도입도를 거부하고 있는 것을 직접 대화에서 확인하게 되었음.

19) 「鳩山ブランド」で進展狙う＝北方領土解決に意欲－対ロ外交」, 『時事通信』 2009년 9월 6일, http://headlines.yahoo.co.jp/(2009년 11월 3일 검색).

한 측면에서 본다면, 하토야마는 유연한 자세로 2도 우선반환 등 러시아측의 양보를 끌어내려고 하고 있다. 우선 하토야마 수상의 인식을 살펴보자. 민주당 하토야마 대표(9월 17일 수상 취임)는 1956년 소련과 국교회복을 해낸 하토야마 이치로 전 수상의 손자이다. 하토야마는 이런 브랜드의 힘을 최대한 살려 북방영토문제를 해결하려고 할 것이다.

8월 30일 중의원 선거에서 민주당이 압승하여 총리 내정을 앞둔 하토야마 대표는 9월 3일 주일 러시아 대사 베이루이와 회담하고 기자회견에서 「하토야마라는 이름은 러시아에 꽤 알려져 있어서 러일 관계가 적극적인 방향으로 진행될 것을 기대하고 있다.」라고 하여 영토 문제의 해결에 대한 의욕을 나타내었다.[21]

다음으로 오자와의 경우는 다음과 같다. 2009년 5월 12일 오자와 이치로(小沢一郎) 대표가 하토야마 유키오(鳩山由紀夫) 간사장, 오쿠무라 텐죠(奧村展三) 총무위원장 대리(임원실 담당)가 동석한 자리에서 러시아 푸틴 수상과 도쿄 도내에서 회담했다. 이때 러시아 수상 푸틴이 「상호가 인내하고 상호가 존중하여 하나하나 해결책을 찾는 노력이 필요하다.」「친구이기에 해결이 가능하다. 해결 방향을 찾아서 부드럽게 국민들에게 잘 설명하는 것이 필요하다.」고 했다. 이에 대해 오자와(小沢) 대표는 「상호 신뢰할 수 있는 친구관계가 되면 영토 문제를 해결할 수 있다.」「특히 극동러시아에 대해 일본은 자원을 공여 받고 있을 뿐만 아니라 러시아의 경제적 발전에도 공헌해야하고, 생활의 향상과 환경정비에도 크게 도움을 주고 싶다. 이런 일을 실현하면서 영토 문제가

---

20) 「鳩山ブランド"で進展狙う＝北方領土解決に意欲－対ロ外交」, 『時事通信』 2009년 9월 6일, http://headlines.yahoo.co.jp/(2009년 11월 3일 검색).

21) 「鳩山ブランド"で進展狙う＝北方領土解決に意欲－対ロ外交」, 『時事通信』 2009년 9월 6일, http://headlines.yahoo.co.jp(2009년 11월 3일 검색).

해결되면 좋을 거라 생각한다.」고 했다.[22]

다시 말하면, 러시아는 4도반환에 대한 인식이 없기 때문에 푸틴의 언급은 일본국민을 설득하여 2도 인도로 영토 문제의 해결을 시사한 것이었다고 할 수 있고, 오자와는 경제적으로 러시아를 원조하는 형식으로라도 러시아로부터 4도의 양보를 받아내겠다는 것을 간접적으로 시사한 것이라고 하겠다. 푸틴은 오자와의 제안에 대해「그러한 생각도 구체적으로 검토해가는 것도 좋을 것 같다.」라고 하여 즉답을 피했다.[23] 여기서 알 수 있듯이 오자와는 북방4도 모두가 일본의 고유 영토라는 인식을 갖고 있어서 2도 우선 반환을 언급하지 않았다. 따라서 종래 일본정부의 방침과 마찬가지로 4도 일괄 반환을 주장했다고 볼 수 있다.

(3) 민주당 정부의 정책 방향

민주당 정책으로「일러 관계」에 대해「일러 관계의 강화」라는 제목으로「경제·문화 교류의 활성화와 자원 개발의 협력 등을 통해 일러 관계를 강화한다. 북방영토의 조기 반환을 향해 끈기 있게 교섭에 임한다.」또한「전후 제과제의 추진」이라는 제목으로「북방영토문제를 해결하여 일러 평화조약을 체결하는 것」이라고 규정하고 있다. 해결 방법에 관해서는「우리나라 고유 영토인 데토로프도, 쿠나시리도, 시코탄도, 하보마이군도 이른바 북방4도의 조기 반환을 목표로 한다. 또 경제·문화교류 등을 통해 러시아 국민과의 신뢰 양성, 원래 거주민에

---

22)「友好關係を深めながら北方領土問題解決 小沢代表, プーチン首相が一致」, http://www.dpj.or.jp/news/?num=15914(2009년 11월 3일 검색).
23)「友好關係を深めながら北方領土問題解決 小沢代表, プーチン首相が一致」, http://www.dpj.or.jp/news/?num=15914(2009년 11월 3일 검색).

대한 지원, 국민 여론의 환기 등 반환을 위한 환경 정비에 관해서도 적극적으로 시도한다.」고 하는 정책을 세우고 있다.[24] 해결 방법에 있어서는 자민당 정부의 정책과 동일한 것으로,[25] 북방영토문제를 적극적으로 해결하기 위한 새로운 방안을 갖고 있는 것은 아니었다.[26]

민주당의 입장은 북방4도가 일본의 고유영토이므로 조기반환을 목표로 하고, 또한 주변국가인 러시아와의 평화조약체결을 위해서라도 북방영토문제를 조기에 해결해야한다는 방침을 세우고 있다.[27]

이렇게 볼 때, 장기적으로 4도반환이 전제가 될 경우에는 2도우선반환도 고려하고 있다고 볼 수 있다. 이는 야당시절 2009년 7월 민주당이 제1당을 차지하는 참의원에서 북방영토의 조기반환 실현을 위해 「개정 북방영토문제 등 해결촉진 특별법(改正 北方領土問題 等 解決促進 特措法)」을 만들어 북방4도가 전적으로 「우리나라 고유영토」라고 명기한 법안을 성립시켰다.[28] 이 법안에 대해 일본 국내 일부여론은 하보마이(歯舞), 시코탄(色丹) 2도 반환으로 해결하려는 것이 아닌지 우려했다. 하보마이, 시코탄 2도는 북방영토 전체의 10분의 1정도의 크기이기 때문에 민주당정부가 북방영토문제에 있어서 국민여론을 무시하고 양보할 수 없을 것이다. 따라서 「4도반환」을 전제로 한 「2도우선반환」의 전략으로 보는 것이 타당할 것이다.

---

24) 「민주당정책집」, http://www.dpj.or.jp/policy/manifesto/seisaku2009/index. html(2009년 11월 3일 검색).
25) 전게서, 『독도문제의 본질과 일본영토분쟁의 정치학』, pp.139-189.
26) 「민주당정책집」, http://www.dpj.or.jp/policy/manifesto/seisaku2009/index. htm(2009년 11월 3일 검색).
27) 「政策集INDEX2009」, http://www.dpj.or.jp/policy/manifesto/seisaku2009 /index.html(2009년 11월 3일 검색).
28) 「鳩山ブランドで進展狙う＝北方領土解決に意欲－対ロ外交」, 『時事通信』 2009년 9월 6일, http://headlines.yahoo.co.jp/(2009년 11월 3일 검색).

민주당의 이러한 정책에 대해 러시아의 입장은 어떠한가? 러시아 정부계열 신문은 민주당정부의 성립을 보면서 북방영토문제에 대해 「하토야마 대표의 조부 하토야마 이치로 전 수상은 1956년 일소공동선언에 서명하여 일본과 소련이 국교를 회복했다」고 전제하면서도 하토야마 유키오가 수상이 되더라도 「극적인 진전은 없을 것」이라고 단정했다.[29] 또한 러일관계를 연구하는 모스크바의 극동연구소 비부리아텐코 박사는 「하토야마 가문의 사람들이 소련이나 러시아와 관계를 갖고 있지만, 영토 문제를 교섭하는 데는 도움이 될지몰라도, 근본적인 태도를 변화시키지는 못할 것이다. 다만 조부처럼 대담하게 2개의 섬에 국한한다면 문제는 달라지겠지만, 그렇게까지는 하지 못할 것이다.」라고 지적했다.[30] 이처럼 러시아는 4도반환에 대한 의사가 전혀 없고, 2도반환이라면 북방영토문제 해결이 가능하다는 입장이다.

요컨대 민주당은 북방영토를 조기에 반환한다는 목표를 갖고 있고, 하토야마 수상과 오자와 간사장도 이러한 방침에는 변함이 없다. 방법적인 면에서 하토야마 수상은 조부 하토야마 전 수상이 2도반환을 고려한 적이 있었기 때문에 반드시 4도 일괄 반환에는 고집하지 않겠지만, 4도반환을 포기할 수도 없을 것이다. 오자와의 경우는 4도반환을 전제로 하고 있지만, 반환 방법에 대해서는 유연하게 대처할 수 있을 것으로 본다. 반면 러시아는 4도에 대한 영유권 의식이 확고하기 때문에 1956년의 공동성명에서 제안한 바 있는 「2도인도」[31]는 가능하다는

---

29) 「ロシア 領土問題"進展ない"祖父に言及、鳩山代表との縁紹介」, 『産経新聞』 2009년 9월 1일, http://headlines.yahoo.co.jp/(2009년 11월 3일 검색).
30) 「鳩山ブランド"で進展狙う＝北方領土解決に意欲−対ロ外交」, 『時事通信』 2009년 9월 6일, http://headlines.yahoo.co.jp/hl?a=20090906−00000024 −jij−po(2009년 11월 3일 검색), 월간지 「今日の日本」의 편집장 파루피리에프도 모스크바 라디오국에 대해 같은 입장을 밝혔음.

입장이다.[32] 하지만 전후 줄곧 자민당 정부가 4도반환을 위해 평화조약체결을 미루어왔고, 일본국민들도 북방 4도가 일본의 고유영토라는 것으로 교육받아왔기 때문에 민주당정부가 아무리 혁신정부라고 하더라도 국민들의 의사에 반하는 정책을 강구할 수 없을 것이다. 따라서 북방영토문제는 종전처럼 새로운 변화 없이 현상유지상태로 진행될 것임에 분명하다.

4. 「죽도문제」에 관한 정책

(1) 전 자민당정부의 정책

원래 독도는 2개의 암초로 구성되어 있고 울릉도에서도 87km나 떨어져 있는 무인 암초였다. 독도는 1945년 해방 이후 일본인들의 진입을 금지하는 맥아더라인에 포함되어 있어서 한국의 동해안 어민들이 연합국의 정책으로 어로지로서 활용했고, 제2차 대전의 종결을 의미하는 대일강화조약이 체결되어 맥아더라인이 없어질 상황이 되었다. 이승만 대통령은 일본인들의 침입을 우려하여 역사적 권원을 바탕으로 독도를 포함하는 영역에 영토주권(평화선)을 선언했다. 이로 인하여 오늘날까지 한국이 독도를 실효적으로 점유하고 있다. 그런데 이러한 조치에 대해 일본정부는 1905년 무주지 선점으로 일본영토에 편입된 섬이라고 이의를 제기하여 영유권을 주장하고 있다.[33]

---

31) 러시아는 북방4도를 러시아영토라고 하는 인식이 확고하기 때문에 「반환」이라는 용어는 사용하지 않는다. 다만 선의의 차원에서 평화조약 체결을 전제로 2도를 「인도」할 수 있다는 입장임.

32) アラージン・V・V(2005)『ロシアと日本：平和条約への見失われた道標　ーロシア人からの88の質問への回答』モスクワ：COU,UYM.

전 자민당정부는 '죽도'는 역사적으로나 국제법적으로 일본영토임에
도 불구하고 한국정부가 아무런 법적인 근거없이 무력으로 불법점거하
고 있다고 주장하고 있다.[34] 과거 일본정부는 한국정부에 대해 독도에
한국경찰 주둔과 주민의 거주, 등대설치, 접안시설 건설 등을 항의했
고,[35] 특히 전 자민당정부는 2008년 중학교 사회과 교과서 지도요령해
설서에 죽도가 일본의 고유영토라고 게재하여 모든 중학교 사회과 교
과에서 '죽도' 영유권 교육을 하도록 지시했다. 또한 외무성 홈페이지에
서는 「죽도문제」라는 항목을 만들어 역사적으로나 국제법적으로 「죽
도가 일본영토인 10가지 이유」를 일본어판, 영어판, 한국어판, 아라비
아판, 중국어판, 프랑스판, 독일판, 포르투갈판, 러시아판, 스페인판 등
10개국 언어로 작성하여 홍보활동을 펴고 있다.[36] 일본이 주장하는 논
리를 보면 중요한 사료 중에서도 불리한 자료는 무시하고 필요한 부분
을 유리하게 왜곡 해석하여 일본영토라는 일본적 논리를 만들어 내고
있다.[37] 뿐만 아니라 국제사회에 대해서도 독도를 분쟁지역 내지는 일
본영토라고 적극적으로 홍보하여 국제사회의 여론을 조장하고 있다.

또한 일본국민에 대해서는 한국출입국의 절차를 밟아서 '죽도'에 들
어가는 것을 자제하라고 촉구하고 있다. 그 이유는 바로 일본국민이

33) 下条正男(2005) 『竹島─その歴史と領土問題』竹島・北方領土返還要求運
動島根県民会, pp.26-66.
34) 「竹島問題」, http://www.mofa.go.jp/mofaj/area/takeshima/(2009년 11월
3일 검색).
35) 최장근(2008)『독도의 영토학』대구대학교출판부, pp.144-147. 최장근
(2008) 「독도의 영유권」, 경상북도편『독도총서』경상북도 독도연구기관
통합협의체, pp.333-373.
36) 「竹島問題」, http://www.mofa.go.jp/mofaj/area/takeshima/(2009년 11월
3일 검색).
37) 高野雄一(1962)『日本の領土』東京大学出版会, p.69.

한국측의 관할권에 복종했다거나, 죽도에 대한 한국의 영유권을 인정했다라고 오인할 수 있다는 것이다.[38]

특히 독도를 관할 구역으로 하고 있는 시마네현은 2005년 「죽도의 날」 조례를 제정하여 일본정부에 대해 적극적인 '죽도' 영토화 정책을 부추기고, 국민여론을 조장하고 있다. 이에 대해 자민당 의원 중에서 어느 누구도 「죽도의 날」의 조례제정에 대해 이의를 제기하지 않았다. 따라서 자민당정부가 이를 묵인했다고 할 수 있다.[39]

(2) 민주당 요인의 발언 분석

민주당의 독도영유권 인식으로서 민주당대표이고 총리대신인 하토야마 수상과 민주장의 실질적인 권력자로 알려져 있는 오자와 간사장의 독도 인식에 관해서 살펴보기로 한다.

이들 두 요인은 2008년 자민당정부가 정책적으로 추진한 중학교사회과 교과서 지도요령해설서에 독도영유권에 관한 항목을 삽입한 것에 대해 제각기 의견을 제시하고 있다. 먼저 야당시절 하토야마의 독도인식에 대해 살펴보자.

민주당 간사장으로서, 2006년 4월 21일 「죽도문제로 한국과 충돌하게 되면 납치문제에 악영향을 미친다.」[40] 2006년 5월 4일 한국을 방문해서는 「독도문제는 일본(자민당정부)의 외교적 실패」, 「일본측이 역

---

38) 「竹島問題」, http://www.mofa.go.jp/mofaj/area/takeshima/(2009년 11월 3일 검색).
39) 후술하는 것처럼 민주당의원들 중에서는 「죽도의 날」 제정을 비난하기도 했음.
40) 「鳩山由紀夫をもっとよく知りたい人のための資料集【簡略版】」, 『エラ通信のチラシの裏』, 2009/05/18, *era-tsushin.at.webry.info/200905/article_88.html*(2009년 11월 3일 검색).

사를 바르게 이해해야한다.」[41] 2006년 5월 5일 반기문 외무부장관이 노무현 대통령이 '독도담화'를 통해 일본의 각성을 촉구했다고 전했을 때, 민주당 간사장이었던 하토야마는 「생각해보겠다.」라고 말했다.[42] 2006년 8월 11일 하토야마 민주당 간사장은 「(자민당 정부가) 중국과 한국의 이야기를 듣는 것이 이상하다」「편협한 내셔널리즘적인 발상이다. 내셔널리즘이 재발되는 것이 우려된다.」고 했다.[43] 2009년 10월 9일 총리가 되어 한국을 방문한 하토야마 수상은 「당연히 한국과 일본 간에는 여러 가지 현안들이 있습니다. 저는 이 신정부가 '똑바로 역사'라는 것을 직시할 수 있는 의미를 가지고 있는 정권이라고 말씀드렸습니다. 그러나 취임한 지가 3주가 되지 않았습니다. 따라서 모든 것을 해결할 수 있는 것은 아닙니다. 시간적인 유예도 시간적인 여유도 주셨으면 하고 부탁을 드리면서 미래지향적으로 일·한 관계를 더욱더 양호하게 할 것」이라고 했다.[44]

이를 보면, 하토야마 수상은 독도문제로 한일 양국이 충돌해서는 안되고, 역사적 사실을 제대로 이해하지 않고 선급하게 독도가 일본영토라고 교과서에 실어서 학생들에게 지도하도록 하는 것은 잘못된 것이

---

41) 「鳩山由紀夫をもっとよく知りたい人のための資料集【簡略版】」, 『エラ通信のチラシの裏』, 2009/05/18, era－tsushin.at.webry.info/200905/article_88.html(2009년 11월 3일 검색).

42) 「鳩山由紀夫をもっとよく知りたい人のための資料集【簡略版】」, 『エラ通信のチラシの裏』, 2009/05/18, era－tsushin.at.webry.info/200905/article_88.html(2009년 11월 3일 검색).

43) 「鳩山由紀夫をもっとよく知りたい人のための資料集【簡略版】」, 2009/05/18, era－tsushin.at.webry.info/200905/article_88.html(2009년 11월 3일 검색).

44) 「디캐 한－일 정상 회담 및 공동기자회견」2009년 10월 9일, 『NEWS－A』, http://www.newsa.co.kr/news/service/article/mess_01.asp?P_Index=5586&flag=(2009년 11월 3일 검색).

다. 한국의 독도영유권 주장에 대해서는 전적으로 부정할 수 없다는 입장이었다. 따라서 하토야마 수상은 독도영유권에 대해 전적으로 일본영토라고 인정하지 않고 분쟁지역(적극적으로 해석하면 한국영토)으로 인식하고 있는 듯하다. 그래서 독도문제를 가지고 한일 양국 사이에 부딪히는 정책을 적극적으로 펴는 일은 없을 것으로 본다.

다음으로 오자와 이치로의 「죽도문제」에 대한 인식을 살펴보기로 한다.

야당시절 민주당 대표로서 오자와는 일본국민들 중에서 「민주당이 정권을 잡으면 한국에 융화(融和)되지 않을까 우려하는 무리도 있다. 이에 대해 오자와는 오히려 일본이 지금까지 자기주장을 하지 않았지만, 나는 현재도 한국, 중국, 미국의 수상들에게 할 말은 다하고 있습니다. 서로 간에 의견을 나누어서 결론을 내면 그 결론을 존중해야한다.」라고 했다.[45]

2008년 11월 3일 일본 도요(東洋)대학 축제에서 「나는 죽도는 일본영토라고 생각합니다. 단지 한국은 한국대로 그것을 한국영토라고 주장하여 실효적 지배를 하고 있지요. 현실적으로 일본의 주장을 가지고 분명하게 한국과 마주 앉아서 대화를 해야할 것이다.」[46] 2008년 7월 15일 기자회견에서 「사실상 한국이 실력지배를 하고 있지 않는가? 지금까지 한국의 실효적 지배를 방치해놓고 지금에 와서 우리영토라고

---

45) 「竹島は日本の領土と思っている －小沢代表発言ネットで噛みつかれる」, 『J－CASTニュース』2008년 11월 7일, http://news.livedoor.com/article/detail/3891453/(2009년 9월 10일 검색). 이하 오자와 관련내용은 모두 본 기사에서 인용한 것임.
46) 「韓国, 中国, アメリカの首脳にズケズケ言っています」, 小沢代表는 2008년 11월 3일 投稿動画サイト「ニコニコ動画」의 생방송「1万人ネット会見」에 출연. 회견장은 학원축제개최의 東洋大学, 사회자 勝谷誠彦氏가 질문을 했음.

한들 무슨 소용이 있겠는가?」47) 「서로가 역사적으로 분명하게 검증한 후에 소속을 결정해야 되지 않을까?」라고 발언했다.48) 또한 「죽도에 대해 일한 양국에서는 서로 생각이 다른 부분이 있다. 철저히 대화를 통해 확인을 해야 한다. 대화를 피하면서 교과서에 게재한다, 하지 않는다고 하는 것은 옳은 방법이 아니다.」라고 했다.49)

오자와의 이러한 발언에 대해 일부 일본국민들 중에는 「이 발언을 그대로 해석하면 오자와 대표는 죽도를 일본영토가 아니다, 라는 결론을 내리고 있다」.50) 또한 「일본이 수십 년간 공식적으로 국제재판을 계속적으로 신청해온 것도 모르는가?」51) 「처음부터 일본영토임에도 불구하고 "일본영토라고 생각하고 있다"라고 할 정도이니까. "일본영토라고 생각하는데, 사실관계를 조사해보니 한국영토였다" 라는 식으로 전혀 관심이 없는 것 같다.」 「조금이라도 무언가 해보겠다는 의지가 없다는 거죠.」라고 비판하기도 한다.52)

이처럼 오자와는 1905년 무주지 선점으로 독도가 일본영토가 되어서 원래 일본영토였음에도 불구하고 1952년 이승만 대통령이 「평화선」을 선언하여 한국이 실효적으로 점령하게 된 이후 일본이 한국의 실효적 지배를 묵인해왔다. 이를 보면 한국도 충분히 영유권을 주장할 입장

---

47) 「朝日新聞」 2008년 7월 16일.
48) 「産経新聞」 2008년 7월 16일.
49) 「小沢の売国発言 竹島問題(投稿者: 一凡人)」, http://www.rondan.co.jp/html/mail/0807/080716-19.html(2009년 11월 3일 검색), 「民主・小沢氏 -日韓で話を」, 「日経」 2008년 7월 16일.
50) 「竹島は日本の領土と思っている, 小沢代表発言ネットで噛みつかれる」, 『J-CASTニュース』 2008년 11월 7일, http://news.livedoor.com/article/detail/3891453/(2009년 9월 10일 검색)
51) 전게의 「ニコニコ動画」のコメント欄의 멘트.
52) 전게의 「2ちゃんねる」의 멘트.

이 된다. 이처럼 분쟁지역에 해당되는 섬에 대해 일방적으로 교과서에서 일본영토라고 가르치는 것은 옳은 방법이 아니다. 영토문제를 해결하는 순서로서 먼저 한일 양국이 철저히 역사적으로 어느 나라의 소속되는 영토인지를 분명히 해야한다는 것이다. 따라서 오자와는 독도 영유권에 대해 다테마에(형식)적으로는 일본영토라는 입장을 취하고 있지만, 전후 한국의 실효적 점유를 무시할 수 없으므로 분쟁지역으로 인식하고 있음을 알 수 있다.

(3) 민주당정부의 정책 방향

민주당은 독도 영유권에 대해 「죽도는 일본고유의 영토이다.」라고 하는 입장을 취하고 있다.53) 「영토문제」해결에 대해 「영토문제의 조기해결」이라는 방침을 세우고 있지만, 실제로는 「영토문제는 쉽게 해결될 사안이 아니고 시간이 상당히 걸리는 문제이다. 우리나라는 영토주권을 가지는 북방영토·죽도문제의 조기에 그리고 평화적 해결을 위해 끈기 있게 대화를 계속한다.」고 하는 입장을 취하고 있다. 게다가 「한일관계」에 대해서도 「일한 양국의 신뢰관계의 강화」라는 제목으로 「동아시아와 세계의 안정과 평화에 기여하기 위해 일한 양국의 신뢰관계를 강화한다. 한국은 6자협의의 당사국이기도 하고 양호한 일한관계의 재구축은 북한에 의한 납치, 핵, 미사일문제의 해결은 물론이고 조선반도의 평화와 안정을 위해 중요하다. 동아시아와 세계의 안정과 평화에 기여하기 위해 양국의 신뢰관계를 강화하고 게다가 일한중 3개국의 강력한 신뢰와 협력관계를 구축해간다. 일한 FTA 체결과 죽도문제의 해결 등을 추진한다.」라고 하여 독도문제를 계속적으로 추진한다는

---

53) 「민주당정책집」, http://www.dpj.or.jp/policy/manifesto/seisaku2009/index. html(2009년 11월 3일 검색).

방침을 세우고 있다.

또한 북방영토와 독도를 일본영토에 포함시키고 있고, 자민당 정부와 동일한 입장을 취하고 있다. 하지만 일본의 여론 중에 「민주당에는 한국의 정치요인들을 만나서 죽도문제로 공격하는 의원은 한명도 없었다.」54)고 지적하고 있는 것으로도 추측할 수 있듯이 민주당이 대아시아정책을 중시한다는 방침을 세우고 있기 때문에 함부로 영토분쟁을 야기하지 않을 것이지만, '죽도' 영유권 주장에는 변함이 없다고 하겠다. 이런 점이 전 자민당정부와의 차이점이라고 하겠다.

일본의 일부여론이 오자와가 언급한 「사실상 한국이 실력지배를 하고 있지 않은가? 지금까지 한국의 실효적 지배를 방치해놓고 지금 와서 우리 영토라고 한들 무슨 소용이 있겠는가? 서로가 역사적으로 분명하게 검증한 후에 소속을 결정해야 되지 않을까?」라는 발언을 비난한 것에 대해 민주당 대변인은 「'~라고 생각한다. ~라고 하는 것은' 오자와 대표의 특유의 말버릇이다. 일본정부도 마찬가지이다. 죽도는 일본고유의 영토라고 말하고 있습니다. 그러니까 오해할 필요는 없다고 생각합니다.55)」라고 하여 민주당의 입장도 일본정부가 '일본의 고유영토'라고 하면서 방관하고 있는 것과 마찬가지로서 죽도가 일본영토라는 입장에는 변함이 없다고 대변했다.

한편 민주당 니시무라(西村) 의원은 「TV아사히(朝日)」토론 프로에서 「한국이 무력으로 죽도를 점령한다면 일본도 무력으로 대항해야한다.」56)라고 했다. 이처럼 민주당의원 중에는 무력으로 독도를 점령해

---

54) 전게의 「ニコニコ動画」のコメント欄의 멘트.
55) J－CASTニュース(종래의 매스컴과 달리 독특한 관점으로 비즈니스나 메디아에 관한 다양한 기사를 발신하고 있다. 독도투고의 코멘트 란도 충실히 하고 있음)가 취재한 것임.
56) 「さきほどテレビ朝日の討論番組のなかで竹島問題に触れ民主党の西村

야한다는 입장을 가진 의원도 존재한다. 반대로 시마네현의원 고무로 토시아키(小室寿明)처럼 「죽도의 날 제정이 아니더라도, 당장 시급한 여러 현안이 많다고 하는 현민들이 적지 않다.」라고 하여,57) 2005년 2월 시마네현이 제정한 「죽도의 날」조례에 반대하는 소극적인 영유권론자도 있다.58) 따라서 독도문제를 포기할 수 없을 뿐만 아니라, 일본영토라고 적극적으로 주장할 수 없는 것이 민주당의 입장이다. 따라서 현상유지를 견지하면서 더 이상 적극적으로 먼저 분쟁의 소지를 만들지 않는다는 입장을 취할 것임에 분명하다.

향후 민주당정부로서는 독도문제에 대해 상기와 같은 방침을 견지하기 위해서는 시급한 2가지 과제가 존재한다. 첫째는 전 자민당정부에서 세운 일본외무성의 방침을 그대로 유지할 것인가, 변경할 것인가의 문제이다. 외무성은 홈페이지를 통해 지금까지 독도문제의 본질59)을 일본국민들에게 알리지 않고 「죽도가 일본영토」라는 왜곡된 일본적 논리만 홍보해왔다. 이로 인해 일본국민은 독도의 본질을 알지 못한 채 「죽도가 일본영토」라는 것만을 믿고 있다. 올바른 한일관계를 정립

議員が, 韓国が...」(ID非公開さん), http://detail.chiebukuro.yahoo.co.jp/qa/question_detail/q143584694(2009년 9월 10일 검색), 본 기사는 「2005년 3월 28일자」의 내용임. 내티즌(ID非公開さん) 중 대답 중 일본에서 뽑은 「가장 훌륭한 대답」으로 선택된 것임.

57) '죽도의 날' 기념식전에 민주당, 사민당, 공산당은 일절 축전 등을 보내지 않았다. 민주당은 '죽도의 날' 제정 자체를 반대한 유일한 정당이었음, http://kuro-neko.iza.ne.jp/blog/entry/930856/(2009년 11월 3일 검색). 당시 민주당현의·小室寿明는 島根1区·차기중원선거의 민주당 공인후보자임.

58) 「(再掲)'竹島の日'制定に反対した民主党。しかも...:イザ!」, http://kuro-neko.iza.ne.jp/blog/entry/930856/(2009년 11월 3일 검색).

59) 나이토우 세이츄(2005) 『독도와 죽도』제이앤씨. 内藤正中·朴炳涉(2007) 『竹島=獨島論爭』新幹社. 신용하(1996) 『독도의 민족영토사연구』지식산업사. 이한기(1969) 『한국의 영토』서울대학교출판부.

하려면 일본국민들에게 독도문제의 본질을 제대로 이해하도록 해야할 것이다. 일본외무성이 이러한 입장을 바꾸지 않는 한, 진정한 한일관계의 구축과 동아시아공동체의 구성도 불가능할 것이다. 둘째로, 일본정부가 2009년「고교 신학습지도요령 해설서」를 발표할 예정으로 되어 있다. 하토야마 민주당정부가 독도문제를 어떻게 처리할 것인가가 문제이다. 만일 하토야마정부가 「고교 신학습지도요령 해설서」에 독도문제를 게재하게 된다면 한국은 반드시 시정을 요구하게 될 것이고, 하토야마정부의 한일관계 개선노력에 대한 신뢰를 얻지 못하게 될 것이다.[60]

5. 「센카쿠제도문제」에 관한 정책

(1) 전 자민당정부의 정책

일본은 종래 중국영역 안에 포함되어 있던 '조어도'[61]('센카쿠제도'-일본명)를 청일전쟁 중에 중국 몰래 은밀한 방법으로 일본영토에 편입 조치한 것이다. 당연히 당시의 중국정부는 일본의 이런 조치를 알지 못했다. 제2차대전의 종전으로 대일강화조약이 체결될 때에도 센카쿠제도의 영토지위에 관해서는 별도로 규정하지 않았다. 미국은 대일강화조약 이후 오키나와를 점령 통치하면서 일본의 요구를 받아들여 센카쿠제도를 관할구역에 포함시켰다. 1968년 유엔기구의 조사에 의해

---

60) 「鳩山政権に期待感＝竹島問題で対立懸念も－韓国」, 『ソウル時事』 2009년 8월 31일, http://www.jiji.com/jc/zc?k=200908/2009083101161(2009년 11월 3일 검색).
61) 본 연구에서는 '조어도' 보다는 '센카쿠제도'라는 명칭으로 통일하여 사용하기로 함.

센카쿠제도 주변해역에 석유자원이 매장되어있다는 사실이 확인되면서 중국과 대만이 영유권을 주장하기 시작했다. 일본의 요청에 의해 1972년 오키나와가 일본에 반환될 때 당시 미국은 센카쿠제도의 영토주권에 관해서는 중립적 입장을 취하면서도 관할권에 대해서는 일본에 넘겼다. 그 이후 일본은 센카쿠제도를 비롯한 주변의 섬들을 포함하여 실효적으로 지배하게 되었다. 1972년 중일공동선언으로 일본의 다나카 카쿠에이(田中角栄) 수상과 중국의 주은래(周恩来) 수상 사이에서 국교를 회복할 때에는 「센카쿠제도문제(尖閣諸島問題)를 언급하지 않는다.」 이를 보면 양국은 국교회복을 위해 암묵의 합의로 영유권 문제를 유보했던 것이다. 1978년 일중평화우호조약을 체결했을 때에도 100척의 중국측 어선들이 센카쿠제도 해역에서 시위 활동을 벌이면서 평화조약체결을 방해하자, 양국 정부는 이 섬의 영유권문제에 대해 직접적으로 다루지 않았다. 일본은 이렇게 하여 센카쿠제도를 실효적 지배를 했지만, 실제로는 양국 간에 영유권 문제를 유보한 측면이 있기 때문에 양국 정부는 서로 정치적 갈등을 피하기 위해 양국 국민의 상륙을 규제했다. 그 사이에 1992년 중국정부는 센카쿠제도를 중국영역에 포함하는 영해법을 공포했다. 이에 대해 일본도 1996년 2월 센카쿠제도를 기점으로 200해리의 배타적 경제수역을 설정했다.[62]

중국인 활동가 7명은 일본의 200해리 배타적 경제수역의 선언에 항의하여 센카쿠제도 상륙을 시도하려다가 오키나와 현경(沖縄県警)에 불법입국 협의로 현행범으로서 체포되는 사건이 발생했다. 이 사건과 관련하여 자민당은 중의원 안전보장 위원회 이사회에서 센카쿠제도가 일본의 고유영토라는 것을 확인하는 국회결의를 제안했다.[63] 이에 대

---

62) 「尖閣諸島問題の基礎知識」, http://allabout.co.jp/career/politicsabc/close up/CU20040329/index2.htm(2009년 11월 3일 검색).

항하여 중국의 민중들은 일본 대사관 앞에서 격렬한 데모로 일본 국기를 불태우기도 했다. 동시에 일본 우익 단체도 반발하여 센카쿠제도의 상륙을 시도했다. 결국 양국 정부는 양국 관계의 악화를 우려하여 서로 양국민의 센카쿠제도 상륙 시도를 막고 항의운동을 진정시켰다.

이처럼 전 자민당정부는 센카쿠제도를 실효적으로 지배하고 있는 입장에서 역사적으로나 법적으로 일본의 고유영토로서 영유권문제가 존재하지 않는다는 입장을 취해왔다. 하지만 사실상 중국정부에 대해 분쟁지역임을 간접적으로 묵인해왔던 것이 사실이다.

(2) 민주당 요인의 발언 분석

센카쿠제도의 영유권에 대해 민주당대표 하토야마 수상과 오자와 간사장의 발언이 특별히 찾을 수가 없기에 다른 민주당 의원들의 발언을 분석해보기로 한다.

1996년 9월 일본정부가 200해리 배타적 경제수역을 설정하여 센카쿠제도의 영유를 재차 확인하였을 때 홍콩의 활동가가 섬에 상륙을 시도하다가 익사하는 사건이 발생했고, 1997년 10월 홍콩·대만·마카오의 활동그룹이 센카쿠제도에 상륙했다. 이에 대해 일본우익이 강하게 반발하였다. 이때에 당시 신진당 니시하라 신고(西村真悟; 현 민주당 의원) 중의원의원은 센카쿠제도에 상륙했고, 「중국의 영유 근거가 없다. 국회는 의사표현을 명확히 해야한다.」고 하여 국회결의의 필요성을 주장했다. 이에 대해 중국이 공식적으로 중국의 주권을 침해했다고 항의했다.[64]

---

63) 「尖閣諸島領有に関する国会決議を」(自民, 民主両党), http://www.asahi. com/special/senkaku/TKY200403250221.html(2009년 11월 3일 검색).

64) 「尖閣諸島問題の基礎知識」, http://allabout.co.jp/career/politicsabc/close

그런데 지금까지 일본국회는 센카쿠제도의 영유에 관한 국회결의를 한 번도 하지 않았다.[65] 그 이유는 일본이 실효적으로 점유하고 있기 때문에 일본정부가 센카쿠제도는 영토문제가 존재하지 않는다는 입장을 취하고 있기 때문이다.

또한 야당시절의 민주당「차기내각」의「차기 외무장관」이었던 마에하라 세이지(前原誠司)는 오키나와 현(沖繩県)의 센카쿠제도(尖閣諸島)의 우오츠리시마(魚釣島)에 중국인활동가가 불법으로 상륙하여 오키나와 현 경찰이 입관난민법규정에 따라 불법입국의 의심으로 체포했다는 것에 대해「센카쿠제도는 일본고유의 영토이고, 주권에 관계되는 문제이기에 당연한 조치이다. 체포 후 입국 목적과 배경 등을 조사한 후 입관법에 정해진 절차에 따라 강제송환 등의 필요한 조치를 엄격하게 단행해야한다. 그럼에도 불구하고 우리나라(일본)의 주권 하에 있는 센카쿠제도에 (중국활동가의) 상륙을 허가(막지 못한 것 - 필자주)했다. 중국정부에 대해 냉정하게 대응할 것과 동시에 일본정부는 향후 이런 사건이 재발하지 않도록 해상경비 등에 관해 만전의 대책을 강구해야한다.」라고 지적하여 자민당정부가 일본의 주권 하에 있는 센카쿠제도에 중국활동가의 상륙을 '허가'한 것이 문제라고 지적했다.[66]

이처럼 민주당은 센카쿠제도에 대해 일본의 고유영토라는 입장을 명확히 갖고 있고, 중국인의 불법 상륙은 절대로 인정되어서는 안 되며, 중국정부에 대해서도 영토주권에 관련된 문제이므로 단호하게 대

---

up/CU20040329/index2.htm(2009년 11월 3일 검색).

65) 「尖閣諸島領有に関する国会決議を」(自民, 民主両党), http://www.asahi. com/special/senkaku/TKY200403250221.html(2009년 11월 3일 검색).

66) 「中国人活動家の尖閣諸島上陸問題について(談話)」, 民主党「次の内閣」ネクスト外務大臣 前原誠司의 발언, http://www.dpj.or.jp/news/?num=244 (2009년 11월 3일 검색).

234 동아시아 영토분쟁의 패러다임

처해야한다는 입장이다. 하토야마 수상과 오자와 간사장은 아무런 언급을 하지 않았다는 것은 마찬가지로 일본이 실효적으로 점유하고 있기 때문에 일본의 고유영토라는 것이고, 전 자민당정부처럼 일중간의 외교관계를 고려하여 센카쿠제도문제로 양국관계를 악화시키는 적극적인 행동은 하지 않는 것이 타당하다는 입장일 것이다.

(3) 민주당정부의 정책 방향

민주당의 정책방침에 센카쿠제도의 영유권문제에 관해 직접적으로 언급한 것은 없다. 그러나 「센카쿠제도의 영토문제는 존재하지 않는다」고 하는 전 자민당정부시절의 외무성의 방침이 변경되지 않고 있는 것으로 민주당정부도 동일한 입장임을 알 수 있다. 다만, 「대중국외교관계」에 있어서 「중국은 일본에 있어서 지극히 중요한 이웃국가이고, 동아시아지역의 평화와 번영을 위해서도 한층 우호협력관계를 촉진한다. 양국 간에는 음식의 안전, 인권, 환경, 에너지, 군사력의 투명화, 동중국해 가스전 개발 등의 현안사항을 갖고 있다. 양국 수뇌 사이에 강력한 신뢰관계를 구축하고 현안이 되어있는 제 문제에 관해서 건설적으로 대화로 문제해결을 목표로 한다. 북한의 핵개발문제 등을 해결함에 있어서도 6자회담의 장과 중조 간에서 중국이 한층 건설적인 역할을 할 수 있도록 노력을 다한다. 민주당과 중국공산당 사이에 설치된 '교류협의기구'를 통해 양당 사이의 지속적인 교류, 협의를 통해 신뢰관계를 한층 긴밀하게 해둔다.」라는 방침을 세우고 있다.[67]

다시 말하면 일본이 센카쿠제도를 실효적으로 점유하고 있기 때문에 일중간의 현안으로서 영토문제는 존재하지 않지만 「동중국해가스

---

67) 「민주당정책집」, http://www.dpj.or.jp/policy/manifesto/seisaku2009/index. html(2009년 11월 3일 검색).

전 개발문제」는 존재한다는 것을 의미한다.

대만과의 관계에 대해서도 「대만과의 교류」라는 제목으로 「대만과의 민간을 기반으로 경제적 문화적 교류를 촉진한다. 2005년 일미 안전보장협의 위원회의 공동발표에서 공통전략의 목표로서 대만에 관한 내용이 있었다. 민주당은 대만의 일방적인 독립을 지지하지 않는 동시에 중국의 대만에 대한 무력행사도 반대한다. 대만해협을 둘러싼 긴장이 생기지 않도록 중국·대만에 모든 예방적인 역할을 수행하는 것을 가장 중요한 과제 중의 하나라고 생각하고 있다. 그때 1972년의 일중공동성명이 전제가 되는 것은 당연한 것이다.」라고 하고 있다.[68] 1972년 일중공동성명으로 중화인민공화국을 유일한 중국이라고 표명하여 대만을 중국의 일부라고 보고 있기 때문에 대만을 중국의 일부라고 보고 있지만, 무력통일은 지지하지 않는다는 입장이다. 영토문제에 관해서는 대만은 중국의 일부이기 때문에 당연히 대만과의 사이에는 센카쿠제도의 영토문제가 존재할 수 없다는 입장이다. 물론 동중국해 가스문제와도 대만과는 관련이 없다는 것이다.

이처럼 민주당은 중화인민공화국정부를 유일한 정부로 인정하고 있고, 중국과는 동중국해 가스전문제가 현안으로 남아있지만, 센카쿠제도의 영유권문제는 존재하지 않는다는 입장을 취하고 있는 것이다.

6. 맺으면서

이상으로 민주당의 정치적 이념, 당 요인들의 영토인식과 각 영토분

---

68) 「민주당정책집」, http://www.dpj.or.jp/policy/manifesto/seisaku2009/index.html(2009년 11월 3일 검색).

쟁지역에 대한 당의 정책 그리고 향후 방침 등을 검토하여 전 자민당정부를 대신한 새로운 일본 민주당정부의 영토정책에 관해 고찰해보았다. 이를 요약정리하면 다음과 같다.

첫째, 민주당은 1998년 설립될 당시 사회자유주의 중도 좌파를 목표로 설립되었으나, 실제로는 보수와 진보에 이르기까지 다양한 이념의 정치인들이 모인 집단이다. 따라서 특정한 정책에 다양한 견해가 있기 때문에 정책결정에 있어서 많은 조정이 필요하다. 하토야마 수상의 리더십에 따라 정책이 좌우되는 경향이 있을 것이다. 영토정책에 있어서도 전 자민당정부의 정책을 전적으로 수정할 수 없을 것이다. 다만 하토야마정부가 대아시아정책을 중시하고 있기 때문에 영토분쟁화로 인한 갈등조장은 최대한 자숙할 것으로 보인다.

둘째, 「북방영토」문제에 대해서는 민주당정부가 일본의 고유영토이며 빠른 시일 내에 영토문제를 해결해야한다는 점에서 전 자민당정부와 정책상의 변화는 없다. 다만 민주당정부는 영토문제는 시간이 걸리는 문제이기 때문에 서두를 필요는 없다는 입장이고, 민주당 요인들의 인식도 4도 일괄반환보다는 4도 반환을 전제로 2도 우선반환을 추진할 것으로 예상된다.

셋째, 「죽도」문제에 대해서는 민주당의 방침으로 일본의 고유영토라는 입장에는 변함이 없지만, 현실적 측면에서 보면 종전 후 한국이 실효적 지배를 해오고 있기 때문에 일방적으로 영유권을 주장하여 한일관계를 악화시키는 것은 바람직하지 못하다는 입장이다. 따라서 현상유지정책으로 일관할 것으로 예상된다.

넷째, 「센카쿠제도」문제에 관해서는 일본이 실효적으로 점유하고 있기 때문에 전 자민당정부와 마찬가지로 영토문제가 존재하지 않는다는 입장을 취하고 있다. 그러나 현실적으로는 「동중국해의 가스전문제」를 인정하고 있는 것으로 보아 중일 양국 서로가 분쟁지역임을 묵인하고 있는 부분이 있기 때문에 최대한 분쟁을 야기하지 않는 방법으로 실효적 지배기간을 연장하려는 것도 전 자민당정부와 동일하다고 본다.

다섯째, 전 자민당정부는 미일관계를 중시하고 대아시아정책을 무시해온 경향이 있었다. 그러나 민주당정부는 전 자민당정부와 달리 동아시아공동체 형성이라는 지상의 과제를 갖고 최대한 동아시아 각국과의 관계를 원만히 한다는 방침을 세우고 있기 때문에 최대한 영토분쟁을 일으키지 않는 방향으로 전개될 것임이 분명하다.

제8장
간도문제와 독도문제와의 비교분석

1. 들어가면서

동북 아시아 3국간에는 영토 분쟁이 있다. 그 중에서 한국과 일본 간에는 독도 분쟁이 표출되고 있고, 중국과 한국 간에는 간도분쟁이 잠재되어있다. 독도에 대해서는 한국이 독도를 실효적으로 지배하고 있고, 이에 대해 일본이 영유권을 주장하고 있다. 한편 간도에 대해서는 중국이 실효적으로 지배하고 있고, 이에 대해 한국정부가 정식으로 영유권을 제기하지 않았지만, 한국내의 여론은 간도에 대한 영유권을 주장하고 있는 실정이다.

그런데 역사적 권원을 보면 독도의 경우는 일본과 무관하고 한국에 그 권원이 있다고 할 수 있는데, 그럼에도 불구하고 일본이 1905년에 영토적 편입 조치를 취하였다고 하여 영유권을 주장하고 있다. 간도의 경우는 한국과 중국 양쪽에 그 권원이 발생되어 있는 분쟁 지역이라고 볼 수 있다.

본 연구는 이러한 문제 제기에 입각하여 독도와 간도의 영토 문제에 대해 그 차이점과 공통점을 분석하여 독도 및 간도 영토문제의 본질을 규명하려고 하는 것이 목적이다.[1]

연구방법으로서, 본 연구의 구성은 먼저 현재의 분쟁 상황에 관해서 정리하고 독도와 간도 문제의 특징을 고찰한다. 둘째로 각각 역사적으로 영유권 분쟁 발생의 특징을 분석한다. 셋째는 독도와 간도 문제의 국제법적 역사적 영토 권원에 관해서 각각 고찰하여 영유권 분쟁의 공통점과 차이점을 비교 분석한다. 결론에서는 본 연구의 특징을 요약하는 식으로 전개한다.

선행 연구와 차별화되는 본 연구의 독창성은 선행 연구에서 주로 간도와 독도문제를 개별적으로 취급하여 역사적 법적으로 그 지위를 규명하는 연구가 대부분이었지만,[2] 간도와 독도 문제를 직접적으로 비교하여 분석한 연구라는 점이다. 실제로 비교 분석해보면 시기별로 많은 공통점을 발견할 수 있는 점이 본 연구의 의의라고 할 수 있겠다.

2. 간도와 독도의 실효적 지배 상황

(1) 간도

1909년 9월 4일 일본이 중국과 간도 협약을 체결하여 간도 지역을

---

1) 본 연구가 선행 연구에서 시도되었던 것처럼 새로운 자료를 발굴하여 간도와 독도의 영토적 권원을 규명하려는 역사 연구가 아님을 일러둔다.
2) 간도의 선행 연구에 대해서는 최장근 『한중국경문제연구』 백산자료원, 1998, pp.34-36 참조. 독도의 선행 연구에 관해서는 양태진 『한국독립의 상징 독도』 백산출판사, 2004, 부록 「獨島關聯資料目錄」참조.

중국영토로 인정했다. 그 이후 중국이 간도 영토를 실효적으로 지배하게 되었는데, 1932년 일본의 괴뢰정권인 만주국이 건국되어 간도지역도 중국영토에서 분리되었다가, 1945년 일본의 패전으로 다시 중국영토로서 반환되어 현재 중국이 실효적으로 지배를 하고 있다. 1962년에는 북한(조선민주주의인민공화국)이 중국과 국경을 접하고 있어서 조중 변계조약을 비밀리에 체결하여 간도지역을 정식으로 중국영토로 인정하여 양국 사이에는 국경문제가 해결된 것으로 되어 있다. 그래서 지금 간도지역(범위는 별개의 논증사안임)은 중국의 행정구역에 포함되어 있다. 하지만 한국은 북한을 합법적인 국가로 인정하지 않고 있기 때문에 조중 변계조약을 인정하지 않고 있다.

요컨대 북한은 국경문제가 해결된 것으로 보고 있고, 한국에서는 간도지역을 분쟁지역으로 보고 있다. 그런데 한국정부는 한중 간의 우호관계 악화를 우려하여 한반도의 범위를 압록강과 두만강으로 한정하여 영유권에 대한 이의 제기를 하지 않고 있다. 그러나 시민단체나 간도 영토문제를 연구하는 학계에서는 꾸준히 한국정부에 간도 영유권 문제를 이의 제기하도록 재촉하고 있는 실정이다.

(2) 독도

역사적으로 보면 조선조정은 독도가 무인도임에도 불구하고 영토의 일부로 취급하고 있었다.[3] 그런데 1905년 일본이 돌연 이 섬을 무주지로 간주하여 일방적으로 불완전한 조치이긴 하지만,[4] 일본영토에 편입

---

3) 세종실록지리지, 고려사지리지, 신증동국여지승람 등의 관찬서적의 기록을 두고 말함.
4) 일본정부가 은밀한 내각회의를 거쳐서 시마네현이라는 지방정부의 고시로 조치한 문서가 보이므로 은밀한 조치였다고 할 수 있는데, 영토편입조치는 국제법상 국외통고라는 공공연한 조치를 원칙으로 하고 있다.

하는 조치를 취했다. 1905년 한국은 일본에게 불법으로 외교권을 침탈 당한 이후, 1910년 강압적인 한일합병조치로 독도는 물론이고 한국영 토 전체가 일본에 편입 당했다. 1945년 일본의 패전으로 포츠담선언에 의거하여 조선이 독립되면서 일본이 불법적으로 탈취한 모든 지역에 대해 일본영토에서 분리하는 조치가 취해졌다. 그 결과 한국은 독도를 포함해서 한반도 전체의 영토주권을 회복하게 되었다. 1951년 샌프란 시스코강화조약이 체결되었고, 한국정부는 1952년 4월 비준으로 인한 효력 발생을 앞두고 재차 일본의 독도 침입을 우려하고 평화선을 설치 하여 일본의 침입을 차단했다. 이에 대해 일본은 평화선 조치를 불법이 라고 하여 그 이후부터 지금까지 독도 영유권을 요구하고 있다.

독도에 대한 한국의 입장은 여전히 단호했다. 독도는 역사적으로나 국제법적으로 의심의 여지가 없는 한국의 고유영토이므로 영토문제는 존재하지 않는다고 명확히 하고 있다. 현재 한국은 독도를 경상북도 울릉군 독도리 소속의 행정구역에 포함시키고 있고, 40여 명의 경찰요 원, 김성도씨 부부가 거주하고 있다. 시설물로서는 김성도씨 주택, 경 찰 막사, 우편함, 선착장, 통신시설 등이 설치되어 한국이 실효적으로 지배하고 있다. 또한 1일 1,880명의 관광객이 입도할 수 있도록 법을 제정해두고 풍랑이 심한 날을 제외하고 매일처럼 포항, 죽변, 동해에서 울릉도를 경유하여 독도에 입도하고 있다.[5]

일본의 경우는 「죽도」라는 이름으로 시마네현 오키군 고카무라 소 속의 행정구역에 포함시키고 있고, 형식적이긴 하지만, 섬의 공시가를 책정하고 있으며, 광산 시굴권도 민간인에게 양도하고 있다. 또한 호적 에 「죽도」 주민으로서 등재하고, 독도 주변의 해저지명을 선점하여 순

---

5) 최장근, 『독도의 영토학』대구대학교출판부, 2008, 「프롤로그」 참조.

요타이, 쓰시마분지 등을 국제수로기구에 등록하고 있는 상황이다.[6] 게다가 일본은 고지도와 고문헌에 등장하는 고대시대 이후 한국의 역사적 권원을 전적으로 부정하고 있으며, 오히려 일본이 1905년 2월 22일 무주지였던 독도를 선점하여 합법적으로 일본영토가 되었다고 주장하고 있다.

외무성은 영유권을 확보할 목적으로 외무성 홈페이지에 「죽도문제」라는 항목을 만들어 죽도가 역사적으로나 국제법적으로 일본영토라고 홍보하고 있다.[7] 게다가 일본정부는 2005년 중학교, 2006년 고등학교 교과서에 「죽도」가 일본 고유영토라고 하여 한국이 불법적으로 점령하고 있다는 내용으로 수정하도록 지시했다. 또한 시마네현은 2005년 3월 16일 「죽도의 날」을 조례로 제정하여 대내외적으로 계몽운동을 벌이고 있고, 2005년 5월부터 2007년 4월까지는 「죽도문제연구회」를 조직하여 죽도가 일본영토라는 논리를 계발하는데 앞장서왔다. 죽도문제연구회의 연구기간을 끝내고 '죽도웹연구소'를 설치하여 독도영유권을 주장하고 있다. 그리고 기존에 설치된 입간판과 더불어 2006년 이후 독도자료관을 설치하여 「죽도」가 일본영토임을 선전하고 있다. 또한 해양순시선을 수시로 독도 주변에 파견하여 한국의 실효적 지배를 방해하려고 하고 있고, 이에 대항하여 한국은 해양 경찰함대로 일본 순시선의 진입을 방어하고 있는 상황이다.[8]

---

6) 한국도 일본의 조치에 대응하여 독도의 공시가, 호적등재, 독도의 해저지명을 명명하고 있다.
7) 「죽도문제」(외무성홈페이지), http://www.geocities.jp/tanaka_kunitaka/takeshima/
8) 최장근(2008) 『독도의 영토학』대구대학교출판부, pp.118−230.

3. 한중일 3국의 역사상 국경 인식과 대립 상황

(1) 영토개념이 성립되기 이전시기(삼국시대-고려/발해시대)

① 한일 간의 국경문제와 독도

한일 양국은 각각 한민족과 야마토민족으로 구성된 단일민족이라고 주장한다. 근대의 국경개념에서 본다면 한민족의 영토적 권원은 한반도를 중심으로 한 그 북방지역, 야마토민족의 영토적 권원은 일본열도에 있다고 하겠다.

한국은 부여-고구려-옥저-동예-진한-변한-마한의 연맹왕국시대, 4세기경의 신라-백제-고구려-가야의 백제전성시대, 7세기의 고구려-백제-신라의 3국시대, 통일신라-발해시대, 고려국, 조선국을 한민족의 과거 정통성을 이어온 국가로 간주하여 거기서 영토적 권원을 찾으려고 한다.[9] 이 시기는 여러 소국이 서로 대립하여 헤게모니 경쟁을 통하여 분리와 통합을 반복하던 시기였다.[10]

일본은 아이누민족의 영역에 40여개의 소국이 생겨났고, 이들이 연합하여 야마토정권이 탄생하였다.[11] 야마토정권은 서서히 아이누민족의 영역에 침투하여 일본영토로서 확장해나갔다. 결국 일본은 근대에 들어오면서 아이누민족을 병합하여 모든 아이누지역에서 일본영토로서의 정통성을 찾는 경향이 생겨났다. 이 시기는 일본이 아이누와 대립

---

9) 亀井高孝・三上次男・林健太郎・堀米庸三(2007) 『世界史年表・地図』吉川弘文舘, pp.2-61.
10) 교육인적자원부(2001) 『중학교 사회과부도』 지학사, pp.77-112.
11) 『魏志』「倭人傳」.

하면서 영토를 확장하는 시기였다.[12]

한국과 일본 사이에서 영토분쟁이 직접적으로 표출된 것은 17세기 울릉도를 둘러싼 공방이었다. 사실 독도도 양국의 경계지역에 존재하고 있었지만 당시는 영유권을 다툴 정도로 섬의 가치를 갖고 있는 섬이 아니어서 공해와 다름없이 취급되고 있었다.

울릉도는 한반도의 소국이었던 우산국과 관계가 있다. 우산국은 신라-백제-고구려 3국으로 통합되는 과정에 신라의 조공국으로 존재하다가 최종적으로는 통합되었다.[13] 우산국의 범위는 울릉도였다. 우산국과 관련되는 지역으로서는 사람의 거주가 가능한 울릉본도와 2km 정도의 거리에 있는 죽도, 울릉도에서 연 60일 정도로 날씨가 청명한 날에만 바라볼 수 있는 독도가 있다. 우산국의 범위를 말할 때는 대체로 사람이 거주할 수 있는 울릉본도와 죽도, 상징적 가치를 갖고 있는 독도 정도를 들 수 있을 것이다.[14] 이 시기는 국가 간의 헤게모니경쟁은 있을 수 있었지만,[15] 한일 양국 간에는 바다를 사이에 두고 있었으므로 직접적인 국경분쟁은 있을 수 없었다.

---

12) 児玉幸多編(1993)『標準日本史地図』新修版, 吉川弘文舘, pp.2-56.
13) 우산국이 존재하던 시기에 신라에 복속되어 있었던 다른 지역의 소국과 신라와의 관계를 규명하여 우산국의 위상에 관해서 연구함으로써 당시 우산국과 신라와의 관계를 조명할 수 있고, 이는 울릉도의 지위에 관해서도 파악할 수 있게 된다.
14) 울릉도 주변의 작은 암초는 사람이 거주할 수 없을 뿐만 아니라 울릉 본도와 별다름 없는 근접한 거리에 위치하고 있으므로 영유권 분쟁이 일어날 가치가 없는 존재이다.
15) 白村江 전투에 일본 원군이 파견되었던 사실과 임나일본부설에 의한 일본의 가야 지배설, 진공(神功)황후가 신라를 정복했다는 기록이 여기에 속한다. 일본서기에 등장하는 왜의 신라 정복설은 헤게모니 경쟁으로 볼 수도 있다.

② 한중 간의 국경문제와 간도

한중 간의 국경문제의 발생은 발해국의 건국과 발해국이 금나라에 흡수된 것으로 시작된다. 발해는 대조영이 고구려유민을 중핵으로 말갈족과 함께 세운 국가이기 때문이다.[16] 그 이전 시기의 한민족의 영역은 고조선, 고구려 지역이었다. 한민족과 중국이 대립되던 시기는 고구려유민과 말갈족이 발해국을 건국하여 고려와 국경을 접하게 되면서 시작된다. 그 후 발해는 중국민족의 국가인 금나라에 통합되고 고려는 조선국에 계승되면서 한중 양국의 국경이 구분되게 되었다.

이 시기는 한중간에 직접적인 분쟁이 없었던 시기로서, 중국의 여러 국가, 즉 송, 요(거란), 금(여진), 원(몽고)이 고려를 압박하던 시기였다. 따라서 이 시기는 간도문제가 아직 대두되지 않았다.[17] 간도지역은 고구려, 발해국의 영토로서 존재했었는데, 한민족과 중국민족의 대립 속에서 발생한 문제이다.

(2) 지대개념의 공도정책 : 조선시대 초기

① 한일 간의 국경문제와 독도

한일 양국은 바다를 사이에 두고 있었으므로 자연스럽게 지대개념의 국경이 형성되어 있다. 따라서 일반적으로 사람이 거주하는 오키섬 이동은 일본영토, 울릉도 이서는 조선영토라는 인식이 강했다. 다만 조선에서는 동해에 2개의 섬이 존재한다는 인식을 갖고 있었지만, 우산도의 경우는 조정이 구체적으로 확인한 섬이 아니었고, 신라, 고려시대

---

16) 송기호(2008)『발해를 다시 본다』주류성출판사.『조선일본』 2008년 4월 1일자로 소개했음.
17) 岡田功(2007)『세계의 역사』ナツメ社, pp.71-104.

로부터 고문헌을 통해 전해져온 섬이어서 그 크기와 위치에 대해 정확히 알지 못하고 있었다.[18] 그럼에도 불구하고 울릉도와 우산도가 조선의 영토라는 인식을 분명히 갖고 있었다.[19] 조선에서는 바다를 경계지대로 인식하고 있었으므로 일본열도에 근접해있는 오키도에 대한 영유의식은 전혀 없었다. 마찬가지로 일본에서도 울릉도는 물론이고 울릉도 동남쪽에 실재하는 독도에 대해서도 영토의식을 전혀 갖지 않았던 일본과 무관한 섬이었다.

조선조정에서는 조선영토 울릉도라는 인식 속에서 도민을 보호, 관리하는 수토정책의 일환으로써 1403년 이후 울릉도를 공도화했다. 지금의 독도는 실제로 무인도임에도 불구하고 당시 조선에서는 우산도라는 이름으로 유인도로 인식하고 있었기 때문에 우산도도 공도정책의 대상에 포함되어 있었다고 할 수 있다.

일본은 1592년과 1598년 2번에 걸쳐 도요토미 히데요시가 일본 전국을 통일하고 한반도를 침략했을 때 울릉도를 점령하여 전초기지로 활용한 적이 있었다. 그런데 당시 일본은 조선 전체에 대한 침략 의도는 있었지만, 울릉도만을 일본영토에 분할하려는 의도는 없었다. 따라서 울릉도나 독도는 조선의 고유영토의 「일부로 취급되고 있어서」 이시기는 국경을 둘러싼 영유권 분쟁이 존재하지 않았다.

---

18) 신증동국여지승람에 우산의 위치를 울릉도의 서쪽에 울릉도보다 약간 적은 섬을 그려서 유인도와 같이 그린 점을 예로 들 수 있다. 신증동국여지승람의 「우산, 울릉 2섬」이라는 해석은 동해의 2섬이 존재하고, 우산도가 울릉도의 서쪽에 존재하는 울릉도와 비슷한 크기의 섬이라는 인식을 갖고 있었다.

19) 관찬문헌인 『세종실록』「지리지」, 『고려사』「지리지」, 『신증동국여지승람』등.

② 한중간의 국경문제와 간도

1627년 정묘호란, 1636년 병자호란으로 청나라가 두 번에 걸쳐 조선을 침략하여 조선은 청나라를 사대국으로 받드는 조공국이 되었다. 이때의 전쟁은 영토 확장을 위한 전쟁이 아니고 중국 내의 대립관계에 있던 명·청 양국이 조선을 자신들의 편에 두기 위한 전쟁이었다. 이는 한중간의 헤게모니 경쟁이었다고 할 수 있는데, 양국은 국경지대에서의 분쟁을 없앨 목적으로 무인공광지대를 설치하여 경계를 설정했다. 당시 청나라는 동북지역을 청조의 발상지라고 주장하여 그곳을 보호하는 차원에서 무인공광지대를 설치했다. 조선도 명·청과 더 이상의 분쟁을 일으키지 않기 위해 거기에 동의했다. 이는 상호간의 이해관계가 일치하여 만들어졌다. 그런데 당시는 간도문제가 발생하지 않았지만, 후일 무인공광지대는 간도문제를 발생시키는 단서가 되었다.

(3) 선 개념의 국경성립 : 조선시대 중기

① 한일 간의 국경문제와 독도

한일 간에는 바다를 사이에 두고 자연 국경이 형성되어 있었다. 그런데 일본 어부가 자연경계인 바다를 넘어서 타국의 영토인 울릉도에 침입하여 약 70년간 불법적으로 섬을 이용했다. 1693년 조선어부 안용복은 공도화라는 국책을 어기고 울릉도에 들어온 일본 어부를 발견하였는데, 양국민이 제각기 울릉도가 자국의 영토라고 주장하여 영유권 분쟁을 일으켰다. 결국 양국 중앙정부가 개입함으로써 울릉도의 영유권을 둘러싼 분쟁이 발생하여 최종적으로 울릉도를 조선영토로 결정되었다. 즉, 당시 양국은 동해바다를 국경지대로 삼고 있었는데, 어부들이 이를 넘어 울릉도의 영유권을 주장하는 분쟁이 발생했으며, 최종적으로 울릉도가 조선영토로서 인정되었던 것은 현행 국제법에 해당되는 울릉도-오키도의 중간선 개념의 국경선이 생겼다고 할 수 있다.[20] 만일 울릉도가 일본의 영토로 결정이 났다면 울릉도 이동 지역의 바다가 일본의 배타적 경제수역이 되었을 것이다. 이때의 분쟁은 실질적으로 울릉도의 영유권을 둘러싼 분쟁이었다. 양국 중앙정부 간에는 독도에 관해서는 언급하지 않았다. 그 이유는 독도는 영유권을 타툴 정도로 중요한 섬이 아니었고, 게다가 섬으로서의 가치도 없었기 때문에 분쟁의 대상이 되지 못했다.[21] 그러나 안용복 사건 때는 한일 양국 어부들 간에 독도에 대한 영유권 논쟁이 일어났다. 안용복은 그 연장선상에서 도일하여 일본 측 관청에 대해 울릉도와 더불어 독도의 영유권이 조선에 있다고 주장했다. 이에 대해 일본 중앙정부는 울릉도와 독도는 일본 영토가 아니라는 것을 확인하는데 그쳤다.[22] 일본의 중앙정부나 지방정부에서는 독도에 대한 영유의식이 없었다고 볼 수 있고, 조선 측의 당시 관찬의 고문헌과 고지도 기록으로도 알 수 있듯이 관민 모두가 독도를 조선 영토로 인식하고 있었다고 할 수 있다.[23]

20) 당시의 바다는 공해로서 존재하였으므로 바다 자체는 아무런 가치가 존재하지 않았으므로 울릉도는 조선, 오키도는 일본이라는 것은 오늘날 국제법의 중간선과 같은 개념으로 볼 수 있다.

21) 호사카 유지(2005)『일본 古지도에도 독도가 없다』자음과모음, pp.22-47.

22) 막부는 돗토리번을 통하여 울릉도와 독도가 일본영역이 아니라는 사실을 확인하고 울릉도 도항은 금지하였지만, 독도에 대해서는 언급했다는 기록은 없다. 그러나 안용복의 비변사 증언에 의하면 막부가 독도에 대해 일본 영토가 아니라는 서계를 써주었다고 했다.

23) 1694년 막부가 돗토리번에 독도에 대해 조회했을 때 독도가 일본영토와 무관하다고 진술했고, 조선에서는 안용복이 일본 돗토리번에서 독도가 조선영토라고 주장했고, 이는 관찬서적인 세종실록지리지, 고려사지리지, 신증동국여지승람의「동해 우산, 울릉 2도」가 존재한다는 기록에서 알 수 있다.

② 한중 간의 국경문제와 간도

1636년 조선과 명나라 사이에 무인공광지대를 설정하여 이는 양국 국경으로서의 역할을 해왔다. 그런데 국경지대에 불법으로 월경하는 자가 발생하여 중국은 서양식의 선 개념의 국경선을 설정하기 위해 1712년 일방적으로 백두산에 「대청(大淸)비」를 설치했다.[24] 「대청비」에는 「동위토문 서위압록」을 국경으로 하여 봉금지대 전부를 중국영토시하고 있었다. 이에 대해 조선은 중국의 일방적 행위에 대해 동조하지 않았다. 청국의 요구에 의해 사신이 파견되었지만 「국경관리사」가 아닌 「접반사」라는 명목으로 파견하였고, 게다가 접반사 박권은 「대청비」를 세울 때 조선이 개입했다는 여지를 만들지 않기 위해 「대청비」에 조선과 중국이 합의하여 세운 비라는 내용을 새겨 넣지 않았으며 설치장소에도 동행하지 않다. 당시 중국은 압록강과 토문강[25]을 국경선으로 생각하고 있었을 런지는 몰라도 조선에서는 압록강과 토문강을 국경선으로 하는 것에 대해 거부반응이 많았다.[26] 그러나 상국인 중국의 강압적인 조치였으므로 전쟁을 감행할 정도로 국력이 강대하지 못했던 조선으로서는 반대할 수 없는 상황이어서 강제로 점유당한 것이라고 할 수 있겠다.[27] 그렇다고 해서 중국이 무인공광지대에 이주민을

---

24) 백두산정계비는 중국이 일방적으로 세운 비이다. 따라서 국경비로서 조건을 구비하지 못했으므로 「대청비」라고 하는 것이 타당할 것이다. 왜냐하면 이 비를 세운 주체로서 「대청」이라고 기록은 있지만, 「조선」이 국경비 건립에 동의했다는 기록은 없다.

25) 여기서 토문강은 송하강 상류의 토문을 말하는데, 중국은 두만강 상류를 토문으로 오인했다는 인식도 존재하므로 두만강 본류를 두고 지칭할 수도 있다.

26) 당시 조선조정의 관리들 중에서는 대청이 세운 「백두산정계비」에 대해 비난하는 목소리가 많았다는 것으로 충분히 알 수 있다.

27) 이는 일본이 한국에 협박으로 을사늑약, 한일합병을 강제한 것과 다름없다. 게다가 「대청비」는 조선이 중국과 함께 주체가 되어 세웠다는 기록이

보내어 선점한 것도 아니었다. 여전히 압록강－두만강 이북은 무인공
광지대로 방치되어 있었다.

(4) 실효적 점유조치 : 조선시대 후기

① 한일 간의 국경문제와 독도

독도가 섬으로서 가치가 발생하면서 실효적 점유의 필요성을 느끼
게 된다. 독도의 가치로서는 경제적 측면와 군사적 측면을 들 수 있다.
한국의 입장에서는 바다를 국경지대로 하여 일본과 대치하고 있는 상
황이므로 독도가 국방상의 중요성을 갖고 있었다. 일본의 입장에서도
경제적인 가치와 더불어 해양국가로서 대륙진출을 갈망하는 호전성을
갖고 있으므로 군사상으로도 독도의 가치를 인정하고 있었다고 할 수
있다.

한국은 안용복 사건을 계기로 울릉도에 대한 영토적 위협으로부터
보호하기 위해 일본의 존재를 의식하게 되었고, 그 후 일본의 위협으로
부터 방위적인 측면에서 독도의 가치를 인식하게 되었다. 그래서 조선
조정에서는 일찍부터 독도를 영토로 취급하고 있었다. 결국 근대에 들
어와서 일본이 강화도조약을 강요하여 국권 침탈의 위협을 느낀 조신
조정은 울릉도는 물론이고 독도에 대한 국방상의 중요성을 재인식하고
1900년 칙령 41호로서 울릉도와 더불어 독도를 행정구역에 포함시켜
서 조선영토임을 명확히 했다.

한편 일본은 1876년 강화도조약을 계기로 독도를 경유하여 빈번히
울릉도에 침입했다. 이 시기(1903년)에 나카이 요사부로(中井養三郎)

없으므로 더욱 국경비로서 실효성이 없는 비라고 하겠다.

가 독도에서 강치잡이를 시작했다. 근대에 들어와서 처음으로 독도에 대한 경제적 가치를 발견했던 것이다. 그러나 나카이는 독도를 조선영 토로 인식하고 있었기 때문에 조선정부로부터 정식 대여권을 허가받아서 조업하려고 했다.[28]

이처럼 이 시기에는 일본의 중앙정부가 독도를 실효적으로 점유하겠다는 인식이 발생하지 않았다. 이에 비해 조선은 1432년 공적인 문헌인 세종실록지리지에 등장하여 역사상에 끊임없이 '동해'(일본에서는 일본해)에 울릉도, 우산도가 존재한다는 2섬의 인식이 존재했다. 그래서 1900년 근대적 행정조치로서 독도를 한국영토에 정식으로 포함시켰다. 조선에서는 독도를 고유영토로 취급하고 있었던 것이다.

② 한중간의 국경문제와 간도

중국은 일방적으로 1712년 백두산에「대청비」를 세워 압록강과 토문강 이북을 자신의 영토라고 표시했다. 그러나 여전히 봉금지대에는 사람의 출입이 금지된 지역이라서 거주하는 사람이 없었다. 그런데 조선에서 산삼 등을 채취하러 이 지역을 드나들게 되었고, 1860년경에는 함경도 사람들이 대거 들어가게 되었으며, 1881년 중국정부가 한인의 거주상황을 확인하였을 때 이미 거주민 10만 명 중 8만 명이 한인들이었다.[29] 중국은 이러한 상황에 위기의식을 느끼고 재차 간도지방 전체를 자신의 영토라고 선언하여 조선인을 강제로 귀향조치하거나 청국국적으로 귀화를 요구했으며, 한편으로는 조선조정에게도 귀환조치를 요구했다. 그 과정에서 간도거주 한민들은 백두산의「대청비」를 근거

---

28) 당시 러시아가 울릉도의 벌목권을 조선조정으로부터 부여받아서 벌채를 했던 것과 같은 것이었다.
29) 최장근(1998)『한중국경문제연구』백산자료원, pp.12-201.

로 간도가 조선영토라고 주장하였고, 결국은 조청 양국 중앙정부 사이
에서 1885년과 1887년 2번에 걸쳐 영토교섭을 실행했다. 1차 협상에서
중국은 강압적으로 토문강과 두만강은 동음이어로서 동일한 강이라고
강요하였고, 2차 협상에서는 간도문제는 두만강 상류의 문제로서「서
두수」를 경계로 하자고 주장하여 함경도의 일부까지 분할하려고 했다.
이에 대해 조선은 중국의 강압적인 요구에 저항하여 최종적으로는 동
의하지 않았다. 특히 중국은 러일전쟁 중에 일본의 개입을 우려하여
은밀히 선후장정을 체결하도록 조선에 강요하여 임시방편으로 간도문
제를 현상으로 유지한다고 결정했다.[30] 이는 일본의 개입으로 인해 간
도문제가 자신들에게 불리하게 해결되는 것을 우려했기 때문이다.

(5) 영토 팽창과 영토 침탈 : 근대

① 한일 간의 국경문제와 독도

1903년 나카이는 독도의 대여권을 조선정부로부터 허가받기 위해
일본정부에 상담했다. 일본정부는 당시가 러일전쟁을 목전에 두고 있
는 상황이었으므로 군사적 의도에서 독도 탈취를 고려하고 있었다. 그
이전에는 독도에 대한 영유의식이 전혀 없었다. 일본은 1904년 리일전
쟁이 시작되면서 군사적으로 독도의 중요성을 인식하게 되어 일방적으
로 영토편입을 시도했다. 그 배경에 당시의 독도가 무인도였고, 1900년
칙령41호에 의한 조선의 독도 관할조치를 파악하지 못했으며, 일본이
러일전쟁 중에 한일의정서를 강제하는 등 조선을 무시하는 경향이 극
에 달하고 있었다. 게다가 러일전쟁이라는 혼란한 틈을 악용하여 일방

---

30) 상동.

적 조치를 취해도 무방하다고 판단했기 때문일 것이다. 그러나 일본의 이러한 '죽도' 영토 편입 조치는 주일외교공관에도 회람하지 않았고, 이미 행정조치를 하고 있는 조선에도 공식적으로 통보하지 않았다. 일본이 은밀한 내각회의와 시마네현 고시(40호)로 처리하였기 때문에 시마네현의 일부 현민과 일본내각만이 알고 있었던 불법적이고 침략적인 조치였다. 따라서 일본이 주장하는 합법적인 영토조치라고 하는 것은 허구이다.

일본이 한국병합을 단행함으로써 불법적이긴 하지만,[31] 독도도 처음으로 한반도와 더불어 일본영토가 되었다. 또한 일본제국은 한국이 일본에 처음으로 병합되었을 때도 독도를 지리적으로 조선의 일부로서 처리하고 있었다.[32]

② 한중간의 국경문제와 간도

한중간에 간도영유권을 둘러싼 분쟁을 하고 있었는데, 일본이 한국과 만주지역을 침탈할 목적으로 러시아의 간섭을 배제하기 위해 러일전쟁을 일으켰다. 러일전쟁 중에 일본은 한국과 청국에 대해 간도문제의 협상을 유보할 것을 요구했고, 1907년 한일합병을 목전에 둔 일본은 합병조치 후 간도가 일본영토가 된다는 것을 전제로 간도 현지에 헌병대를 파견하여 조선인 보호를 명목으로 청국의 간도행정조치를 방해하고, 동시에 일본의 행정조치를 강화했다. 일본은 자신의 의도대로

31) 한일 합병 조치는 국권자인 황제의 위임장을 받지 않은 불법적인 것이었다.
32) 『일본수로지』 제6권(1911), 『歷史地理』 제55권 제6호(1930), 『朝鮮沿岸水路誌』 제1권(1933), 『新編日本歷史地圖』(1933), 『地圖區域一覽圖』(1936), 『朝鮮과 滿洲案內』(1935) 등이 있다.
신용하(1996) 『독도의 민족영토사 연구』 지식산업사, pp.248-253.

간도 영토화가 어렵다고 판단하고 한국 합병 조치의 달성과 만주권익의 확보를 위한 유리한 환경을 조성하기 위해 간도지역을 중국영토로 인정하고 말았다.[33] 그 후 일본은 1910년 한국을 강제 합병했고, 1931년에는 만주국을 건국하여 일본의 식민지로 만들어 결국 간도지방을 통치하게 되었다.

(6) 법적 정의에 의한 영토조치 : 대일평화조약

① 한일 간의 국경문제와 독도

패전 후 한국이 독립되었고, 연합국은 SCAPIN 677호와 SCAPIN 1033호로 독도를 한국영토로 취급하여 일본의 행정관할권을 중지시켰다. 그럼에도 불구하고 일본은 외교문제연구회를 조직하여 최대한 제국주의가 확장한 영토를 확보하려고 노력했다. 한국이 대마도와 독도, 파랑도의 영유권을 주장하였는데, 일본은 이에 대해 대마도와 독도에 대한 영유권을 주장했다. 연합국은 한일 국경선을 결정해야 했는데, 결국 대마도를 일본영토로서 인정했으나, 독도에 대해서는 무인도의 분쟁지역으로 간주하여 영토지위의 결정을 유보한다는 방침을 정하여 최종적으로 강화조약에서는 독도의 지위를 규정하지 않았다.

② 한중 간의 국경문제와 간도

중국은 카이로선언과 포츠담선언의 당사자로서 적극적으로 만주지역에 대한 영유권을 주장했다. 이에 대해 한국은 카이로선언과 포츠담선언에 의거하여 일본의 식민지에서 독립되었다. 이때 조선영토로서

---

33) 崔長根(1998)『韓中國境問題硏究』백산자료원, pp.42-155.

선 조치된 곳은 1909년 「간도협약」으로 일본과 청국 사이에서 결정된 압록강과 두만강 이남이었다. 겨우 독립을 달성한 조선인민들은 독립 그 자체에 만족하였지만, 간도지방에 대한 영유권을 주장할 수 있는 여유를 갖지 못했다. 그러한 과정에서 1948년 8월 미국의 신탁통치하에서 대한민국정부가 수립되었고, 그해 9월 소련의 신탁통치하에서 조선민주주의인민공화국(북한)이 창설되었다. 남북이 대립되는 과정에서 북한은 중국과 소련의 지원을 받고 있는 입장이라서 중국에 대해 적극적으로 간도 영유권을 제기하지 못했다. 대한민국은 남북문제에 관심이 집중되어 간도지역까지 영토회복을 위한 정신적 물질적 여유를 갖지 못했다. 결국 연합국의 조치에 의해 간도지방은 중국영토로 처리되었으며, 한국과 북한의 양 정권은 한 번도 간도문제에 대한 영유권을 제기하지 않고 이를 소홀히 해왔다.

그 후 북한 정권이 간도문제가 미해결문제임을 인식하고 맹방관계였던 조중 양국은 「조중변계조약」이라는 국경조약을 체결하여 종래 간도문제는 두만강의 상류문제라는 중국의 주장을 그대로 수용하여 간도지역을 중국영토로 인정하는 결과를 낳았다. 봉금지대설정 이후 줄곧 고수해온 간도 영토에 대한 영유권을 포기한 것이다. 하지만 당시의 북한은 유엔이 인정한 한반도의 합법적인 국가가 아니었을 뿐만 아니라, 조중 양국이 비밀리에 조약을 체결하고 관계당국에 해당하는 한국정부에도 통보하지 않았으므로 법적인 불완전성을 피하기 어렵다.

4. 간도와 독도 영토문제의 공통점과 차이점

(1) 삼국시대와 고려, 발해시대

일본은 독도가 한일 간의 영토분쟁지역이라고 한다. 역사적으로 보면 고대시대에는 우산국이 울릉도를 거점으로 하고 있었는데 독도는 울릉도에서 보이는 거리에 있다. 울릉도에는 1403년 조선조정이 수토정책으로 섬을 비울 때까지 거주민이 살고 있었다. 따라서 독도는 울릉도에서 보이는 거리에 위치하여 조선의 영토로서 울릉도 사람들의 의식 속에 존재하는 섬이었다. 반면 일본인들의 의식 속에는 존재하지 않은 섬이었다. 따라서 고대에서 중세시대에 걸쳐 일본 측에 영토적 권원이 존재하지 않았을 때, 이미 한국 측은 간접적인 방법으로 독도를 실효적으로 지배하여 영토적 권원을 갖고 있었다.[34]

한편 간도지역은 고대시대에 고구려영토의 일부로서 고구려가 실효적으로 지배한 중국과 무관한 지역이었으므로 한국 측에 영토적 권원이 있었고, 발해는 말갈족과 고구려유민이 세운 국가인 만큼 말갈족이 중국 변방의 소수민족이라고 한다면, 고구려유민은 고구려의 정통성을 계승하고 있었다. 따라서 발해시대에는 한중 양국 모두에게 일정한 영토적 권원이 발생하였다고 볼 수 있다. 그래서 간도지역을 둘러싼 영토문제는 고대와 중세시대까지 거슬러 올라가서 역사적 권원을 찾을 수 있다.

---

34) 국사편찬위원회·국정도서편찬위원회, 『고등학교 국사』 교육인적자원부, pp.18-116.

(2) 조선시대 초기

1403년 조선 초기 조선조정은 왜구와 여진족(청나라)으로부터 도민을 보호하기 위해 울릉도를 비우는 수토정책을 실시했다.[35] 당시 독도에 대한 조선조정의 인식은 『세종실록』「지리지」, 『고려사』「지리지」, 『신증동국여지승람』 등에 「동해에 우산, 무릉 2섬이 존재한다」고 기록되어 있다. 그러나 기록상으로 우산도의 존재를 인식하고 있으면서도 실제 섬의 크기나 위치에 대해서는 정확히 알지 못했다. 그 이유는 신라시대, 고려시대와 달리 조선시대에는 조선조정이 수토정책으로 울릉도에 도민의 거주를 금지하였기에 독도에 관한 정보를 입수하지 못했기 때문이다. 그러나 수토정책으로 울릉도의 도항을 금지했지만, 실제로 울릉도에는 은밀히 도항하는 자가 있었고, 어민들 사이에서는 독도에 대한 정보가 완전히 사라진 것은 아니었다.[36] 예를 들면, 관찬기록인 『숙종실록』에 의하면 1693년 조선에서 안용복 일행이 도항했고, 일본에서는 오야(大谷), 무라카와(村川) 두 가문이 도항하여 어부들 간에 서로 영유권을 주장하는 분쟁이 있었다고 기록하고 있다.[37]

사실 조선에서는 조선조정이 울릉도와 우산도를 영토로 인식하고 있었던 것에 반해, 일본에서는 어부들이 울릉도 도항을 위해 교활한 방법으로 막부로부터 도해면허를 받아내던 것이었고,[38] 게다가 막부가 조선과 울릉도 도해문제로 외교 분쟁이 발생하였을 때 독도가 일

---

35) 김호동(2007)『독도・울릉도의 역사』영남대학교독도연구소 독도연구총서 1, 경인문화사. 본 연구는 선행연구에서 일반적으로 사용해온 「공도정책」이라는 용어 사용을 오류라고 비판하여 「수토정책」으로 사용함이 적절하다고 지적하고 있다.

36) 삼봉도, 요도를 발견했다고 하는 민간으로부터의 전문을 바탕으로 조선조정이 탐사대를 파견했다.

37) 內藤正中・朴炳涉(2007)『竹島＝独島論争』新幹社, pp.32-38.

38) 池内宏(2006)『大君外交と「武威」』名古屋大学出版部 참조.

본영토가 아니라고 한 것 등으로 봐서 애당초 중앙정부에 해당되는 막부에게는 독도에 대한 적극적인 영유의식이 없었던 것이다.[39] 막부는 돗토리번으로부터 울릉도와 독도가 일본의 소속이 아님을 보고받고 분쟁의 섬이었던 울릉도 도항을 금지했다. 그때 독도는 울릉도 도항의 이정표로서 기항지의 역할을 했기 때문에 울릉도 도항금지는 곧 독도에 대한 도항금지였던 것이다.

한편, 간도지방은 발해국으로 존재하다가 청나라시대에 조선과 전쟁을 겪고, 조선은 청국에 항복하면서 양국 간의 분쟁을 없애기 위해 국경지대로서 공광무인지대를 설치했다. 이때의 전쟁은 영토 확장을 위한 전쟁이 아니고, 적군과 우군을 결정하는 전쟁이었다. 이윽고 이 공광무인지대는 중국이 유럽의 영향을 받아 영토 팽창 의욕이 발생하여 선(線) 개념의 국경선 획선을 위해 「백두산정계비」를 설립하였을 때까지 지속되었다.

여기서 독도의 경우는 일본이 조일 양국 간에 평화적인 방법으로 국경문제가 해결되었기 때문에 영유권 분쟁이 발생하지 않았다. 이에 비해, 간도의 경우는 중국이 정치적 상하관계를 악용하여 강압적으로 백두산정계비를 세워 간도지역을 선점하여 일방적으로 중국영토화하려 했고, 조선도 중국의 강압에 못 이겨서 부득이 이를 묵인하고 있었다는 차이점을 지적할 수 있다. 따라서 강대국의 입장을 대변하는 근대국제법의 관념에서 본다면, 백두산정계비를 전적으로 무효라고 보기는 어렵다.[40]

이 시기의 간도에 대해서는 백두산정계비의 「동위토문, 서위압록」으

---

39) 막부의 요청으로 돗토리번이 1694년 독도와 울릉도가 일본소속이 아니라고 보고했다.

40) 이한기(1969) 『한국의 영토』 서울대학교출판부, pp.315-319.

로 압록강 이북은 중국영토, 토문강 이남에서 두만강 이북의 간도지역은 조선영토로서 영토적 권원이 발생하였다고 할 수 있다. 독도에 대해서는 일본 측에는 영토적 권원이 없고, 조선 측에 전적으로 영토적 권원이 있었다고 할 수 있다.

(3) 조선시대 중기

안용복 사건을 계기로 조선이 일본에 대해 울릉도와 독도의 영유권을 주장했고, 일본이 이들 섬에 대한 영유권을 주장하지 않았기 때문에 영유권 문제가 양국의 합의로 해결되었으므로 독도는 조선영토로서 존재하게 되었다. 그런데 18세기에 들어가면 울릉도의 공도화와 더불어 독도가 무인고도이었기에 조선조정의 일부 관리들은 독도의 지리에 대해 정확한 인식을 갖지 못했다. 그래서 조선조정에서는 죽섬(죽서도; 죽도)을 우산도(독도)에 비견하는 사례도 등장했다.[41] 그러나 조선조정의 공식적인 견해는 15세기의 『세종실록』「지리지」, 16세기의 『신증동국여지승람』, 19세기 장한상의 『죽도기』 등에서 「날씨가 청명한 날 두 섬이 서로 잘 보이고 파도가 잔잔한 날 이틀이면 도달할 수 있는 거리에 있는 우산도」라는 기록이 존재하고 있으므로 우산도를 「죽섬」으로 표기한 것은 소수설에 불과하다. 지리적으로 오인하고 있는 일부 지도들은 조선 중, 후기 일부 관료들의 인식에 불과했다. 만일 당시 일본이 독도에 대한 영유권을 주장한 적이 있었다면 이러한 일부 관료들의 인식은 큰 문제가 될 수 있다. 하지만 당시 독도는 일본의 중앙정부와는 아무런 상관이 없는 섬이었다. 따라서 당시의 독도가 한국 측에 영토적 권원이 있었다고 할 수 있다.

---

41) 박석창의 울릉도, 김정호의 청구도 등

반면, 간도의 경우는 중국의 일방적인 조치이긴 하지만, 「백두산정
계비」에 「동위토문, 서위압록」이라는 경계가 표기되어있음으로써 압
록강 이북은 중국영토로 인정한 결과가 되어 중국 측에 영토적 권원이
존재하고, 백두산정계비의 동쪽 두만강 이북지역의 경계에 대해서는
「토문강」이라고 표기되어 있으므로 토문강은 송하강과 흑룡강으로 이
어져 태평양 연안으로 흘러 들어가는 경계이다. 결국 압록강 이북은
중국영토, 두만강 이북에서 토문강 이남까지는 조선의 영토로서 영토
적 권원이 존재했다고 할 수 있다. 다른 한편으로는 백두산정계비가
「대청」이 세운 비라고 표식되어 있으므로 「대청」이 일방적으로 세운
국경비라고 한다면, 불법 조치라고 할 수 있다. 그렇다면 공광무인지대
전체를 공동소유로 간주하여 양국 모두에게 영토적 권원이 발생하였다
고 할 수 있다.

(4) 조선시대 후기

독도의 경우, 조선조정은 독도개척사 1882년 이규원으로 하여금 일
본인의 울릉도 침입실태를 조사하도록 하여 울릉도에 파견했고,[42] 그
결과 1885년부터 울릉도에 이민을 단행했다. 그 후 1900년에는 일본인
의 침입을 막고 동해 도서에 대한 영토적 권원을 명확히 하기 위해 칙
령41호를 공포하여 독도를 포함하는 행정구역을 재편했다. 이때에 「울
릉전도, 죽도, 석도」가 조선영토임을 명확히 했다. 여기서 「석도」는 독
도를 두고 말한다.[43] 당시 일본정부는 이런 조치에 대해 아무런 항의

---

42) 이때 독도가 무주지였으므로 일본인이 침입한 상황이 보고되지 않았으므
　　로 조사를 하지 않았다. 이규원의 조사 목적은 이민을 위한 조사로서 조선
　　인 및 일본인의 침입 상황을 조사한 것이다.
43) 内藤正中・朴炳涉(2007)『竹島＝独島論争』新幹社, pp.21－22.

도 하지 않았을 뿐만 아니라 일본영토와 무관한 지역이었으므로 무관심했다.

간도의 경우, 간도를 둘러싼 갈등이 격심해져 한중 양국 간에 국경선을 결정하기 위해 1885년과 1887년 2차례에 걸쳐 국경담판을 실시했다. 중국은 1885년 담판에서는 상국이라는 입장을 이용하여 하국인 조선에 대해 일방적으로 「토문강=두만강」이라고 강변하여 토문강 이남과 두만강 이북 사이의 간도지방을 전적으로 중국영토로 인정할 것을 요구했지만 최종적인 합의를 도출해내지 못했다. 1887년의 담판에서는 중국이 조선에 대해 「두만강=토문강」을 전제로 하여 국경문제는 두만강 상류에 국한되는 문제라고 강변하여 자신들의 주장에 동의할 것을 요구했다. 조선은 중국 측의 강압에 더 이상 저항할 수 없는 상황을 인정하고 중국의 의도대로 담판이 진행되었지만, 두만강 상류에 3갈래로 존재하는 지류를 두고 최종적인 합의를 도출해내지 못했다.

요컨대 독도에 관해서는 한국의 행정조치에 대해 일본이 이의를 제기하지 않았을 뿐만 아니라, 영유권도 주장한 적이 없었다. 간도에 관해서는 중국이 전적으로 이 지역을 중국영토로 간주하려고 했지만, 조선이 중국의 주장에 저항하여 최종적으로 중국의 요구를 수용하지 않았다. 따라서 두만강 이북에서 토문강 이남의 간도지역은 영토적 권원이 중국에 넘어간 것이 아니었다. 백두산정계비를 기준으로 삼는다면 여전히 조선 측에 영토적 권원이 남아있었다.

(5) 대한제국시기

역사적으로 보면, 러일전쟁 이전까지 독도가 전적으로 한국영토로서 권원을 갖고 있은 것에 비해, 간도지방에 있어서는 1712년 백두산정계비에 의해 두만강 이북에서 토문강 이남을 조선영토로서 인정되었고,

1885년과 1887년 담판에서 합의된 사항은 아니지만, 중국의 강압에 의해 「토문강=두만강」을 대체로 인정되는 상황이 되었다. 사실 당시 간도지방에는 10만 거주민 중에 8만 여명이 조선인이었다. 그런데 1882년 중국이 간도지방에 대해 일방적으로 영유권을 선언하여 행정을 선포하고 조선인의 쇄환을 조선정부에 요구했고, 조선조정이 이를 수용한 부분도 없지 않았다. 따라서 두만강 이북에서 토문강 이남의 간도지방에 대한 영토적 권원이 전적으로 조선에 있었다고 말할 수 없는 부분도 있다.

그런데 일본은 불완전한 조치이긴 하지만, 1905년 2월 22일 러일전쟁 중에 조선의 의사와 무관하게 일방적으로 은밀히 독도를 무주지 선점으로 영토에 편입 조치했다. 또한 간도에 대해서도 1905년 조선의 외교권을 강탈한 후 1907년 간도지방에 한일 양국의 관리 및 헌병으로 구성된 관리를 파견하여 간도 영유권을 주장했으나, 중국이 끝내 간도에 대한 영유권을 양보하지 않게 되자, 간도 및 만주의 철도 부설권과 석탄 채굴권을 인정받는 조건으로 조선의 의사와 무관하게 간도를 중국영토로 인정하고 말았다.

따라서 이 시기의 독도도 전적으로 한국 측에 영토적 권원이 있었다. 그런데 일본제국주의가 침략적인 방법으로 편입 조치를 취한 것은 불법이고, 또한 무인도이었으므로 실질적인 실효적 지배가 이루어진 적도 없었다. 강치조업을 했다고 하는 것은 영토취득을 위한 실효적 지배라고 하기보다는 제국주의의 독도침탈에 해당되는 행위이다. 간도도 마찬가지이다. 한국의 외교권을 강탈한 일본이 일방적으로 제국주의의 이익을 위해 분쟁지역이었던 곳을 일방적으로 중국영토로 인정한 것이다.

(6) 대일평화조약 이후

　연합국은 종전직후부터 독도를 한국영토로 인식하고 있었다. 그런데 일본이 연합국 측에 로비하여 미국이 일본의 입장을 두둔함으로써 1차~5차 초안과는 정반대로 6차 초안에서 돌연 독도가 일본영토라고 수정되었다. 그러나 영국, 호주 등의 영연방국가들이 미국의 견해에 이의를 제기하여 결국 대일평화조약에서는 무인도인 분쟁가능지역에 대해서는 영토지위를 규정하지 않는다는 방침을 정함에 따라 독도의 지위 결정이 유보되었다. 당시 독도는 한국이 실효적으로 지배하는 상태에 있었는데, 이에 대해 연합국측이 아무런 이의를 제기하지 않았다는 것은 종전 직후에 내린 SCAPIN 677호, SCAPIN 1033호의 조치를 그대로 인정한다는 것이 된다. 따라서 연합국은 한국의 실효적 지배를 인정하였다는 법적 해석이 가능하다.

　한편 간도에 대해서는 일본제국주의가 만주 침략을 안목에 두고 철도 부설권과 탄광 채굴권 등의 이권을 챙기기 위해 일괄 타결하는 방식으로 간도의 영유권을 중국에 양도한 것이다. 이는 포츠담선언에 의거하여 일본제국주의가 확장한 영토가 불법으로 간주되었으므로 간도문제도 1887년 상태에서 재협상되어야 했다.[44] 그럼에도 불구하고 연합국은 간도를 포함한 만주 전체를 중국에 반환하여 중국영토로 처리했다. 이는 한국이 간도 영토의 영유권을 주장하지 않음으로써 발생한 영토적 손실이라고 할 수 있는데, 즉 이는 법적 정의에 의한 결정이 아니라 정치적 결정에 의한 조치였다고 하겠다. 그 책임은 유일한 합법정부였던 이승만 정부에게도 있고, 중국과 국경을 접하고 있었던 김일성정권에게도 책임이 있다. 최소한의 영유권 제기만 했더라면 봉금지

44) 芹田健太郎(2002) 『日本の領土』 中公叢書, 中央公論社, pp.34-61.

대, 백두산정계비, 19세기의 2번에 걸친 감계담판 등 모든 역사적 권원들이 효력을 가질 수 있었을 것이다. 간도는 전후 중국에 선 조치되어 중국의 행정구역에 편성되어 중국이 실효적으로 지배한지 60여 년이 경과되었다. 하지만 한국정부는 여전히 영유권을 주장하지 않고 있다. 한국이 적극적으로 영유권을 주장함으로써 분쟁지역이 될 수 있다. 국제법에는 정해진 시효가 없지만 보편적으로 100년을 시효기간으로 보는 경향도 있다. 그렇다면, 한국이 중국의 실효적 지배를 묵인한 시기를 대일강화조약 이후로 본다면, 60여 년이 경과되고 있다. 간도가 중국영토로 고착되려면 아직 40여 년이라는 시간이 남아있다고 할 수 있다. 그러나 1962년 조중 양국이 일방적으로 비밀리에 변계조약을 체결하여 국경선을 설정했고, 게다가 한국이 영유권을 주장하지 않고 있는 실정이므로 서서히 간도지방이 중국영토로 고착화되어 가고 있다. 한국은 중국과 1990년 국교를 회복한 이후에는 우호적 관계의 손상을 우려하여 영유권 주장을 미루고 있다. 영토문제는 주권문제이기 때문에 적절한 시기에 분명한 방법으로 간도의 영토문제를 제기하는 것이 시급한 과제이다.

5. 맺으면서

한국은 간도와 독도, 두 지역의 영유권문제를 안고 있는데, 본 연구는 두 지역의 영토문제의 구조적 특징을 고찰하여 영토문제 해결에 있어서 상호 시사점을 분석한 것이었다. 이상의 내용을 요약하면 다음과 같다.

첫째, 현재 상황으로 독도는 한국이 실효적으로 지배를 하고 있는 상태에서 일본이 영유권을 주장하고 있다. 일본은 한국의 실효적 지배를 방해하기 위해 국제사회의 여론을 조장하여 일본에 유리하게 정치적으로 해결하려고 한다. 간도의 경우는 현재 중국의 행정 관할권에 포함되어 실효적으로 지배하고 있다. 한국은 중국과 우호관계를 해치지 않으려고 최대한 영유권 주장을 자제하고 있다. 간도는 한국 측에도 영토적 권원이 존재함에도 불구하고 중국에 대해 이의제기를 하지 않음으로써 중국영토로 서서히 고착화되어가고 있는 실정이다.

둘째, 영토적 권원으로 볼 때, 독도는 울릉도와 서로 보이는 거리에 위치하고 있는데, 울릉도를 거점으로 하고 있는 우산국이 신라에 복속되었다는 점, 1693년 안용복사건 때 일본에 대해 울릉도, 독도가 조선영토라고 영유권을 주장했다는 점, 1900년의 칙령 41호에 의해 한국이 행정적 조치를 취했다는 점, 일본의 패전이후 포츠담선언에 의해 독도가 한국영토로서 선 조치되어 한국이 실효적 점유를 하게 되었고, 그 상태에서 대일평화조약, 한일협정이 체결되었고, 이때에 연합국 측과 일본 측에서 아무런 법적 조치를 취하지 못했다는 점 등으로 봐서 한국측에 영토적 권원이 있다고 할 수 있다. 반면 일본은 1696년 막부가 울릉도 도항을 금지하여 울릉도가 조선 영토임을 인정했고, 당시 독도는 울릉도 도항의 기항지로서 이정표 역할을 했으며, 1905년 제국주의적인 방법으로 독도를 일본영토에 편입 조치했다는 역사적 사실이 존재한다. 하지만 이들은 한국영토에 대한 불법적 도항이었으며, 불법적 영토편입조치였기 때문에 일본 측에는 영토적 권원이 없었다고 봐야한다.

간도의 경우는 17세기 양국의 합의로 중립지대로서의 봉금조치가 내려진 것을 기점으로 1712년 중국이 강압적이고 일방적인 방법으로 「대청비」인 백두산정계비를 세웠다. 거기에는 「동위토문 서위압록」이라고 하는 경계를 설정했다. 일방적인 「대청비」이었기 때문에 「위법성」
의 문제도 존재하지만, 그 결과 압록강 상류가 중국영토로 처리되었고,
두만강 이북에서 토문강 이남 사이의 간도지방은 조선영토로서 인정하
는 결과를 낳았다. 그 후 1881년 중국이 또 일방적으로 두만강 이북에
서 토문강 이남 사이의 간도지방을 전적으로 중국영토시하고 조선인을
추방하려고 했을 때 조선조정이 이의를 제기하여 양국 사이에 영유권
담판이 행해졌다. 그 결과 조선은 중국의 강압에 의해 두만강을 양국
경계로 하고 두만강 상류만이 영토문제로 남게 되었다고 하는 중국의
주장을 대체로 수용하는 입장이었지만, 최종적인 합의를 도출해내지
못했다. 그 후 1905년 일본이 한국의 외교권을 강탈하여 간도에 한일
양 국민으로 구성된 헌병대와 관리를 파견하여 점령한 뒤 영유권을 확
보하기 위해 중국정부와 담판을 시도했지만 가능성이 없어보이자 만주
의 권익을 확보하는 대신에 간도지역을 중국영토로 인정하고 말았다.

셋째, 정치적 측면에서 보면, 독도의 경우는 일본이 독도에 대해 역
사적 권원이나 국제법적 권원이 빈약하거나 거의 없음에도 불구하고
영유권을 주장하여 어업권이나 지하자원에서 최대한 권익을 확보하려
고 하고 있다.

간도의 경우는 한국이 역사적 권원을 갖고 있음에도 불구하고 중국
에 대해 영유권을 주장하지 못하고 있다. 중국은 역사적 권원이 전적으
로 중국에 있다고 주장하고, 게다가 1962년 북한과 맺은 변계조약을
배경으로 간도의 영토문제는 존재하지 않는다는 입장을 취하고 있다.

넷째, 영토 문제 해결을 위한 대응 방안으로서, 독도의 경우는 한국
이 역사적 권원을 바탕으로 실효적 지배를 강화하면서 영유권을 확고
히 하고 있다. 반면 간도의 경우는 역사적 권원을 갖고 있음에도 불구
하고 영유권을 주장하지 않고 있다. 이제 한국은 조중 변계조약이 북한

이 단독으로 비밀리에 추진한 것임을 문제시하여 간도의 영유권을 제기하는 일이 시급하다.

제9장
쿠릴 남방4도 분쟁과 독도문제의 성격 비교

1. 들어가면서

일본은 한국령 독도를 죽도라고 하고, 또한 러시아령 쿠릴열도 최남단 4도에 대해서는 「북방영토」라고 하여 자신의 영토라고 주장한다.[1] 일본의 「북방영토」라는 호칭은 언제부터 생겨났으며, 죽도라는 명칭은 언제부터 생겨났을까? 일본이 죽도, 「북방영토」라는 호칭을 갖고 있다는 말은 자신의 주권이 미치는 지역으로서 영토를 스스로 포기하지 않는다는 의미와도 통할 것이다. 일본은 한국과 국교를 회복하면서 독도의 지위에 대해 별다른 규정을 두지 않은 채 한국의 독도 실효적 지배를 인정했다. 그러나 러시아에 대해서는 「북방영토」를 확보하지 않고

---

1) 「북방영토」는 쿠릴열도 최남단 4도를 두고 말한다. 본문에서는 「북방영토」라는 용어 사용을 최대한 자제하도록 한다. 하지만, 부득이 사용할 때는 「북방영토」라고 표기한다.

서는 국교를 회복할 수 없다는 입장이 강경하다. 일본은 1965년 한국과 국교를 회복할 당시의 일본은 독도영토에 대한 강한 영유권 의식을 갖고 있지 않았다. 하지만 「북방영토」에 대해서는 1956년 양국 공동선언 때도 물론이고 지금도 영유권 의식을 강하게 갖고 있다.

그런데 이처럼 독도와 쿠릴열도는 서로 전혀 다른 성격의 지역임에 불구하고 최근 일본은 방위성의 2008년 방위백서에서 독도에 관해 "우리나라 고유의 영토인 「북방영토」와 죽도(竹島; 독도의 일본명)의 영토 문제가 여전히 미해결 상태로 존재하고 있다"라는 표기했다.[2] 본 연구는 과연 이러한 일본의 주장이 타당한가에 대해 「북방영토」와 독도의 영토분쟁의 성격차이를 비교하여 검토하는 것이 목적이다. 그 중요성에서 보면 실제로 쿠릴열도문제와 독도문제를 단순 비교하는 경우가 있고, 또한 만일 쿠릴열도가 해결되게 되었을 때 독도문제에 있어서도 그 선례를 요구할 경우가 있을 수 있기 때문이다.

연구방법으로서, 우선 역사적 권원의 차이성을 검토하여 영유권의 귀속여부를 고찰한다. 둘째로 근대의 영토취득 요건상의 합법성 여부와 대일강화조약에서의 영토조치를 검토하여 영유권의 귀속에 관해서 고찰한다. 셋째로 전후 한일, 러일의 영토정책과정을 고찰한다. 넷째로

---

2) 일본 정부는 2008년 9월 5일 각료회의에서 2005년 이후 4년 연속으로 독도를 일본영토라고 주장하는 내용의 방위백서를 의결했다. 일본중학교 사회과 지도요령해설서에서 일본의 고유영토 죽도를 한국이 불법점령하고 있다는 내용을 삽입하기로 결정하고 얼마 되지 않았고 또한 이명박 대통령과 후쿠다수상이 파트너십을 약속한 상황에서 일어난 일들이다. 일본은 한국을 배려하여 '한국이 불법점유하고 있는 일본의 고유영토' '독도 수역의 방위력 강화' 등의 내용을 삽입하지 않았다고 주장했다.
http://www.segye.com/Articles/News/International/Article.asp?aid=2008
0905002476&ctg1=04&ctg2=00&subctg1=04&subctg2=00&cid=010104040
0000

영유권을 주장하는 실효적 지배 상황에 대해 검토하고 그 합법성에 관해서 고찰한다. 다섯 번째로 향후 과제와 전망에 관해서 고찰해본다. 마지막으로 결론에서는 독도와 쿠릴열도의 성격을 비교해본다.

　이러한 성격의 차이를 규명하는 것은 일본의 무리한 영유권 주장의 문제점을 지적하여 분쟁화를 방지함과 동시에 독도와 쿠릴열도 문제 중 어느 한쪽이 특정한 방법으로 문제가 해결되었다고 해서 바로 그와 같은 방법으로 해결되어야한다고 하는 오해를 방지할 수 있을 것이다.

　선행연구에서 독도문제와 「북방영토」문제에 관해서는 역사적 권원과 국제법적 지위, 그리고 정치과정을 개별적으로 다룬 선행연구가 대부분으로서, 이들 두 지역의 영토문제를 성격적으로 서로 비교한 선행연구는 없었다.[3]

2. 역사적 권원의 비교

(1) 쿠릴열도 최남단4도

　일본과 러시아가 영유권 분쟁을 하고 있는 지역은 쿠릴열도 남방 4개의 섬으로서 하보마이, 시코탄, 쿠나시리, 에토로프 섬이다.[4] 이 지역은 원래 전근대시대에는 홋카이도, 사할린과 더불어 아이누민족의

---

3) 대표적인 선행연구로서는 독도에 관해서는 신용하, 이한기, 송병기, 김호동, 호사카 유지, 나이토 세이츄, 호리 카즈오, 야마베 켄타로, 카지무라 히데키, 양태진 등의 역사학 연구가 있고, 국제법에는 김명기, 이장희, 김영구, 이상면, 김병렬, 홍성근, 정갑용, 나홍주, 세리타 켄타로 등 많은 연구가들이 있다. 북방영토에 대해서는 주로 일본학자들에 의해서 국제법과 역사학적 측면에서 연구되어졌다.
4) 일본이 주장하는 북방4도는 쿠나시리(国後), 에토로프(択捉), 하보마이(歯舞), 시코탄(色丹)임.

영역이었다. 쿠릴열도는 22개의 작은 섬으로 이루어져 있는데, 러시아와 일본 간에 다른 모든 섬들은 귀속이 결정되었으나, 현재 분쟁지역으로 남은 곳은 남방 4개의 섬이다. 러시아와 일본은 전근대에 이들 아이누지역을 둘러싸고 다투어 세력을 확장했다. 러시아는 지방 세력이 이들 지역으로 진출하여 무주지 선점론으로 영토편입을 시도했다. 한편 일본은 쇄국정책으로 아이누민족의 정치적 독립성을 인정하면서도 경제적 착취라는 방법으로 아이누지역을 침탈해갔다. 이때 러시아와 일본이 처음으로 아이누지역을 둘러싸고 분쟁을 일으켰던 곳은 쿠릴열도이다. 그 이후 아이누영역을 둘러싼 러시아와 일본 사이의 분쟁은 사할린으로 확대되었다.

18세기 러시아가 사할린과 쿠릴열도에서 아이누의 항복을 받아내어 통치하였고, 일본은 홋카이도를 중심으로 경제적 측면에서 아이누의 세력을 장악하고 있었다. 당시 근세시대의 일본은 쇄국을 하고 있었기 때문에 영토팽창의 의도가 없었다.[5] 그런데 근대에 들어와서 러일 양국은 아이누의 존재를 무시하고 일방적으로 1854년(음력) 아이누모시리를 분할하는 러일 화친조약을 체결했다. 사할린의 영유권을 유보하여 러일 양 국민으로 거주하는 잡거지 상태였고, 쿠릴열도에 있어서는 에토로프 이남의 남방 4개의 섬을 일본영토로 인정하고 그 이북을 러시아영토로 인정했다. 처음으로 러일 간의 국경의 일부가 합법적으로 결정되었다. 이때 양국 간에 새로운 국경선이 평화적으로 타협이 가능했던 것은 원래부터 이 지역들이 러일 양국 어느 국가의 고유영토도 아니고 아이누민족의 영역이라는 제3국의 영토에 대한 침략적인 행위였기 때문이다. 사실 러시아는 사할린과 쿠릴열도 전부를 장악하려고

---

5) 최장근(2005) 『일본의 영토분쟁』 백산자료원, pp.237-299.

의도했으나, 때마침 러시아와 터키 사이에 크림전쟁이 발발하여 국가
적 위기상황에 직면했다. 한편, 이같은 시기에 일본은 미국의 강요로
일미화친조약을 체결하여 미국이 일본에서 최혜국 대우를 선점했다.
그래서 러시아는 일본에서의 이권을 미국에 선점당하는 것을 우려하여
미국과 동등한 조건의 최혜국 대우를 받아 내기 위해 성급히 양보할
것은 양보해야 한다는 방침 아래 쿠릴열도 남방 4도를 일본영토로 인
정하는 화친조약을 체결했던 것이다.6) 이때에 러시아는 남방 4개의 섬
을 쿠릴열도의 일부로 분류하고 있었기 때문에 특별히 일본영토로 인
정할 이유는 없었던 것이다. 당시 일본도 이들 섬을 쿠릴열도의 일부로
분류하는 것에 대해 아무런 이의를 제기하지 않았다.7) 이렇게 해서 1
차적으로 일본과 러시아 사이에 처음으로 평화적인 국경선의 일부가
확정되었던 것이다. 그러나 여전히 양국 간에 사할린을 둘러싼 분쟁이
남아있었다. 일본은 사할린에서 유리한 지위를 확보하기 위해 적극적
으로 사할린 개척을 시도했고, 러시아는 일본의 개척에 적극적으로 대
응하여 양국 간의 분쟁은 더욱 격렬해졌다. 프랑스와 영국, 미국은 일
본에 대해 러시아가 사할린을 절대로 양보하지 않을 것은 물론이고,
더 나아가서 에죠지(蝦夷地; 당시의 지명, 지금의 홋카이도) 점령을 시
도할 것이라고 자문하여 사할린을 포기하고, 오히려 에조지 개척에 적
극적으로 나설 것을 주문했다. 결국 1875년 러일 양국 간에 최종적으
로 국경을 결정하게 되었는데, 사할린 전부를 러시아영토로 하고, 쿠릴
열도 전부를 일본영토로 한다고 하는 사할린/쿠릴열도 교환조약을 체

---

6) 최장근, 『일본의 영토분쟁』, pp.270-299.
7) 일본은 대일평화조약을 체결하고 난후 하보마이와 시코탄은 쿠릴열도의
   일부가 아니라고 했고, 또한 러일화친조약과 상관없는 일본의 고유영토라
   고 주장하여 대일평화조약에서 '쿠릴열도의 영유권을 전적으로 포기한다'
   는 것과는 상관없다는 주장이다.

결했다.

이렇게 해서 러일 간에 처음으로 평화적인 국경선이 확정되었다. 그런데 그 이후 일본은 제국주의적 영토팽창을 적극적으로 추진하여 러일전쟁을 감행하여 그 결과로 만주에 대한 경제적 우월권과 한국에 대한 정치적, 군사적, 경제적 우월권을 확보함과 동시에 사할린 남부를 러시아영토에서 분리하여 일본영토에 편입했다. 일본이 러일전쟁을 감행하여 사할린 남부를 분할함으로 해서 평화적이었던 러일 간의 국경선은 해체되고 말았다. 러시아는 종래의 국경선 회복과 동시에 보다 넓은 새로운 국경선을 확장하려는 의지를 갖게 됨으로써 러일 국경선은 다시 불안정한 상태가 되었다. 이러한 불완전한 국경선을 유발한 것은 일본의 영토침략행위 때문이었다. 국경선이 불안정하다는 것은 러시아 입장에서는 일본보다 국력이 강대해질 때에는 쿠릴열도 최남단 4도를 포함해서 더 넓은 영토를 확보하겠다는 것이고, 이는 국경선을 접하고 있는 일본영토에서 분할한다는 것을 의미한다.

일본은 1941년 진주만 공격을 필두로 제국주의적 영토팽창은 극대화되어갔다. 미국은 연합국을 형성하여 일본의 침략행위를 저지하는데 전력을 다했다. 여기에 소련도 가담하게 되었는데, 1945년 9월 침략당한 영토를 수복함과 동시에 최남단 4도를 포함하는 쿠릴열도 전부를 군사적으로 점령했다. 러시아의 이들 섬에 대한 점령은 미영중 수뇌가 합의한 얄타협정에 의거하여 러일전쟁에서 일본에 침탈당한 사할린 남부를 회복하고 최초 러일 간에 평화적으로 합의한 쿠릴열도 남단 4도까지도 일본영토에서 분할하여 러시아영토에 편입조치를 단행했다.

러시아의 이러한 영토조치는 최종적으로 대일평화조약에서 결정되어야했다. 그러나 대일평화조약에서는 이들 영토의 최종적인 법적 지위를 결정하지 못했다. 그 이유는 종전 후 1947년부터 미소가 격렬히 대립하는 냉전이 본격화되어 이 대일평화조약이 미국을 중심으로 하는 자유진영에 의해 체결되어서 소련 중심의 공산주의국가가 여기에 가담하지 않았기 때문이다. 자유진영의 연합국은 이 평화조약에서 일본은 쿠릴열도의 지위를 전적으로 포기한다고 명확히 하면서도 그 귀속이 러시아에 있다고 명기하지 않았다. 또한 평화조약에서 해결되지 않은 영토조치는 러일 양국 간에 해결한다는 내용이 규정되어 있었다. 즉 다시 말하면 자유진영의 연합국이 일본으로 하여금 대일평화조약에서 쿠릴열도에 대한 일본의 영유권을 포기하도록 했지만, 최종적으로 러시아에 귀속된다는 결정을 하지 않았던 것이다.[8]

(2) 독도

독도는 지리적으로 날씨가 청명한 날 울릉도에서 동남쪽 방향으로 보이는 동해에 위치하고 있다. 일본의 오키 섬에서는 보이지 않는 거리에 위치하고 있다. 독도는 작은 2개의 암초로 이루어져있는데, 예로부터 울릉도에서 보이는 한국영역의 끝이라는 상징적 가치를 갖고 있는 섬이었다. 한편 일본에서는 1903년경 일본어부가 강치잡이라는 경제적 가치를 발견하기 전까지는 일본과 무관한 섬이었다. 그 후 일본은 1905년 러일전쟁 중에 군사상의 전략적 가치를 발견하게 되어 영토로서의 가치를 인식하게 되었다.

일본은 1903년 일본인 나카이 요사부로(中井養三郎)가 강치잡이를 시작하게 되었고, 1905년 일본정부가 무주지 선점론으로 시마네현 고시 40호에 죽도라는 이름으로 일본영토에 편입하는 조치를 취했다고 주장한다. 그러나 사실 각의의 형식을 빌려서 외무성의 일방적인 주장

---

8) 최장근, 『일본의 영토분쟁』, pp.33 – 107.

으로 행해진 것이다.[9] 中井는 이 섬을 한국영토라고 생각하면서 강치 잡이를 하고 있었는데, 일본외무성은 독도를 침략할 목적으로 무주지 선점론을 적용하여 일본영토에 편입 조치했다고 한다. 하지만 당시의 독도는 무주지가 아니었다. 이미 고대시대 이후 조선영토로 인식되어 왔던 섬이라는 증거가 수많은 문헌에 기록되어있다.[10] 이러한 일본의 강치잡이와 영토편입조치는 한국영토에 대한 침략행위였다.

고대시대의 독도는 무인도로서 울릉도에서 보이는 한국영역의 끝으 로 인식되었던 동해의 섬이었다. 울릉도에는 고대시대부터 사람이 살고 있었는데, 우산국이라는 국가로서 512년 신라에 복속되어 신라영토의 일부가 되었다. 독도는 일본에서 보이지 않는 섬일 뿐만 아니라, 암초로 된 무인도이기 때문에 고대시대의 일본과는 전혀 무관한 섬이었다.

중세의 고려시대에도 울릉도에 사람이 거주하고 있었기 때문에 고 대시대의 연장선상에서 『고려사』지리지에 '동해에 2개의 섬이 있다'고 하는 인식으로 보면, 고려영역의 끝이라는 상징적인 가치를 갖고 있었 다. 고려사지리지가 조선시대에 편찬되었지만 그 내용은 고려시대의 인식을 반영한 것으로 해석된다. 이처럼 고대시대와 고려시대에 울릉 도에 사람이 거주했다고 하는 것은 그 만큼 중앙의 조정의 간섭을 받지 않고 독자적인 지위를 갖고 존재했다고 할 수 있다. 고대시대는 고려시 대 보다 더 독자적인 지위를 갖고 있었다고 할 수 있다. 조정이 관심을 갖게 되었다는 것은 울릉도에 외세의 영향을 미쳤기 때문이라고 할 수 있다. 그렇다고 해서 외세로서 대두되었던 여진족이 울릉도의 영유권

---

9) 최장근, 「竹島経営者中井養三郎立志伝의 왜곡해석에 관한 비판」, 『일어일 문학』제40집, 대한일어일문학회, 2008년 11월 30일 발행.
10) 삼국사가, 삼국유사, 세종실록지리지, 고려사지리지, 동국여지승람, 숙종 실록, 그 외 칙령41호, 1877년의 태정관문서, 은주시청합기, 카와카미문서 등 수많은 기록이 있다.

을 주장했다거나, 울릉도를 자신들의 세력권으로 형성했던 곳은 아니
다. 노략질 수준의 것이었다.

　조선시대에 들어와서는 울릉도가 조선조정의 간섭을 많이 받게 되
었다. 그러자 조선조정은 특히 왜구로부터 피해를 막고 울릉도민의 안
전을 보장하기 위해 본토에 울릉도민을 쇄환했다. 이로 인하여 울릉도
는 조선조정이 관리하는 빈 섬이 되었다. 이 시기도 마찬가지로 왜구가
울릉도에 영유권을 주장했다거나, 세력권을 형성한 것은 아니다. 노략
질 수준의 것이었다. 고대시대 울릉도의 우산국은 신라의 권력에 지배
당했던 것처럼, 고려시대에는 여진족, 조선시대에는 왜구의 세력이 울
릉도에 도항했던 것으로 보아 울릉도는 지리적으로 동해안을 왕복하는
사람들이 기항하는 곳이었음을 알 수 있다.

　울릉도는 조선시대에는 조정에 의해 영토관리차원에서 비워져 2－3
년 내지 수년에 1번씩 조정에서 수토관을 파견하여 관리되는 섬이었
다. 특히 조선 중기와 일본의 에도시대에는 한일 양국 모두 쇄국정책을
실시하여 해외영토를 개척하려는 의지가 전혀 없었다. 그래서 양국 간
에서는 조선의 고유영토로 인식하고 있던 울릉도를 둘러싼 영유권 분
쟁은 없었다. 그런데 1620년 중반부터 1692년에 걸쳐서 일본 어부가
한국정부 몰래 울릉도에 도항했고, 안용복 등의 한국인 잠상들도 울릉
도에 도항했다.[11] 이때 양 국민 사이에 영유권 분쟁이 발생했다. 사실
이 분쟁은 울릉도를 둘러싼 분쟁이지만, 독도도 논쟁의 대상이 되었던
것이다. 한일 양국 모두 쇄국정책을 실시하고 있었는데, 일본은 무라카
와(村川) 오야(大谷) 두 가문이 매년 교대로 도항했다고 하는데 그 중

---

11) 김호동, 『독도·울릉도의 역사』경인문화사, 2007을 비롯한 김호동 연구에
　　서 안용복은 선행연구의 「노비」가 아닌 왜관의 역관신분으로서의 「잠상」
　　이라고 규명하고 있다.

거자료는 불충분하다. 안용복 일행과 그 이전에는 부딪히지 않았는지, 약 70년간 얼마나 자주 울릉도에 도항했는지는 알 수 없다. 독도가 완전히 비워져 있는 섬이었다면 일본어부가 이주하여 정착했을 수도 있는데, 그렇지 않았다고 하는 것은 조선조정이 관리하는 조선의 영토임을 알고 있었기 때문이라고 할 수 있고, 일본 어부들이 조선 어부들을 70여 년간 만난 적이 없었다는 것은 울릉도의 영토주권을 침범할 정도로 자주 도항하지 않았다는 것을 의미하므로 일본어부들의 도항은 소극적이었다고 할 수 있을 것이다. 그러나 1693년 안용복 사건이 발발하여 한일 양국 조정이 울릉도를 둘러싼 영토분쟁이 일어나 결국 일본조정은 울릉도에 대한 조선조정의 영토주권을 인정하고 일본어부의 소극적인 울릉도 조업행위는 영토취득과 무관한 타국의 영토에 대한 침입행위로 단정했던 것이다.

17세기 말 조선에서는 독도에 대해 울릉도와 더불어 동해상에 존재하는 2섬 중의 1섬인 「우산도」로 인식되어 있었다. 안용복은 울릉도에 조업하는 일본어부들을 만났을 때 울릉도와 더불어 「자산도(=우산도)」가 조선영토임을 명확히 했다. 안용복의 이러한 우산도 인식은 종래 조선조정의 인식이고, 또한 조선의 지리서나 문헌상의 인식으로서 울릉도를 왕래하는 어부들도 이 같은 영토인식을 갖고 있었다고 할 수 있다. 이에 비해 일본에 있어서 독도는 울릉도에 불법 도항한 일본어부들이 울릉도 도항과정에 위치하는 이정표와 같은 섬으로서 독도만을 위해 도항한 적이 없는 섬이다. 막부에서도 독도가 일본영토라는 인식은 없었다.

18세기에 접어들어 일본어부의 울릉도 도항이 금지되었다. 울릉도와 독도에 도항하는 자가 없었다. 그런데 19세기에 들어와서 일본어부들 중에는 독도가 오키 섬의 일부라고 주장하는 자도 간혹 있었다. 그러나 당시의 독도는 영유권을 주장할 만한 가치 있는 섬도 아니었고, 일본어부들이 독도만을 목표로 해서 도항할 만한 그런 섬도 아니었다. 막부에는 독도가 일본영토라는 인식이 전혀 존재하지 않았으며 아무런 관심도 없는 섬이었다.

한편 조선에서는 1693년~96년 안용복에 의해 울릉도는 물론이고 우산도에 대한 영토의식이 강하게 재인식되었다. 안용복사건을 계기로 일본인의 동해 도항이 금지되면서 동해의 울릉도와 우산도는 조선의 영토로 아주 평화적으로 관리되어졌다. 18세기말 장한상, 박세당과 같이 독도의 존재를 명확히 인식한 관리들도 있었다.[12] 그런데 그 후 세월이 흐르면서 울릉도, 독도 도항이 금지된 상황에서 울릉도는 사람이 거주할 수 있는 큰 섬이고 내지에서도 보이는 거리에 있는 섬이었으므로 그 존재가 명확히 알려져 있었지만, 우산도는 내지에서 보이지 않을 뿐만 아니라, 고문헌과 고지도상의 동쪽 끝에 위치한 조선영역의 끝이라는 상징적인 가치 이외는 존재하지 않았다. 그렇다고 그 후 독도를 둘러싼 분쟁지역이 된 적도 없었으므로 그 존재 자체를 확인할 기회도 그다지 많지 않았다. 그래서 조선 조정의 지리를 담당하는 관리 중에서 박석창과 같이 사람은 탁상공론으로 동해의 2섬 즉 울릉도, 우산도라는 고대시대 이후의 영토인식을 기반으로 우산도를 울릉도 주변의 죽서도에 비견하는 자들도 등장하게 되었다.[13] 그래도 그 당시는 독도가 분쟁지역이 아니었기 때문에 그다지 문제가 되지 않았다. 이는 분명히 우산도가 독도임에도 불구하고 죽서도에 비견한 것은 잘못된 인식이

---

12) 유미림 연구, 「'우산도'는 역시 독도였다」, http://news.chosun.com/site/data/html_dir/2007/12/04/2007120400027.html
13) 죽서(竹嶼)도는 지금은 죽도 또는 댓섬으로 부르며 울릉도에서 2km 지점에 위치하여 울릉도 바로 눈앞에 보이는 거리에 있는 약간의 사람 거주가 가능한 섬이다.

다. 만약 당시에 일본의 중앙정부가 독도를 일본영토로 인식하고 있었다면 문제는 달라질 것이다. 그러나 일본의 중앙정부는 독도에 대해 아무런 관심도 없는 일본영토와 무관한 지역으로 간주하고 있었던 지역이었다.

이렇게 볼 때 조선조정에서는 안용복사건으로 분쟁의 대상이 되었을 때는 울릉도와 더불어 우산도에 대해서도 영유권 의식이 일시적으로 높아졌다가, 한일 간의 영토분쟁이 종료됨으로써 울릉도에서 보이지 않는 우산도에 대한 영유권 의식은 존재하면서도 실제로 그 위치를 확인할 기회를 갖지 못했다고 할 수 있다. 그래서 조선조정에서는 고문헌에 등장하는 조선영토 우산도를 확인하려는 움직임도 있었다.[14] 일부 지금의 독도의 존재를 잘 알지 못했던 사람은 죽섬이 우산도라고 하는 사람도 있었고,[15] 일부는 지금의 독도가 우산도라고 하는 사람도 있었다.[16]

울릉도와 우산도가 재차 관심의 섬이 되었던 것은 1876년 강화도조약으로 일본인들의 동해안 침입이 활발히 전개되던 시기였다. 일본어부들이 울릉도를 침범했고, 그 항로에 있는 독도의 존재를 알게 되었던 것이다. 조선조정에서는 일본인들의 조선영토 울릉도와 우산도의 침입 상황을 알게 된 이후 적극적으로 재차 울릉도와 우산도에 대한 영유의식이 강화되었던 것이다. 이때 울릉도는 사람이 거주할 수 있는 섬이므

---

14) 동북아의 평화를 위한 바른역사기획단, 『독도자료집(1)』, pp.77-403. 세종실록과 성종실록에서 조선조정은 새로운 섬으로서 「요도」, 「삼봉도」를 찾기 위해 조사함.

15) 竹島問題硏究會(2007.3) 『最終報告書: 竹島に関する調査研究』竹島問題硏究會, pp.90-181. 대표적으로 김정호의 대동여지도, 청구도가 여기에 속한다.

16) 안용복, 장한상, 박세당 등의 인식이 여기에 속한다.

로 당연히 영토개척이라는 방법으로 관리가 가능했다. 그러나 여전히 독도에 대해서는 일본인들이 침입하여 소란을 피우지 않았기 때문에 조선영역의 끝이라는 상징적인 가치로서만 존재했던 것이다.

1882년 조선조정은 이규원을 파견하여 울릉도 개척을 시작했을 때 울릉도 개척민은 울릉도에서 보이는 섬 독도를 확인하고 돌로 된 섬이라고 하여 '돌섬'이라는 호칭했다. 돌섬은 한국의 호칭방법상 '독도'라고 부르기도 했다.[17] 조선조정은 칙령 41호를 선언하여 울릉도, 죽도와 더불어 이 돌섬을 한자로 표기 하여 석도라고 하여 새로 편성된 울도군의 일부임을 관보에 명확히 기록했다. 1882년부터 1900년까지는 '돌섬' 혹은 '독섬'으로 불리어져서 조선조정은 이를 한자로 표기하여 '석도'라고 기록했고, 그 이후 1900－1906년 사이에는 '독도'라는 이름으로 울릉도 사람들에게 불려져 1904년 일본의 군함 니이타카호(新高號)가 울릉도와 독도를 조사하여 조선에서는 이 섬을 독도라고 부른다고 기록하고 있고, 1906년 울도군수 심흥택은 시마네현 관리 일행이 죽도편입 사실을 주장했을 때 강원도 관찰사를 거쳐 조정에 보고하는 과정에서 '본군소속 독도'라고 표기했던 것이다.

이러한 상황에 있는 독도에 대해 1903년경에 中井 요사부로라는 어부가 독도에서 강치잡이를 시작하여 독점적인 경영권을 확보하기 위해 한국영토로 생각되는 독도를 주한 일본공사관의 힘을 빌려서 한국정부에 대여 받으려고 했다.[18] 이러한 상황을 알게 된 일본정부에서는 독도가 울릉도의 부속 섬 조선영토라는 것을 명확히 알고 있었음에도 불

---

17) 돌섬을 석도로 표기하고, 독도로 호칭하게 된 경위에 관한 연구는 최남선, 신용하등 많은 학자가 고증하고 있다.

18) 中井는 통감부에 서류를 제출하려고 했다고 회고하고 있으나, 당시는 통감부가 서울에 설치되기 이전이었으므로 주한 일본공사관을 두고 말했을 것이다.

구하고,[19] 일본 외무성에서는 러일전쟁 중이라서 시국 상으로 봐서 일본 국익에 도움이 된다고 했고, 영토편입의 정당성으로는 지리적으로 조선보다 일본이 더 가깝다는 것이었다.[20] 이러한 인식 아래 외무성이 강력한 지도력을 발휘하여 내각의 동의를 얻는 형식을 취하여 시마네현에 고시하는 은밀한 방법으로 영토편입을 단행했다.[21] 그 1년 후 울도군수 심흥택은 시마네현 관리들이 울릉도를 방문하여 죽도편입사실을 언급한 것으로 독도가 일본에 침탈당하고 있다는 사실을 확인하고 바로 강원도 감찰사를 거쳐 조정에 보고되었고, 독도침탈소식을 간접적으로 접한 조정은 '당치도 않은 소리'라고 하여 일본의 편입조치를 인정하지 않았다. 조선조정은 일본정부로부터 직접 편입사실을 통보받은 것도 아니었고, 이미 1906년 2월에 설치된 통감부의 감독을 받고 있었기 때문에 확인할 수 있는 상황이었다. 이러한 과정을 거쳐 4년 후 한국은 통째로 일본에게 강압적으로 주권을 강탈당하게 된다. 이런 측면에서 볼 때 일본이 신 영토 죽도를 편입했다고 주장하지만, 이는 신영토가 아니고 조선의 고유영토였던 독도였고, 1910년 조선을 통째로 침략하기 이전에 맨 먼저 약탈하려고 했던 조선영토였던 것이다. 따라서 독도는 1910년 한일합병으로 침략당한 한반도와 더불어 불법적으로 일본에 약탈당한 영토였던 것이다.[22]

---

19) 1877년 태정관문서, 1896년 해군수로부가 제작한 「조선수로지」의 「조선전안」등의 해도에 조선영토로서 인식하여 기록되어있다.

20) 竹島問題硏究會(2007.3) 『最終報告書: 竹島に関する調査研究』 竹島問題硏究會, pp.62-84.

21) 내각회의 내용이 있음. 그리고 中井 자서전에는 외무성이 농상무성과 내무성의 동의를 얻어내었다는 기록이 있음.

22) 일본제국주의가 불법으로 약탈해간 영토는 패전 후 포츠담선언에 의거하여 일본영토에서 전적으로 분리되었다. 독도도 침략당한 영토이었으므로 일본영토에서 전적으로 분리되어 한국에 반환된 영토인 것이다.

3. 영토취득의 합법성과 대일강화조약의 영토처리의 비교

(1) 쿠릴열도

국제법상에 영토취득요건은 어느 쪽이 먼저 발견하여 국가가 주체가 되어 지속적으로 관리해왔으며, 현재 어느 국가가 관리하고 있는가가 기준이 된다.

쿠릴열도의 발견에 대해서는 먼저 이 지역은 아이누민족의 영역이었는데, 소련과 일본이 아이누민족을 굴복시켜 소수민족의 지위를 무시하고 무주지 선점론을 적용하여 조약을 체결하여 영토편입 조치를 취했던 것이다. 따라서 이 쿠릴열도는 러일 양국모두 고유영토가 아니고 아이누민족의 침략에 의한 영토취득에 해당한다. 이 지역은 러일 양국 사이에 4번에 걸쳐 국경선 변동이 일어났다. 1854년(음력)에 화친조약으로 사할린은 잡거지, 쿠릴열도는 최남단 4개의 섬을 일본영토로 인정하고 그 이외의 섬들은 러시아영토로 인정한다고 하는 최초의 러일 국경이 국제법에 의거하여 확정된 것이다. 그 후 1875년 러일 양국 사이에 사할린/쿠릴열도 교환조약을 체결하여 사할린은 러시아영토, 구릴열도 전부는 일본영토로 결징되있다. 이것이 2번째로 양국의 합의에 의해 평화적으로 러일 양국의 국경선 획선이었다. 3번째 국경변경은 1905년 러일전쟁에서 강화조약의 결과 사할린 남부를 러시아에서 분리하여 일본영토에 편입했다. 이렇게 하여 러일 양국의 국경은 사할린 남부와 쿠릴열도를 일본영토로 하는 국경선이 확정되었던 것이다. 평화적으로 결정되었던 러일 국경선은 일본의 러시아영토침입으로 강제적인 국경선이 획선되어 러일 국경선이 불안전한 상태가 되었던 것이다. 일본이 제2차 세계대전 즉 태평양전쟁을 일으켜서 소련이 연합국의 일원으로 참가하여 참가조건으로 연합국의 중심 국가였던 미영중소 4국이 얄타협정으로 사할린 전부와 쿠릴열도 전부를 소련영토로 인정한다고 합의를 했던 것이다. 그 결과 소련이 쿠릴열도전부를 무력으로 점령하여 일본인 주민을 추방했다.

제2차 대전은 일본의 패전으로 종료되었고, 연합국과 일본 사이에 대일평화조약이 체결되었다. 연합국은 일본이 포츠담선언을 수용하는 것을 전제로 대일평화조약을 체결했다. 여기서 연합국은 일본이 쿠릴열도의 영토주권을 전적으로 포기한다고 명기했다. 당시 쿠릴열도는 소련이 점령한 상태에서 제2차 대전이 종결되었으므로 연합국이 소련의 지배권을 인정한 것으로 해석된다. 대일평화조약은 미국 중심의 자유진영과 일본 사이에 체결된 것으로 소련 중심의 공산진영은 일절 이 평화조약을 인정하지 않았다. 따라서 일본은 조약서명국이므로 이를 수용해야하고, 소련은 이 조약을 수용하지 않아도 되는 것이다. 결국 소련이 실효적 지배하고 있던 쿠릴열도 남방 4도는 법적 지위가 러시아에 있다고 볼 수 있다.

그러나 종전 후 줄곧 일본은 4도가 일본영토로서의 지위를 갖고 있다고 주장하는 일본적 논리를 펴고 있으나 설득력이 없다.[23] 일본은 러시아가 정치적 협상으로 4도를 반환하지 않는다면, 본질적 측면에서

---

23) 1854년 러일화친조약으로 최초로 평화적으로 체결한 영토이므로 일본의 고유영토라는 주장이다. 또한 1946년 「北海道 付属島嶼 復帰懇請委員会」가 설립되어 北方領土返還運動이 본격화되었다. 일본은 쿠릴열도(일본에서는 千島列島는 得撫島以北이라고 함)를 포기했지만, 北海道의 島嶼인 北方四島는 포기하지 않았다는 주장이다. 게다가 소련은 「샌프란시스코平和条約」에 조인하지 않았기 때문에 불법점거 그 자체이다. 따라서 포기한 쿠릴열도(千島列島)도 어디에 소속되는 영토인지 국제법상 확정되어 있지 않다고 일본은 주장한다.

보면 일본영토로 반환받는 것은 사실상 어렵다.

(2) 독도

국제법의 영토취득 요건 상으로 누가 먼저 발견하여 정부가 주체가 되어 지속적으로 관리해왔으며 현재 누가 실효적 지배를 하고 있느냐에 더 합당한가이다.

독도는 한국의 울릉도에서 날씨가 청명한 날 보이는 거리에 있어서 고대시대 이후 울릉도에 사람이 거주했던 시기에는 영역의식을 갖고 있었다. 이러한 영역의식은 조선조정이 제작한 고문헌과 고지도에 실려 있다. 15세기에 들어와 조선시대에는 울릉도를 공도화하였기 때문에 독도의 위치가 확인되지 않았던 시기도 있었다. 그러나 근대에 들어와서 일본의 울릉도 독도침략이 우려되는 상황에서 조선 조정은 1900년 칙령41호를 발령하여 울릉전도, 죽도와 더불어 석도(독도)를 울도군으로서 조선영역임을 명확히 했다. 따라서 역사적으로 보면 한국이 발견하여 영토의식을 갖고 있었고, 근대에 들어와서는 국제법에 의거하여 독도를 영토로서 재확인하였다.

이에 비해 일본에서는 독도가 보이지 않아서 한국보다 늦게 알게 되었다. 일본이 독도를 알게 된 것은 17세기 초 조선이 도민을 보호하는 차원에서 울릉도를 비워서 관리하고 있었는데, 이 틈을 타서 70여년 동안 노략질을 위해 틈틈이 울릉도에 침입하였는데, 그 때에 그 길목에 있는 독도의 존재를 알게 되었던 것이다. 역사적으로 볼 때, 일본의 중앙정부가 독도를 일본영토로 인식했다는 증거가 전혀 없을 뿐만 아니라, 오히려 일본어부들에게 울릉도 도항은 조선영토에 대한 불법침입이라고 단정하여 울릉도 방향으로 도항을 금지했다. 이로 인하여 울릉도 도항 길목에 있던 독도도항도 전면적으로 금지되었던 것이다. 그 이후 일본어부들이 독도에서 조업을 했다는 적극적인 기록은 없다. 일본이 재차 독도에 들어온 것은 근대 강화도조약 이후 일본인들이 울릉도를 침입하는 과정에 독도의 존재를 알게 되었던 것이다. 특히 나카이 요사부로라는 어부가 1903년 독도에서 강치를 노략질했는데, 이를 독점하기 위해 1904년 일본정부의 알선으로 조선정부로부터 합법적으로 허가를 내려고 했다. 그런데 일본정부가 도취를 목적으로 1905년 은밀히 한국에 알리지 않고 각의결정과 시마네현 고시를 통해 편입 조치를 취하고 나카이에게 조업권을 주었던 것이었다. 그때가 러일전쟁 중이었고, 러일전쟁이 끝나자마자 1905년 11월 조선은 일본에 외교권을 수탈당했으며, 1906년 2월 경성(서울)에 통감부를 서울에 두어 조선 정부를 간섭하고 있었다. 나카이 요사부로가 독도에서 강치를 수탈해 가는 것을 막을 길이 없었다. 후속조치로 일본제국은 이러한 상황에서 1910년 황제의 동의권도 무시한 채 불법적으로 대한제국 영토를 전부 통째로 수탈해 갔던 것이다. 독도도 그렇게 해서 한반도와 더불어 일본의 식민지 통치 지역이 된 것이었다.

일본이 영토 편입했다고 하는 1905년 「죽도」 조치는 방법적으로도 국제법상 적법한 절차를 거치지 않은 불법일 뿐만 아니라, 이미 고대시대 이후의 역사적 권원에 의거하여 1900년 고유영토로서 대한제국의 행정구역으로 울도군의 관리지역이었던 것이다. 이러한 상태에 있는 독도에 대해 무주지였기에 선점했다고 주장하는 것은 일본제국주의의 영토침략 논리에 불과하다.

일본은 제2차 대전에서 패하고 연합국은 일본영토에서 분리해서 포츠담선언에 의거하여 한국을 독립시켰다. 1945년 8월 한국이 독립된 후, 한국어민들은 독도에서 조업활동을 하고 있었다. 연합국은 SCAPIN 677호의 맥아더라인을 발령하여 일본인들의 독도 주변 12해리를 넘지 못하도록 행정조치를 취했다. 그 후 일본은 끈질기게 맥아더라인 철폐를 요구함으로써 연합국은 SCAPIN 1033호를 발령하여 독도 주변 3해리 외곽까지 어업을 가능하도록 했지만, 독도 주변지역에는 넘지 못하도록 했다. 즉 연합국은 제2차 대전이 종결된 후 독도를 한국영토의 일부로서 취급했던 것이다.

그런데 대일강화조약을 준비하는 과정에서 일본은 미국에 로비하여 독도를 일본영토로 처리하면 레이더 기지를 설치할 수 있어 군사전략상 유리하다는 식으로 맥아더라인의 철폐를 요구했다. 미국이 일본의 주장에 동조하려고 하자, 연합국의 일원이었던 영국을 비롯한 호주, 뉴질랜드 등의 영연방국가들은 미국의 주장에 동의하지 않았다. 결국 대일평화조약에서는 분쟁지역으로 간주되는 무인도에 대해 관여하지 않고, 유인도에 대해서는 신탁통치를 한다는 방침을 정하여 독도를 무인도로 간주하여 영토적 지위를 회피했던 것이다. 그 결과 독도는 역사적 권원에 의거하여 SCAPIN 1033호 상태에서 한국어민들이 조업하는 조선의 영토로서 법적 지위가 결정되었던 것이다. 따라서 일본은 독도에 대해 영유권을 주장할 권리가 없다. 일본은 1905년 무주지 선점에 의해 「죽도」가 국제법상으로 합법한 영토조치라고 주장하지만, 일본의 「죽도」 편입조치는 제국주의의 영토침략행위로서 포츠담선언에 의해 독도는 일본영토에서 분리되었던 것이다.

4. 전후 외교적 영토조치의 비교

(1) 쿠릴열도를 둘러싼 러일 간의 외교적 조치

대일강화조약 이후 러시아가 강화협정에 가담하지 않았기 때문에 러일 양국은 평화조약을 체결해야했다. 러시아는 얄타협정에서 미국과 영국의 동의를 얻어 쿠릴열도 전부를 무력 점령하였는데, 최종적으로 일본의 동의를 얻어야만 했다. 1956년 러일 양국은 평화조약 체결을 시도했다. 이때 일본은 4개 도서에 대한 영유권을 주장했고, 러시아는 냉전이라는 국제질서 속에서 미국의 우산아래 있는 일본과 평화조약을 체결하여 관계개선을 목적으로 하보마이, 시코탄 2개의 섬을 선의의 차원에서 일본에 양보할 의향이 있다고 했다. 일본이 4개의 섬 전부를 주장하여 양국은 의견의 일치를 보지 못했다. 결국 양국은 공동선언을 통하여 '평화조약을 체결할 경우 2개의 섬을 일본에 양도할 수 있다'는 내용으로 영토문제 해결을 유보했다. 그 후 1960년 일본이 적극적으로 미일안보조약을 개정하여 미국이 소련을 적대시하는데 편승했다. 소련은 일본의 적대시정책에 대항하여 '평화조약 체결 시 2개의 섬을 일본에 양도할 수 있다고 한 약속을 취하한다'고 하여 일방적으로 쿠릴열도의 영토문제는 존재하지 않는다고 발표했다.

일본은 1990년 소련이 붕괴되고 경제적으로 어려운 상황에 있을 때 이러한 상황을 악용하여 정상회담을 요구하여 1956년 공동선언의 합의가 유효하다는 내용을 선언문에 명기하는 형식으로 일본의 잔존주권을 인정받으려 노력했고, 경제지원을 대가로 쿠릴열도 4도를 반환받으려고 했다. 일본은 쿠릴열도 영토문제를 국가적인 과제로 삼고 평화조약 체결을 4도반환의 기회로 보고 있었다. 그래서 일본은 영토문제가 없다고 하는 러시아에 대해 정상회담을 요구하여 영토문제를 의제로 삼는 방식으로 쿠릴열도가 분쟁지역임을 각인시키려 했다. 한편 국내적으로는 「북방영토의 날」[24]을 국회에서 제정하여 영토반환을 국민운동으로 승화시켜 반드시 회복해야하는 영토로 규정했다.

소련붕괴 이후 러시아는 경제가 어려웠을 때 2도의 반환은 가능하다고 하는 1956년 공동선언의 합의를 인정하는 역대 대통령들도 있었지만,[25] 2000년 경제적으로 안정을 되찾은 러시아의 부틴 대통령 이후는 4개의 섬 모두가 러시아영토이므로 일본에 양보할 영토는 없다고 하는 입장을 견지하고 있다.[26] 일본은 이러한 러시아의 단호한 영유권 의식에 대응하여 어업협정과 배타적 경제수역을 체결하는 방식으로 우회적 방법을 통해 영토문제의 존재를 부각시키려고 했으나 그러한 의도는 통용되지 않았다.

일본은 정상회담 등의 방법으로 소기의 목적을 달성할 수 없게 되자, 쿠릴열도 남단 4도민을 지원하는 형식으로 주민의 의중을 일본 측으로 돌리려 노력하고 있다.[27] 또한 일본은 러시아의 실효적 지배를 법적으

---

24) 일본은 1981년 1월 6일 각의결정에서 2월 7일을 「北方領土의 날」을 정하여 기념일로 삼았다. 2월 7일의 유래는 1855(安政元年)년 일본과 러시아가 択捉島와 得撫島 사이를 국경으로 결정한 「日露通好条約」조인을 기억하기 위한 것이다.

25) 1991년 4월 고르바쵸프와 海部 수상 사이의 정상회담에서 구체적인 언급은 없었지만, 北方四島를 양국의 분쟁지역으로 명기했다. 1993년 10월 엘친과 橋本수상 사이의 정상회담에서 구소련과의 조약이 유효하다는 것을 확인했고, 우선적으로 歯舞・色丹 2섬을 반환하는 것은 유효하다고 확인했으나, 4도 일괄반환은 언급되지 않았다.

26) 소련은 「얄타협정」「샌프란시스코 평화조약」으로 「일본은 샌프란시스코 평화조약으로 남부사할린(南樺太), 쿠릴열도(千島列島)를 포기했고, 얄타협정으로 결정되었다.」「전쟁에 패배한 일본은 영토권이 없다」고 주장했다.

27) 1999년 富山県 黒部市・宇奈月町에서 중학생 15명이 방문했다. 홈스테이, 성묘, 스포츠교류, 타임캠슐 설치 등으로 정부간의 교류가 아닌 민간교류

로 인정하지 않기 위해 1989년 9월 19일, 1991년 10월 29일, 1998년 4월 17일 3번에 걸쳐 각료회의에서 「북방영토」문제를 해결할 때까지 「북방영토」에 들어가지 말 것을 일본국민에게 요청하기로 결정했다.[28] 실제로 일본국적 소지자를 러시아의 법령에 의거한 4도 입도를 자제시 키고 있다. 또한 G7경제 선진국포럼에서 「북방영토」문제를 국제사회 가 일본을 지지해주도록 로비하는 방식으로 국제사회의 여론을 환기시 키는 방법도 동원하고 있다. 그리고 지방자치체에서도 적극적으로 영 유권 회복운동을 추진하고 있다. 「북방영토」문제의 원점 지역인 네무 로(根室市)는 정부에 대해 2006년 2월 「북방영토문제의 해결을 위한 노력의 재구축 제언서」를 작성하여 그 중에 「북방영토」 인접지역의 부 흥대책의 일환으로 자유무역지대(경제특구)의 설치를 제안하기도 했 다.[29]

쿠릴열도문제는 과거 러시아의 역대대통령이 2섬에 한해서는 일본 에 양보할 수 있다는 입장을 취한 적이 있었고, 일본이 줄곧 영유권을 주장하고 있으므로 국제법의 금반언의 원칙에 입각하여 양국이 인정하 는 분쟁지역이라고 할 수 있다. 원래 이들 지역은 아이누민족의 영토였 는데, 러일 양국이 침략한 지역이었으므로 양국 모두에게는 고유영토 가 아니다.[30] 따라서 분쟁의 해결방법은 섬을 분할하는 것으로 가능하

를 처음으로 시작되었다.

28) 「北方領土におけるロシアの実効支配強化に対する政府の対応に関する質 問主意書」, http://www.shugiin.go.jp/itdb_shitsumon.nsf/html/shitsumon /a168316.htm(2008·8 / 30検索)

29) 「北方領土におけるロシアの実効支配強化に対する政府の対応に関する 質問主意書」, http://www.shugiin.go.jp/itdb_shitsumon.nsf/html/shitsumon /a168316.htm(2008·8 / 30検索)

30) 일본은 「1855년 日露通好条約이 조인된 이후 1875년 樺太·千島交換条約 이 조인되어 北方領土는 일본고유영토로서 확인되었다」고 주장한다.

다. 일본에서는 아소타로 수상이 전 면적을 2등분하는 안을 제안한 적도 있었다.

(2) 독도를 둘러싼 한일 간의 외교적 조치

종전 직후 1946년 연합국이 역사적 권원을 바탕으로 독도를 한국의 통치지역으로 인정하였는데, 1951년 대일평화조약 체결과정에서 일본이 미국에게 로비하여 한국영토 독도로서 규정되는 것을 방해했다. 결국 독도는 국제법상 당사자 간의 합의사안으로 전락되어 영토적 지위 결정이 유보되고 말았다.

한국정부는 전후 독도를 비롯한 일본의 영토침략을 막기 위해 1952년 4월 대일평화조약의 발효를 앞두고 1952년 1월 18일 독도를 한국영토로 하는 평화선을 선언했다. 이에 대해 일본정부는 독도 영유권을 주장하는 한국의 조치를 인정할 수 없다고 항의했다. 이렇게 해서 독도문제가 한일 간에 표면적으로 대두되었다. 일본은 1965년 한일협정에서 독도문제를 자신들에게 유리하게 해결하려고 했지만, 한국은 독도문제가 존재하지 않는다는 입장을 견지했다. 미국이 자유진영의 결속을 위해 적극적으로 한일협정 체결을 권유했는데, 독도문제가 최대의 걸림돌이었다. 일본은 영토협상에서 독도문제를 자신들이 원하는 방식으로 해결하기 어렵게 되자, 어업협정에서 평화선을 철폐할 것을 요구했고, 한국은 어업협정은 영토문제와 무관하다는 것을 전제로 일본의 요구에 동의했다. 또한 한일협정에서는 "양국은 현안문제를 대화를 통해 평화적으로 합의한다"라고 규정했다. 결국 일본은 조약을 통해 한국이 독도를 실효적으로 지배하고 있고 영토문제가 존재하지 않는다는 입장에 대해 분쟁지역임을 규정하는 내용을 이루지 못했다. 한일협정 이후에도 일본은 독도 영유권 주장을 계속했지만, 한국은 일관되게 영토문

제가 존재하지 않는다는 입장을 고수해왔고 독도의 실효적 지배를 더욱 강화해왔다.[31]

한일 간에는 1998년 11월 신 어업협정이 체결되었다. 그 경위는 일본이 일방적으로 1965년의 어업협정을 파기하고 새로운 어업협정 체결을 한국정부에 강압했던 것이다. 한국정부는 때마침 외환위기라는 경제적 혼란 속에서 일본의 요구를 대체로 수용하는 형태로 잠정합의 수역을 설정하는 어업협정을 체결했다. 본 협정의 문제는 잠정합의수역 안에 독도가 포함되어 있었다는 것이다. 잠정합의수역은 공해의 성격으로 공동으로 규제하고 관리하는 성격의 수역이다. 양국은 여기서 어업 상으로 동등한 권리를 갖는다고 규정했다. 일본이 독도를 한국영토로 인정하지 않으려는 상황이므로 문제가 되지 않을 수 없다. 한국에서는 독도가 영토문제가 존재하지 않는 한국의 고유영토라는 입장이다. 그런데 일본이 영유권을 주장하고 있기 때문에 이번 어업협정은 독도가 공동관리 섬이 되었다고 주장하고 있다. 하지만 한국정부는 독도의 실효적 지배를 통해 영토문제가 존재하지 않는다는 입장을 명확히 하고 있고, 조약에서도 어업권 이외의 것에 대한 지위는 변동할 수 없다고 규정하고 있다. 이는 일본이 독도에 대한 한국의 실효적 지배 상황을 인정한 것이라고 할 수 있겠다.

일본은 한국의 독도 실효적 지배에 대해 어업협정문제,[32] 배타적경

31) 전두환 정부, 노태우 정부, 김영삼 정부, 김대중 정부
32) 어민의 생활을 보호하기 위해 소련과의 어업협정을 위한 교섭으로「일소간미역채취협정」(소련과 北海道水産会가 체결한 협정)과 일본이「북방영토」의 해역을 일본해역이라고 주장하여 영토문제를 해결할 때까지「일소어업잠정협정」(현재는「일소영역앞바다어업협정」)이 체결되었다. 이 협정의 내용은 생선을 잡을 수 있는 장소의 지정, 생선종류와 양의 제한, 출어하기 위한 엄격한 절차를 정했다. 1977년 7월 일본도 3해리에서 12해리를 주장하여 어업전관수역도 200해리를 결정했지만, 러시아가 200해리의

제수역문제 등을 앞세워 우회적인 방법을 동원하여 정치적으로 독도의 영토주권을 훼손하려고 하고 있다. 시마네현은 2005년 독도문제를 국민적 운동차원으로 승화하기 위해 「죽도의 날」을 제정했다. 또한 2005년 한국이 독일에서 열리는 해저지명위원회에 독도주변 해저지명을 등록하려고 하자 일본은 측량선을 독도에 파견하여 방해했다. 일본은 직접 한국과의 외교적 교섭으로 의도한 성과를 내지 못하자, 국제사회의 여론을 조장하는 방법으로 독도를 일본영토 혹은 분쟁화지역으로 부각시키고 있다. 국제사회는 일본의 「죽도」 영유권 주장에 대해 한국이 감정적으로 대응함으로써 매스컴이 이를 지나치게 보도하여 독도가 분쟁지역으로 부각되는 경향도 없지 않다.

또한 일본외무성은 독도의 역사적 사료를 왜곡 해석하여 한국영토로서의 근거를 부정하고 일본영토라는 논리를 조작하고 있다.[33] 일본은 독도가 한국영토라는 수많은 역사적 증거를 부정하기 위해 독도문제를 역사문제로 취급하지 않고 영토문제로 다루어 시마네현 고시 40호에 의해 무주지 선점론으로 「죽도」가 국제법적으로 합법한 일본영토라고 주장하고 있다. 최근에는 일부 우익정치인들의 선동정치를 채택하여 독도문제를 교과서에서 적극적으로 취급하여 국민운동으로 확산시키려고 하고 있다. 또한 한국의 실효적 지배를 최대한 인정하지 않으려고 일본국적 소지자들을 한국법령에 의거하여 독도에 입도하는 것을 자제하도록 하고 있다.[34]

경계선을 갖고 있기 때문에 크게 겹쳐서 실제로는 러시아가 주장하는 수역에서의 어업은 불가능한 상태이다.

33) 죽도문제연구회가 제공하여 외무성이 작성한 독도가 일본영토인 이유 10가지, http://www.mofa.go.jp/mofaj/area/takeshima/

34) 「竹島問題」 외무성홈페이지, http://www.mofa.go.jp/mofaj/area/takeshima/

5. 실효적 지배 상황의 비교

(1) 쿠릴열도의 실효적 지배 상황

① 전전 일본의 쿠릴열도의 지배 상황

쿠릴열도 남방4도(일본명; 북방4도) 중에서 가장 넓은 곳은 에토로프섬(択捉島) 3,184㎢이고, 그 다음으로 쿠나시리섬(国後島) 1,498.8㎢, 시코탄섬(色丹島) 253.3㎢, 하보마이군도(歯舞群島)의 시보쓰섬(志発島) 59.5㎢로 총면적은 5,036㎢이다.[35]

「행정」으로서는[36] 우룻프섬(得撫島) 이북의 쿠릴열도(일본명; 千島列島)는 우룻부(得撫郡), 신시루군(新知郡), 슈무슈군(占守郡) 3군으로 구성되어 네무로(根室)지청의 직할지로서 정촌제(町村制)는 실시되지 않았다. 에토로프섬(択捉島) 이남은 대정(大正)12년 4월에 정촌제(町村制)가 시행되었다. 쿠나시리섬(国後島)은 쿠나시리군에 도마리촌(泊村), 루요베쓰촌(留夜別村) 1군2촌, 에토로프섬은 에토로프군(択捉郡) 로베쓰촌(留別村), 샤나군(紗那郡) 샤나촌(紗那村), 시베토로군(蘂取郡) 시베토로촌(蘂取村) 3군3촌, 시코탄섬(色丹島)은 시코탄군(色丹郡) 시코탄촌(色丹村) 1군1촌을 두었다. 하보마이섬에는 대정4년 4월에 정촌제를 시행하여 하나시키군(花咲郡) 하보마이촌(歯舞村)을 두었다. 하

---

35) 「北方領土의 面積」, http://www.hoppou.go.jp/ 일본은 「지질학적으로 보면, 歯舞群島와 色丹島은 根室半島의 연장으로 완만한 기복이 있는 구릉지로 되어 있다. 이에 대해 国後島, 択捉島 두 섬은 得撫島로부터 占守島까지 크고 작은 20개정도의 섬과 함께 캄차츠카반도에 이르는 약 1,200km의 활모양으로 연결된 화산열도이다.」라는 이유로 歯舞群島와 色丹島은 쿠릴열도가 아니라고 한다.

36) http://www.hoppou.go.jp/

보마이촌은 소화(昭和)34년4월 네무로시(根室市)에 편입하였는데, 일본은 하보마이군도를 현재 네무로시(根室市) 소속의 행정구역에 포함시키고 있다.

관공서, 공공시설로서는 영림관서(営林官署), 수산물검사소, 송어연어부화장(鮭鱒孵化場), 우편국, 경찰관서, 재판소출장소, 측후소, 촌사무소(村役場), 소학교(小学校)가 있었고, 의료시설로서 촌의(村医)를 배치했다.

「교통 통신」으로서는 홋카이도청(北海道庁) 지정항로로서 네무로(根室)를 기점으로 홋카이도 본토와 연결하는 네무로(根室)－긴카이선(近海線), 네무로(根室)－에토로프선(択捉線), 하코다테(函館)를 기점으로 하는 하코다테(函館)－에토로프선(択捉線)이 있고 네무로(根室)－시코탄(色丹), 하코다테(函館)－도시모이(年萌;択捉島)사이는 1년에 4월－12월까지 각 2~4항해를 운항하고 있었다.[37] 항만은 좋은 천연항이 많아서 자연항만 형태로 이용되고 항만시설은 없었다.

도로는 준지방비도로(準地方費道), 척식비지변(拓殖費支弁)의 정촌도로(町村道) 및 정촌비지변(町村費支弁)의 정촌도로(町村道)를 포함하여 총연장은 1,000여km였다. 준지방비도로(準地方費道)에 관해서 개량된 깃은 반도 안 되고 공법도 간이공법에 의한 것이 많고 교량도 없으며 마차통행이 가능한 구간이 많지 않다.

통신에 관해서는 아키유리섬(秋勇留島)을 제외하고 각 섬에는 우편, 전신을 취급하는 우체국이 2~3국이 있고, 시코탄국(色丹局)과 샤나국(紗那局)에는 무선 전신시설이 있다. 또 네무로(根室)－쿠나시리(国後)사이에는 해저전신이 설치 되어있었다.

---

37) http://www.hoppou.go.jp/

쿠릴열도(치지마열도;千島列島)의 종전 당시 북방4도에는 3,124세대 17,291명의 일본인이 거주하고 있었다.[38] 이들의 직업은 어업이 가장 많았고, 그 외 공무원, 상업, 광공업, 운송업 등에 종사하고 있었다.[39] 어기(漁期)에는 네무로(根室)나 하코다테(函館)・혼슈(本州) 방면에서 5,000명 이상이 돈벌이 하러 왔기 때문에 인구가 현저하게 증가했다. 또 북쪽의 슈무슈섬(占守島)나 파라무시루섬(幌筵島)에도 어기에 1만 명 이상이 돈벌이를 하러 왔다. 어기가 끝나면 공장 당번 10수명만 남고 귀향한다.

북방해역은 치지마해류(千島海流)와 일본해류가 교차하여 수산자원이 풍부해서 일찍이 세계 3대어장의 하나였다. 포획량은 1939년부터 1941까지 3년간 평균 약 5,600만톤, 당시의 금액으로 약 5,200만 엔으로 홋카이도(北海道) 전역의 23%를 차지했다.[40] 수산가공은 건제품, 염제품, 통조림제품, 유지제품 등이 있고, 1937년에는 당시 금액으로 600만 엔 이상 생산고를 올렸다.

수산업 다음으로 중요한 산업으로서, 하보마이군도에는 수림이 없고, 시코탄도, 쿠나시리도, 에토로프도의 연간 벌채량은 3도를 합쳐서 약 50만석이고, 그 대부분은 원목으로 네무로나 하코다테에 보내져 건

---

38) 1945년 8월 15일 현재 세대수 및 인구는 다음과 같다. 도명 /세대수/ 인구 : ○歯舞群島/(水晶島) 154/ 986人 ○歯舞群島/(秋勇留島) 14/ 88人 ○歯 舞群島/(勇留島) 79/ 501人 ○歯舞群島/(志発島) 374/ 2,249人 ○歯舞群島 /(多楽島) 231/ 1,457人 ○色丹島/ 206/ 1,038人 ○国後島/(泊村) 894/ 4,864人 ○国後島/(留夜別村) 433/ 2,500人 ○択捉島/(留別村) 424/ 2,258 人 ○択捉島/(紗那村) 226/ 1,001人 ○択捉島/(蘂取村) 89/ 349人 ○계/ 3,124/ 17,291人

39) 「北方領土の産業」, http://www.hoppou.go.jp/

40) 섬별로 보면, 歯舞群島 3,500万貫(대부분 미역), 色丹島 300万貫, 国後島 1,200万貫, 択捉島 600万貫임.

축, 어선건조 그 외 상자를 만드는 재료로 사용되어졌다.

「농업」은 어업을 하면서 자가용 야채, 사료용 연맥 및 목초를 재배할 정도로서, 전업농가는 없었다. 「축산」은 4도를 합쳐서 약53,000ha의 방목지에 약 6,000두의 우마가 방목되었다.

「광업」은 삿포로(札幌) 통상산업국이 보관하는 광업원부에 의하면, 쿠나시리도 및 에토로프도에 채굴광구가 13개, 굴광구(掘鉱区)가 149개, 사광구(砂鉱区)가 7개 있고, 등록광종은 유황, 금, 은, 동, 유화철(硫化鉄), 연(鉛), 아연, 철, 사철(砂鉄), 규사(珪砂) 등이 있었다. 「북방영토」의 지하자원은 소화 초기, 광업의 발전과 더불어 미개발자원이 중시되어 1, 2개의 기업이 대상이 되어서 지질조사 및 탐광이 점차 발전하였으나 규모가 적어 그다지 발전하지 못했다.

② 전후 러시아의 쿠릴열도 지배 상황

1945년 9월 연합국의 요청에 의해 소련이 참전하여 쿠릴열도를 군사적으로 점령했다.[41] 1875년 사할린 쿠릴열도 교환조약 이후 쿠릴열도에 거주하고 있던 일본인들은 귀향 조치되었다.[42] 최근 북방4도에 러시아인의 거주인구는 약 16,800명이다. 러시아의 통계에 의한 것인데

---

41) 당시 소련은 1946년 사할린 남부와 쿠릴열도 및 択捉・国後・色丹・歯舞群島을 소련령으로 결정하고, 다음해에 소련영토에 포함시켰다. 国後島, 択捉島, 色丹島에 구소련시대의 1978년 이후 지상군부대를 재배치했다. 인원수는 감소하는 경향이지만, 여전히 戦車, 装甲車, 各種火砲, 対空미사일 등이 배치되어있다. 北方領土이 地上軍은 1993년 엘친이 주류군의 축소를 선언하여 地上軍 약 3,500명이 있다.

42) 1945년 8월, 소련은 「일소불가침조약」을 일방적으로 포기하고 쿠릴열도(일본에서는 千島列島와 北方領土로 구분함)를 점령했다. 주민은 根室町 등으로 피난했다. 소련군은 점령 후에도 일본인 거주자가 있었으나, 1947년 「소련인 이외는 살수 없다」고 하여 홋카이도(일본에서는 본토라고 함)로 송환되어졌다.

하보마이군도에는 거주자가 없다.[43]

러시아는 일본에서 말하는 북방4도를 러시아연방 89개의 「연방구성주체」(지방자치체)인 사할린주의 일부로서 쿠나시리도, 시코탄도, 하보마이군도를 「남쿠릴지구」라고 부르고, 에토로프도를 「쿠릴지구」라고 칭한다. 「남쿠릴지구」의 「하보마이군도, 시코탄도, 쿠나시리도」를 「유지노쿠리리스크정(町), 고로부니노촌(村), 시코탄촌(村)」이라고 하고, 「쿠릴지구」의 「에토로프, 우룻프도, 신시루도」를 「쿠리리스크시, 브레베니스크촌(村), 레이드보촌(村)」이라고 하고, 하보마이군도, 에토로프도, 신시루도(新知島)에는 주민이 살지 않는다.

인구분포는 에토로프도 8,300명, 쿠나시리도 3,900명, 시코탄도 2,300명으로 총 14,500명의 주민이 있다. 여기에는 군인을 제외된다.[44] 하보마이군도에는 「국경경비대원」만 거주하고 있다.

도로는 지구청사 앞 광장 등을 제외하면 미포장도로가 많아서 육상운송이 발달하지 않았다. 또 주민의 교통수단은 어선원이 홋카이도에서 갖고 온 자동차가 중심이다.

공항은 북방4도의 군사기지인 에토로프도의 아마네(天寧)에 활주로 2,200m의 공항이 있다. 쿠나시리도에는 후루카맛브(古釜布)의 남서 약 200km에 공항이 있다. 항만은 대륙 등에서 기본적으로 물자 등을 운반하는데 사용한다. 유빙(流氷)기에는 수송 작업이 정지되지만, 5-10월

---

43) 도명 / 2004.1.1현재 / 2005.1.1현재 : ○色丹島 / 3,222人 / 3,195人 ○国後島 / 6,622人 / 6,697人 ○択捉島 / 6,956人 / 6,904人 ○計 / 16,800人 / 16,796人 이하, 쿠릴열도의 지배 상황에 관한 내용은 「현재의 '북방영토'의 모습」, http://www.pref.hokkaido.lg.jp/sm/hrt/hp/genzai.htm, 출전은 주로 일본 총무청 북방대책본부(현 내각부 북방대책본부)에서 발행한 「북방4도의 개황」(1999)에 의한 것이다.

44) 1997년 1월 1일 현재, 상기의 「현재의 '북방영토'의 모습」에 의거함.

에 활발히 선박이 왕래한다. 전력은 북방4도에서는 디젤발전기로 전기가 일반가정에 공급된다. 주택은 대부분 국영기업의 투자로 건설되어 집합주택이다. 지진과 해일을 피하기 위해 높은 지대에 건설되어 있다. 전 세대의 20%는 독립된 부엌, 변소, 욕실이 없어서 공동주택에 거주한다.

전후 러시아정부는 이주촉진을 위해 정주하는 주민에게 안정된 고임금, 연금, 휴가 등의 우대조치를 했다. 최초 북방4도의 러시아 거주자는 전후 동원이 해제되고 섬에 남기를 희망하는 군인들이고, 주로 유럽에 가까운 지방에서 이주해온 사람들이다. 이주자들은 자신의 노후나 아이들의 장래보장을 위해 이들 섬에 머물게 되었다.

북방4도에는 고등교육기관이 없어서 초등, 중, 고 구분 없이 일괄해서 11년간의 중등교육을 마치고 대학이 없기 때문에 섬을 나와 사할린이나 대륙으로 건너가는 사람들이 많다. 쿠나시리도, 시코탄도의 경우는 9년 간 의무교육을 마치고 아이들의 80%가 진학한다.

도서관은 에토로프도, 쿠나시리도에 있고, 장서수는 에토로프도에 약 12,000권, 쿠나시리도에 약 38,000권이 있다. 쿠나시리도의 도서관에는 일본도서 코너도 있다.

후루카맛브(古釜布)의 「남쿠릴 향토박물관」은 1991년 5월에 개관하여 동식물, 생활 필수품 등 5000점이 전시되어있다. 에토로프의 샤나(紗那)에는 1981년경에 「일본박물관」이 개관하여 동물박제나 원주민의 생활용품이 전시되어있다.

북방4도의 의료기관은 의료기구나 약품이 부족하여 섬에서 대응할 수 없는 환자가 발생할 경우는 헬리콥터로 대륙으로 이송한다. 의료기관은 시코탄의 지진으로 병원이 2개 있었는데 파괴되었다. 1995년 10월 일본이 인도적 지원으로 가설진료소를 건설했다. 쿠나시리의 후루카맛브에 있는 병원은 지진 후 복구했지만 약품 및 의료도구가 부족한 형편이다. 인도지원으로 초음파기기가 설치되고 최신형 구급차가 보급되었다. 에토로프도의 샤나에 병원이 있고, 벳비(別飛) 등에 진료소가있다. 일본정부의 인도적인 지원에 의해 1996년 8월에 랜트겐실, 1997년 가설진료소가 건설되었다.

쿠나시리도, 시코탄도에는 신문사「나·르베제」(국경에서)가 있는데,1997년 2월 현재 1,200부, 주2회 발행한다. 텔레비전은 3채널이 있는데,92년부터 지방방송국이 개시되었다. 에토로프도에는 신문사「크라스누이, 마야―크」(붉은 등대)가 있는데, 1994년 8월 현재 2,700부, 주2회발행한다. 텔레비전은 3채널이 있는데, 1993년부터 지방방송국이 개시되었다.

경제상황은 쿠나시리도의 상점에는 일본제품이 많이 진열되어있다.쿠나시리도·시코탄도의 주산업인 수산가공장의 경영 상태는 나빠서원료와 연료부족으로 공장 가동율이 나쁘다. 에토로프도에는 지진의영향이 적어서 4도중에서 경제상황이 제일 좋은 편이다. 「기도로스토이」 수산가공장은 최신설비를 도입하여 생산하는데 경영상태가 좋다.

이처럼 쿠릴열도는 러시아에 의해 실효적 지배가 철저히 행해지고있다. 일본은 최대한 러시아의 실효적 지배를 직접적으로 막을 방법은없다. 최소한 일본인들이 법적으로 러시아의 영유권을 인정하는 행위는 삼가야한다는 방침을 세우고 있다.

2007년 9월 18일, 일본국회에서는「러시아가 발급하는 비자를 받아서 북한을 비롯한 외국인노동자가 쿠릴열도에 들어가서 쿠나시리도 후루카맛브의 재판소 건설현장에서 일하고 있다고 하는 문제에 대해 북방영토에서 외국인노동자문제가 심각하고 러시아에 의한 실효적지배가 강화되고 있다.」고 지적했다.[45]

이에 대해 일본은 내각총리대신 후쿠다 야스오(福田康夫)는 「2007

년 10월 16일, 외무성으로서는 북방4도가 러시아연방에 의한 법적 근거 없이 전거되고 있는 현 상태에서 이 문제를 근본적으로 해결하기 위해서는 북방영토문제 그 자체를 해결할 필요가 있다고 생각하고 러시아연방과 북방4도의 귀속문제를 해결하여 평화조약을 체결하는 방침으로 계속적으로 러시아연방정부와 교섭할 생각이다」고 답변했다.[46] 또한 「2007년 12월 8일자의 신문에 의하면 러시아가 불법점령하고 있는 쿠나시리도에서 러시아정부가 추진하고 있는 항만개수사업에 일본기업 삼흥브로그래스(三興プログレス)사가 사할린 건설회사인 트루드 사할린사와 수출계약을 체결한 철강재가 사용된 것이 분명하다고 보도되었다.」라고 하는 것처럼, 항만 개축공사에 일본제품이 사용되고 있다고 우려했다.[47]

이에 대해 외무성은 2007년 12월 18일 내각총리대신 후쿠다 야스오(福田康夫)가 외무성으로부터 받은 답변에 의하면, 「삼흥브로그레스 주식회사가 러시아기업에 대해 철강제품을 수출할 때 북방4도에서 당 제품을 사용하지 않는다고 계약체결을 했음에도 불구하고 이 러시아회사가 계약내용을 위반하고 쿠나시리도에 수출한 것이다.」라고 변명했다.[48]

---

45) 2007년 9월 18일(內閣衆質168第9号)에 鈴木宗男가 제출한 「北方領土에서 러시아의 實効支配 強化에 관한 第3回 質問 主意書」, http://www.shugiin. go.jp/itdb_shitsumon.nsf/html/shitsumon/a168085.htm(2008・8・30 検索).
46) 2007년 10월 16일(內閣衆質168第85호) 「衆議院議員 鈴木宗男君 提出 北方 領土에서 러시아의 實効支配 強化에 관한 第3回 質問에 대한 答弁書」. http://www.shugiin.go.jp/itdb_shitsumon.nsf/html/shitsumon/b168085. htm(2008・8/30 検索)
47) 「北方領土에서 러시아의 實効支配強化에 대한 정부대응에 관한 質問主意書」, http://www.shugiin.go.jp/itdb_shitsumon.nsf/html/shitsumon/a1683 16.htm(2008・8/30検索).
48) 2007년 12월 18일(內閣衆質168第316号) 內閣総理大臣 福田康夫가 「衆議

일본정부는 각료회의에서 우리국민이 「북방영토」에 들어갈 수 있는 것은 성묘, 4도교류 및 자유방문의 정해진 범위 내에서 방문하는 것에 한정한다고 결정했다.[49] 일본정부는 「정부로서는 우리 기업이 직접이든 다른 지역을 통한 우회든 간에 흡사 북방4도에 대한 러시아연방의 관할권을 전제로 한 것 같은 형태로 북방4도를 최종적 목적지로 수출하는 것은 우리국민 입장에서 받아들일 수 없는 것이라고 지도해왔다.」라고 하는 것처럼 러시아법령에 의한 행사를 해서는 안 된다는 방침을 세우고 있다.

러시아가 실효적 지배를 하고 있는 상황에서 일본정부의 대응방법으로 다음과 같이 제시하고 있다. 「북방4도가 러시아연방에 의한 불법 점거되어 있는 상황에서 러시아 측에 의한 이들 섬에 사회적 경제적 기반정비를 저지하는 현실적인 수단은 한정되어있다. 외무성으로서는 이들 문제를 근본적으로 해결하기 위해서는 북방영토문제 그 자체를 해결할 필요가 있다고 생각하고 러시아연방 사이에 북방4도의 귀속문제를 해결해서 평화조약을 체결한다는 방침으로 계속적으로 러시아연방정부와 교섭」하는 것이라고 했다.[50]

院議員 鈴木宗男君 提出 北方領土에서 러시아의 實効支配 強化에 대한 정부대응에 관한 질문에 대한 答弁書」, http://www.shugiin.go.jp/itdb_shitsumon.nsf/html/shitsumon/b168316.htm(2008 · 8 / 30檢索).

49) 北方4島 住民은 섬에 부모나 육친의 묘가 있고, 성묘의 필요성을 양국정부가 인식하여 1964년 처음으로 성묘가 실현되었다. 그런데 1968년 소련이 여권과 입국사증을 요구하여 성묘가 중지되었다. 1986년 11년 만에 여권과 입국사증 없이 성묘가 가능해졌다. 2000년까지 2,060명의 유족이 참가했다. 그 후 북방4도 방문이 민간운동의 실현으로 가능하게 되었다.

50) 2007년 12월 18일(內閣衆質168第316号) 內閣総理大臣 福田康夫이 「衆議院議員 鈴木宗男君 提出 北方領土에서 러시아의 實効支配 強化에 대한 대응에 관한 질문에 대한 答弁書」, http://www.shugiin.go.jp/itdb_shitsumon.nsf/html/shitsumon/b168316.htm(2008 · 8 / 30檢索).

(2) 독도의 실효적 지배 상황

① 전전 일본의 독도의 실효적 지배 상황

한일양국간에 문제가 되기 이전의 독도는 2개의 암초로 된 섬이고 울릉도에서 87.5km나 떨어져있어서 독도에 대한 특별한 가치를 인식하지 못했다. 오로지 한반도 주변섬으로서 영역의 끝이라는 상징적 의미만 갖고 있었다. 조선시대는 영역의 끝으로 관리해왔고, 그래서 반드시 독도에 들어가서 개척하는 것만이 실효적 지배가 아니라 영토로서 인식한 것 자체만으로도 독도를 실효적으로 지배했다고 할 수 있다. 한국은 1900년 역사적 권원에 의거하여 칙령41호를 발령하여 울릉전도와 죽도와 더불어 석도(독도)를 관할하는 「울도군의」 행정개편을 단행했다. 독도가 무인도이면서 행정구역에 포함된 것은 대한제국의 영역의 끝이라는 상징적인 의미를 갖고 있었기 때문이다. 이러한 독도에 대해 일본이 러일전쟁 중에 나카이 요사부로에게 영토편입원을 제출하도록 하여 무주지선점이라는 국제법 이론을 동원하여 영토침탈을 시도했던 것이다. 일본은 1905년 11월 한국의 외교권을 강제한 다음, 1910년 독도를 포함한 한반도 전체를 통째로 일본에 강제로 합병했다. 결국 일본은 정치적 경제적 문화적으로 대한제국을 침탈했던 것이다. 일본이 독도에 관심을 갖게 된 이후 1903년경부터 일제시대에 걸쳐 나카이 요사부로 등의 어부들이 독도에 서식하고 있는 강치를 남획당하여 멸종시켰다.

② 전후 한국의 독도 실효적 지배상황

독도는 한국이 실효적으로 지배하고 있다. 한국은 1945년 8월 15일 해방과 더불어 독도에서 조업을 시작했다. 1948년 주일미군이 독도를

공군연습장으로 지정하여 독도에 상륙해있는 어민들에게 사상자를 내
었다. 한국은 이에 대해 미군에 항의하여 공군기지연습장 지정은 철회
되었다. 한국정부는 일본인들의 독도근해에 침범하는 것을 막기 위해
1952년 1월 18일 평화선을 선언하여 이를 침범하는 일본 어선들을 나
포했다. 일본은 한국전쟁의 혼란한 틈을 타서 독도에 상륙하여 한국어
민들을 추방하는 사건이 발생했다. 울릉도민들은 의용수비대를 조직하
고 독도에 상륙하여 장기체류를 시작했다. 1956년 울릉경찰이 정식으로
주둔할 때까지 의용수비대들은 독도수호 임무를 담당했다. 경찰이 주둔
하면서 독도에 경찰 막사가 건축되었다. 그 사이에 유인등대도 설치되
었고 접안시설도 만들어 졌다. 현재 40여 명의 경찰이 관광객이나 독도
환경 관리를 담당하고 있고, 독도주변 해역에는 한국해군이 국토수호활
동을 담당하고 있다. 또한 독도주민 김성도씨의 숙소가 만들어져서 김
성도·김신열 부부가 거주하고 있다. 울릉도에서 관광객이 1일 최대
1,880명이 입도할 수 있도록 되어 있어서 매일처럼 관광객들이 독도를
찾아 한국영토를 확인하고 있다.

그리고 한국이 실제로 독도를 실효적으로 지배하고 있는 상황에 한
국과 일본은 1998년 어업협정을 체결했다. 어업협정 결과 일본어부들
의 독도 근해출입이 허락되지 않았다. 일본어선의 출입이 금지되었다
고 하는 것은 실제로 일본이 한국의 실효적 지배를 인정한 것이나 다름
없다고 하겠다.

6. 맺으면서 −영토문제의 성격상 차이점의 비교−

독도와 「북방영토」문제는 영유권문제의 성격상 많은 차이점을 갖고 있다는 것이 특징이다. 다음과 같이 그 내용을 정리할 수 있다.

①독도는 면적이 0.186㎢이고[51], 「북방영토」는 5,036㎢로서 독도의 2만7075배이다. 독도는 전통적으로 사람이 거주하지 않았던 지역인데 현재는 주민과 경찰관 합하여 40여명이 거주하고 있다. 「북방영토」는 과거 일본인 1만7천명의 주민이 거주했고 현재는 러시아인 1만5천 여명이 거주하고 있는 지역이다.

②「북방영토」는 면적이 넓기 때문에 많은 러시아인의 거주와 개발로 경제활동이 적극적으로 행해지는 지역이다. 그러나 독도는 현재 김성도씨 부부 이외에 주민이 없어서 개발되지 않고 있다. 따라서 일본이 러시아의 쿠릴열도 개발을 방해할 수 없는 상황이다. 그러나 독도에 대해서는 2005년 일본이 측량선을 파견하여 한국이 국제수로기구 해저지명 등록을 방해한 것처럼 향후에도 간섭의 여지가 남아있다.

③역사적 권원에서 보면, 독도는 한국에서 보이고 일본에서 보이지 않는다. 이러한 이유로 고대시대 이후 근대에 이르기까지 한국의 국토의 끝이라는 상징적인 가치를 인식하고 있었다. 일본은 1910년 한국을 완전히 합병하기 5년 전인 1905년 무주지 선점론을 적용하여 한국영토로서 관리되어오던 독도를 침탈하려고 했던 것이다. 한편, 쿠릴열도는 원래의 아이누민족 영토에 대해 러일 양국이 1855년 통상조약과 1875년 쿠릴열도와 사할린 교환조약으로 일본의 실효적 점유를 인정한 적이

---

51) 독도 전체면적은 가로400m, 세로400m 가량의 크기로 동도와 서도를 비롯한 33개의 부속 섬과 암초를 포함한 총면적은 0.186㎢로 서울 여의도광장의 절반 정도이다.

있었다. 즉 러일 제국주의가 아이누민족의 영토를 무주지 선점론으로
분할하여 제3국의 영토를 침략한 지역이다.

④쿠릴열도는 과거 일본이 점령통치한 적이 있던 지역으로서 실질
적으로 일본인들에게는 일본영토라는 인식이 강한 지역이다. 독도는
일본이 한반도를 침략한 식민지시대를 제외하면 지배한 적이 없어 실
제로 영토의식이 강하지 않고 오히려 한국이 역사적 권원을 바탕으로
고유영토론에 입각하여 영토의식이 강한 지역이다.

⑤「북방영토」에 대해서는 일본국회가 「북방영토의 날」을 제정하여
영토주권을 선동하고 있어서 일본정부 및 일본국민들의 강한 영토의식
에 의해 일본으로 반환되어야한다는 여론이 강하다. 반면 독도에 대해
서는 시마네현이 자체적으로 「죽도의 날」을 제정하여 여론화를 조장하
고 있는 상황으로 과거에는 시마네현과 일부 우익정치인들을 제외한다
면 그다지 문제의식을 갖지 않고 있지 않았다. 그런데 최근 중학교 사
회과 지도요령 해설서 개정과 교과서 검증으로 독도교육을 본격화하기
로 결정하였으므로 향후 전 국민운동으로 확산될 경향이다.

⑥일본은 「북방영토」문제를 유리하게 해결하기 위해 러시아와 평화
조약을 체결하지 않고 있다. 반면 한국이 독도를 실효적 지배를 하고
있고 일본이 독도에 대한 영유권을 주장하고 있는 상황에서 한국과 일
본 사이에는 이미 평화조약과 동등한 한일협정(1965)이 체결된 상태이
다. 즉, 이는 일본이 한국의 독도 실효적 지배를 인정한 것으로도 해석
이 가능하다.

⑦독도와 쿠릴열도문제의 공통점은 대일평화조약에서 미국중심의
자유진영의 연합국이 쿠릴열도와 독도의 지위에 대해 영토적 전원의
본질에 의하지 않고 일본에 대한 정치적 배려로 영유권을 명확히 하지
않아서 분쟁지역이 되었다는 점이고, 또한 「북방영토」는 러시아가 실

효적 지배를 하고 있고, 독도는 한국이 실효적 지배를 하고 있어서 일본이 영유권을 확보하기 쉽지 않다는 점이다.

⑧쿠릴열도는 러일 간의 국력으로 봐서 전쟁으로 해결될 가능성은 거의 없다. 독도는 한국과 일본 간의 국력과 일본의 헌법개정, 국제사회의 지위강화를 발판으로 무력해결의 가능성이 전혀 없는 것은 아니다.

⑨독도에 있어서 한국은 절대로 영유권을 양보할 수 없다는 입장을 갖고 있다. 그러나 러시아는 쿠릴열도에 있어서 4도 반환 의사는 없지만 하보마이 시코탄 2섬의 양도 의사는 전혀 없는 것도 아니다.

⑩러시아는 어업협정에서 영토주권과 관련해서 배타적 경제수역을 확보하고 있다. 반면 한국은 어업협정에서 중간수역을 설정하여 독도의 배타적 경제수역을 확보하지 못하고 있는 부분이 있다.

⑪최근 일본은 독도에 대해 러시아의 「북방영토」와 마찬가지로 일본의 고유영토라고 적극적으로 주장한다. 일본이 지금에 와서 이런 주장을 하는 것은 정치적 행위임을 입증하는 것으로 종래에는 러시아의 쿠릴열도와 동등한 성격의 영토분쟁이 아니라는 입장을 갖고 있었다는 것을 알 수 있다. 또한 일본이 러시아의 「북방영토」를 독도와 같은 수준으로 놓는다는 것은 「북방영토」에 대한 해결가능성이 낮아지면서 영유권 의식이 다소 정치적으로 후퇴한 것으로 판단된다. 그 증거로서 과거 아소타로가 종래의 4도 반환요구에서 후퇴하여 총리재임시절 전면적의 1/2로 2등분하자고 제안한 것과 「북방영토」의 공동개발론을 주장한 것이다. 현재 러일 양국이 대립하고 있는 지역은 원래 아이누 민족의 영역으로서 양국 모두 고유영토가 아니었다. 따라서 러일 양국은 충분히 타협한다면 쿠릴열도 남방 4도에서 자원의 공동개발이나 영토분할로 국경 결정의 가능성을 충분히 갖고 있다고 하겠다.

에필로그

　근대 동아시아에 있어서 여러 국가들은 국민국가를 형성하면서 국경을 확정하게 된다. 일본, 중국, 러시아는 주변 약소국가의 영토주권을 침해하는 형태로 국경을 확정했다. 먼저 청국은 사방에 많은 국가들과 국경을 접하고 있었기 때문에 국민국가 체제로 진행되면서 국경확정이 무엇보다도 중대한 문제였다. 본서의 주제와 관련하여 특히 중국은 속국관계에 있던 조선에 대해 정치적 헤게모니를 동원하여 자신이 원하는 형태로 국경을 확장했다. 반면 조선은 청국의 국경조치에 의해 영토주권을 침해당했던 것이다. 그것이 바로 1882년 청국이 간도지역에 대해 일방적으로 영토주권을 선언한 것이다.

　후발로 국경확정을 단행했던 일본도 근대 국민국가 체제를 수용하면서 중국과 흡사한 방식으로 자신이 원하는 형태로 국경을 확정했다. 예컨대 속국관계에 있던 아이누와 유구를 흡수 통합하여 영토주권을 확장했다. 반면 유구와 아이누는 영토주권을 전적으로 상실하게 되었다.

　종국적으로는 제각기 보다 큰 영토주권을 확장하기 위해 주변국가의 영토를 침해하는 형태로 국경을 확정했던 일본, 중국, 러시아 등의 제국주의국가들 간에 헤게모니 경쟁이 생겨났다. 그것이 바로 청일전쟁, 러일전쟁, 중일전쟁, 제1차, 제2차 세계대전이었다.

　제2차 대전이 종결된 이후, 미국을 중심으로 한 자유진영과 구소련을 중심으로 하는 공산진영이 대립되어 포츠담선언에 의거하여 일본이 침략한 영토를 박탈하기로 결정하였음에도 불구하고 최종적으로는 연합국간의 헤게모니 경쟁에 의해 전후 영토문제를 불충분하게 처리하고 말았다. 그것이 오늘날 동아시아에서 발생하고 있는 일본을 둘러싼 영토분쟁이다. 일본과 러시아 사이의 쿠릴열도 남방4도(일본명의 북방영토; 北方領土)분쟁, 일본과 중국 사이의 센카쿠(尖閣)제도(중국명의 다오위다오; 釣魚島)분쟁, 일본과 한국 사이의 독도(일본명의 다케시마; 竹島)문제이다.

특히 본서는 〈동아시아 영토분쟁의 패러다임-독도·간도 영토문제 본질을 찾아서〉라는 제목으로 한국의 국경을 둘러싼 영토문제에 해당되는 간도와 독도 문제의 본질을 규명하기 위한 것이다. 결과적으로 독도와 간도문제는 영토적 권원과는 그다지 상관없는 정치적 헤게모니 경쟁에 의해 영유권이 결정된다는 사실을 확인할 수 있었다. 간도지역은 그 일부가 한국영토로서 권원을 갖고 있지만 정치적 헤게모니 경쟁에서 중국이 승자가 되어 중국영토로 고착화되어가고 있다. 또한 독도는 한국영토로서 권원을 갖고 있고, 게다가 정치적 헤게모니 경쟁에서 한국이 승자가 되어 현재 영토로서 실효적으로 관리하고 있다.

본서의 내용은 필자가 최근 3년간 저명학술지에 발표한 연구 성과를 수정 보완하여 재구성한 것이다. 초출논문은 다음과 같다.

- 제1장은 「한일 양국의 영토인식 형성과 교과서 연구」(『동북아문화연구』 15집, 2008.6, pp.99-119)를 수정·보완하였다.
- 제2장은 「동아시아의 헤게모니 이동에 따른 국가영역의 변동」(『일어일문학연구』 제75집2권, 2010.11, pp.435-450)을 수정·보완하였다.
- 제3장은 「동아시아의 전근대〈속국〉과 근대〈영토〉및 현대〈주권국가〉와의 관계성」(『일어일문학연구』 제70집제2권, 2009.8, pp.405

-422)을 수정·보완하였다.

- 제4장은 「한중영토문제의 정치적 이해 -동북아 헤게모니와 간도영토 문제의 해결의 취약점」(『백산학보』 80호, 2008.4, pp.427-470)을 수정·보완하였다.

- 제5장은 「이승만, 장면, 박정희정부의 간도정책 분석」(『백산학보』 85호, 2009. 12, pp.269-296)을 수정·보완하였다.

- 제6장은 「통일한국에 있어서 〈조중변계조약〉의 위상」(『동북아문화연구』 20집, 2009.9, pp.211-225)을 수정·보완하였다.

- 제7장은 「일본 민주당정부의 영토정책에 관한 연구」(『일본문화학보』 44집, 2010.2, pp.457-476)를 수정·보완하였다.

- 제8장은 「간도와 독도 영토문제의 비교분석-공통점과 차이점 분석으로 상호 시사점 고찰」(『일어일문학』 38집, 2008.5, pp.247-264)을 수정·보완하였다.

- 제9장은 「북방영토와 독도 문제의 성격 비교」(『일본문화학보』 40집, 2009.2, pp.445-470)를 수정·보완하였다.

필자는 본서를 출간하면서 본 연구가 독도 및 간도문제의 완전한 해결에 도움이 되기를 바랄뿐만 아니라, 더 나아가서 세계 도처에 산재하고 있는 많은 지역의 영토분쟁을 해결하는데 약간이라도 실마리를 제공하기를 바라는 바이다.

참고문헌

제1장 일본의 영토팽창주의와 한국의 고유영토 수복주의

국사편찬위원회, 국정도서편찬위원회편(2003) 『고등학교 국사』 교육인적자원부.

김한종 외 5인(2002) 『고등학교 한국근현대사』 교육인적자원부 검정, 금성출판사.

존w.홀 지음·박영재 옮김(1996) 『일본사』 역민사.

최영규 외 3인(2003) 『고등학교 역사부도』 도서출판 신유, 교육인적자원부 검정.

허우긍 외 6인(2001) 『고등학교 지리부도』 교학사, 교육인적자원부 검정.

황만익 외 7인(2001) 『중학교 사회과부도』 지학사, 교육인적자원부검정.

石井進·笠原一男·児玉幸多·笹山晴生(1997) 『詳說 日本史』山川出版社.

石井素介외 7인(1990) 『最新地理』 教育出版.

映画＜侵略＞上映委員会編(1991) 『日本は朝鮮に何をそたの』明石書店.

亀井高孝(2007) 『世界史年表, 地図』 吉川弘文館.

_____ 외 2인(1993) 『世界史新地図』 吉川弘文館.

_____ 외 2인(1991) 『標準世界史新地図』 増補版, 吉川弘文館.

_____ 외 2인(1991) 『標準世界史年表』 吉川弘文館.

児玉幸多編 (1993) 『標準 日本史地図』 新修版, 吉川弘文館.

斉藤光格 외 9인(1990) 『高等学校世界の諸地域』帝国書院.

沢田清(1989) 『地理』 東京書籍, 文部省検定済教科書.

下中邦彦(1980) 『最新ポケット日本地図』平凡社.

帝国書院編集部編(1988) 『新詳高等社会科地図』 四訂版, 帝国書院.

成瀬治외 3인(2007)『山川世界史総合図録』山川出版社.

제2장 근대동아시아의 헤게모니 이동에 따른 영토변천

권석봉(1986)「大院君의 被囚」,『청말 대조선정책사 연구』일조각, pp.209-248.

김호동(1992)「좌종당의 신강 원정과 이슬람정권의 붕괴」,『동아문화』제29집, pp.50-64.

유장근(1997.12)「동아시아의 근대에 있어서 중국의 위상」,『경대사론』10집.

_____(1997.6)「중국근대에 있어서 생태환경사 연구」,『중국근대사연구』제3집, pp.148-151.

유인선(2002)『새로 쓴 베트남의 역사』이산.

윤석금 편(1980)『21세기 웅진학습백과사전 4 -세계사1-』웅진출판.

진위방 저·권혁수 역(1996)『청일갑오전쟁과 조선』, 백산자료원, p.30.

최장근(1998)『한중국경문제연구-일본의 영토정책적 측면에서』백산자료원, pp.1-23(서론부분).

허핑티, 정철웅 역(1994)『중국의 인구』책세상, pp.328-329.

「위키피디아」영문.

「위키피디아」일문.

如何璋(1972)「主持朝鮮外交議」, 中央研究院近代史研究所編,『清季中日韓關係史料』권2, 342호, 臺北: 中央研究院近代史研究所, pp.439-440.

浜下武志(1990)『近代中国の国際契約』東京大学出版会, pp.32-33.

김봉진(1994)「朝貢體制と朝鮮の近代的国家形成」,『アジアから考える一3, 社会と国家』東京大学出版会, pp.213-214.

岩井茂樹(1990)「清代の合市と"沈黙外交"」, p.357.

故宮博物院편(1932)『清光緒朝中日交渉史料』권1, 北京, p.6.

沈衛榮(1992) 「"懷柔遠夷"言說における明代中国とチベットの政治・文化関係」, 『중국동아시아외교교류사의 연구』 p.267.

片岡一忠(1991) 『淸朝新講統治硏究』 雄山閣出版, pp.89-90.

岡本隆司(2004) 『属国と自主のあいだ―近代清韓関係と東アジアの命運―』名古屋大学出版会, pp.44-51.

小原晃(1995) 「日清戦争後の中朝関係―総領事派遣をめぐって」, 『史潮』新37号, pp.45-59.

西里喜行(1994) 「淸國(洋務派)の對日外交と琉球問題」, 『琉球大学教育学紀要』第45集(1), pp.24-38.

제3장 근대동아시아의 영토주권 변천과 민권자유와의 관계성

권석봉(1986) 「大院君의 被囚」, 『청말 대조선정책사 연구』 일조각, pp.209-248.

김호동(1992) 「좌종당의 신강 원정과 이슬람정권의 붕괴」, 『동아문화』제29집, pp.50-64.

유장근(1997.12) 「동아시아의 근대에 있어서 중국의 위상」, 『경대사론』 10집.

_____(1997.6) 「중국근대에 있어서 생태환경사 연구」, 『중국근대사연구』제3집, pp.148-151.

유인선(2002) 『새로 쓴 베트남의 역사』 이산.

윤석금 편(1980) 『21세기 웅진학습백과사전 4-세계사1-』 웅진출판.

진위방 저・권혁수 역(1996) 『청일갑오전쟁과 조선』, 백산자료원, p.30.

최장근(1998) 『한중국경문제연구-일본의 영토정책적 측면에서』 백산자료원, pp.1-23(서론부분).

허핑티 저・정철웅 역(1994) 『중국의 인구』 책세상, pp.328-329.

「위키피디아」 영문.

「위키피디아」 일문.

如何璋(1972) 「主持朝鮮外交議」, 中央研究院近代史研究所編, 『清季中日韓關係史料』권2, 342호, 臺北: 中央研究院近代史研究所, pp.439－440.

浜下武志(1990) 『近代中国の国際契約』東京大学出版会, 32ー33.

김봉진(1994) 「朝貢體制と朝鮮の近代的国家形成」, 『アジアから考えるー3, 社会と国家』東京大学出版会, pp.213－214.

岩井茂樹(1990) 「清代の合市と"沈黙外交"」, p.357.

故宮博物院편(1932) 『清光緒朝中日交渉史料』권1, 北京, p.6.

沈衛榮(1992) 「"懷柔遠夷"言説における明代中国とチベットの政治・文化関係」, 『중국동아시아외교교류사의 연구』 p.267.

片岡一忠(1991) 『清朝新講統治研究』雄山閣出版, pp.89－90.

岡本隆司(2004) 『属国と自主のあいだー近代清韓関係と東アジアの命運ー』名古屋大学出版会, pp.44－51.

小原晃(1995) 「日清戦争後の中朝関係ー総領事派遣をめぐって」, 『史潮』新37号, pp.45－59.

西里喜行(1994) 「清國(洋務派)の對日外交と琉球問題」, 『琉球大学教育学紀要』第45集(1), pp.24－38.

제4장 한중 간의 간도 영토분쟁의 특수성
―동북아 헤게모니와 간도 영토문제 해결의 취약성―

강석화(1996) 『조선후기 함경도의 지역발전과 북방영토 의식』서울대학교 박사학위논문, pp.60－61.

기시모토 미오・미야지마 히로시(1988) 『조선과 중국, 그세 오백년을 가다』역사비평사, p.232.

김태국・김춘선(2002) 「조선후기 한인의 북방이주와 만주개척」, 『한국사의 전개과정과 영토』, 국사편찬위원회, pp.159-208.

이광규(1997)『재중한인-일류학적 접근-』일조각, p.15.

이기백(1991)『韓國史新論 新修版』一潮閣, p.364.

이춘식(1991)『중국사 서설』敎保文庫, p.405.

최규성(1991)「선춘령과 공험진비에 대한 신고찰」,『한국사의 전개과정과 영토 (한국사론 34)』국사편찬위원회, pp.157-158.

최장근(1998)『한중국경문제연구』백산자료원, pp.34-36,「주」참조.

吳祿貞(1932)『延吉邊務報告』, 제4장『韓民越墾之始末』5.

姬田光義 외 5명(1991)『中國近現代史』上, 東京大學出版社, p.3.

『숙정실록』권49. 숙종36년 11월 9일 을해조.

○ 야후백과사전, http://kr.dic.yahoo.com/search/enc/result.html?pk=17861 700.

제5장 역대 한국정부의 간도정책의 오류
─이승만 · 장면 · 박정희정부─

국토통일원편(1969.8)『백두산 및 간도지역의 영유권 문제』.

국회도서관편(1975)『간도영유권관계발췌문서 - 일본외무성 육해군성 문서(제1집)』국회도서관.

김용국(1970)「백두산고」,『백산학보』제8집.

노계현(1968)「간도협약에 관한 외교사적 고찰」,『유진오박사회갑기념논문집』.『한국외교사연구』, 海文社.

동북아역사재단편(2009.8.6-7)『국제질서의 변용과 영토문제』독도연구소 개소 1주년기념 국제학술대회, 서울프라자호텔.

신기석(1955)「간도귀속문제」,『중앙대학교개교30주년기념논문집』.

_____(1972)『간도영유권에 관한 문제』探究堂.

_____(1979) 『新考 東洋外交史』探究堂.

외무부 편(1972) 『間島西北邊境歸屬問題關係史料拔萃』상, 하권.

유영봉(1972) 「백두산정계비와 간도문제」, 『백산학보』제13집.

이선근(1962) 「백두산과 간도문제」, 『역사학보』제17/18합집.

이창세(1984.7) 한국문헌연구소편, 篠田治策編著, 『統監府臨時間島派出所紀要』国境資料叢書1, 亞細亞文化社, 1973.

李漢基(1969) 『韓國의 領土』서울대학교출판부.

최남선(1973.10) 『白頭山觀參記』육당전집, vol.6, 高大亞硏六堂全集編纂委員會.

최장근(1998) 『한중국경문제연구－일본의 영토정책사적 고찰－』백산자료원.

한국간도학회편(2009.8.25) 「간도협약체결10년의 재조명 : 역대정부의 대간도정책 분석」한국간도학회, 간도찾기운동본부주체, 서울역사박물관.

현규환 저(1967.8) 『韓國流民史(상)』語文閣, 韓國流移民史編纂會.

비정연구잡지사간(1968) 『비정년보』台北:

○ 「대한민국 헌법 제3조」. http://ko.wikipedia.org/wiki

○ 「중·베트남 어떻게 미와 수교했나」, http://news.chosun.com/site/data/html_dir/2007/03/08/2007030800076.html

○ [간도를 되찾자] 30년 전 국회서 간도문제 다뤘다, 「weekly 경향」, 2004－04－23. 「간도와 박정희」, http://cafe.daum.net/parkaedan/CzzY/43732

○ 「박정희징부 외교적 노력 드러나… '굴욕회담' 인식 고쳐질 수도, 日 독도 야욕 적나라하게 드러나, '위안부' 韓·日 책임공방 가열될 듯」, http://news.hankooki.com/lpage/politics/200508/h2005082618415621040.htm.

제6장 통일한국에서의 간도문제의 전망
―'조중변계조약'의 정치성과 법적 지위―

국토통일원편(1969) 『백두산 및 간도지역의 영유권문제』국토통일원, p.1.

김득황(1990.7)『백두산과 북방강계』서울: 사사연, 1987, p.27. 이형석,「한 민족의 한이 서린 두만강」,『북한』, 북한연구소, p.182.

김명기(1980)『국제법상 남북한의 법적 지위』서울: 화학사, pp.23-27.

김일성종합대학(1992)『국제법학(학부용)』평양, 김일성종합대학출판사.

노영돈(2005.4)「한중간도영유권문제와 국제법상의 시효문제」,『백산학보』제 71호, 백산학회, pp.480-490.

노영돈(2008.12)「북한-중국의 국경획정 상황의 고찰」,『백산학보』제82호, pp.229-262.

박기갑(1996)「일반국제법 이론에 비추어 본 남북한 간 가능한 국가승계형 태론」『한림법학 FORUM』제5권, pp.178-118.

사회과학원 법학연구소(2002)『국제법사전』평양, 사회과학출판사.

신각수(1991)「국경분쟁의 국제법적 해결을 위한 연구」박사학위논문, 서울 대학교, p.204.

양태진(1981)「백두산천지를 위요한 한중국경선」,『한국학보』제22집, p.116.

이근관(1999)「국가승계법 분야의 새로운 경향과 발전-조약승계를 중심으 로 하여-」,『서울국제법연구』제6권제2호, p.198.

이석우(2007)「동아시아의 영토분쟁과 국제법」,『서울』, 집문당, pp.262-264.

이현조(2007)「조중국경조약체제에 관한 국제법적 고찰」,『국제법학회논총』 제52권 제3호 통권 제109호, pp.177-202.

임채정 외(2005)『간도에서 대마도까지 -한중러일 영토문제의 현장-』동아일 보, p.22.

崔長根(1998)「일본의 한청국경문제 개입배경」,『한중국경문제연구』백산자 료원, pp.105-107.

吉林省革命委員會外事邊公室.編(1974)『中朝·中蘇·中蒙有關條約, 協定議 定書』中國吉林省 吉林省革命委員會外事邊公室.

邵津周編(2005)『國際法』北京大學出版社, p.113.

〈인터넷자료〉

○ 「중국과 소련의 이념, 국경분쟁으로 본 국제관계」, http://hwkang83.tistory. com/48(2009년 7월 30일 검색).

○ 「중국-인도 간의 국경분쟁 발생」, http://kr.blog.yahoo.com/phillipe200 32000/3514(2009년 7월 30일 검색).

○ 「황장엽의 국회인권포럼」, 2006년 11월 23일, http://new.empas. com/20 061223(2009년 7월 30일검색).

○ 리영희, 「'대한민국은 한반도의 유일한 합법정부' 아니다」, http://blog. naver.com/gavier/12104443(2009년 7월 30일 검색)

○ 「북한민주주의인민공화국(朝鮮民主主義人民共和國)수립」, http://kcm.kr/ dic_view.php?nid=39928(2009년 월 30일 검색).

○ 「반기문 장관 "간도협약 법리적으로 무효"」, http://www.dragon5.com/ news/news2004102204.htm(2009년 8월 5일 검색).

제7장 일본 민주당정부의 분쟁지역에 대한 영토정책
-북방영토, 죽도, 센카쿠제도-

경상북도편(2008)『독도총서』경상북도 독도연구기관통합협의체, pp.333- 373.

김세걸·김웅희(2008)『현대 일본정치의 이해』한국방송통신대학교출판부, p.65.

나이토우 세이츄(2005)『독도와 죽도』제이앤씨.

신용하(1996)『독도의 민족영토사연구』지식산업사.

이한기(1969)『한국의 영토』서울대학교출판부.

최장근(2008)『독도의 영토학』대구대학교출판부, pp.144-147.

＿＿＿＿(2009)『독도문제의 본질과 일본의 영토분쟁의 정치학』제이앤씨, p

p.139-189.

アラージン・V・V(2005) 『ロシアと日本：平和条約への見失われた道標 ―
ロシア人からの88の質問への回答』モスクワ：COU,UYM.

小沢一郎(1993)『日本改造計画』講談社, pp.102-174.

木村汎(1989)『北方領土 一軌跡と返還への助走一』時事通信社, pp.76-77.

下条正男(2005)『竹島一その歴史と領土問題』竹島・北方領土返還要求運動島
根県民会, pp.26-66.

高野雄一(1962)『日本の領土』東京大学出版会, p.69.

内藤正中・朴炳渉(2007)『竹島=獨島論爭』新幹社.

フリー百科事典『ウィキペディア(Wikipedia)』, Democratic Party of Japan,
"DPJ".

「朝日新聞」2008년 7월 16일.

「産経新聞」2008년 7월 16일.

○ 「민주당정책집」, http://www.dpj.or.jp/policy/manifesto/seisaku2009/ind
ex.html(2009년 11월 3일 검색).

○ 「北方領土問題」, http://www.mofa.go.jp/mofaj/area/hoppo/index.html
(2009년 11월 3일 검색).

○ 「麻生内閣」, http://ja.wikipedia.org/wiki/(2009년 11월 11일 검색).

○ 「政策集INDEX2009」, http://www.dpj.or.jp/policy/manifesto/seisaku200
9/index.html(2009년 11월 20일 검색).

○ 「竹島問題」, http://www.mofa.go.jp/mofaj/area/takeshima/(2009년 11월
23일 검색).

○ 「さきほどテレビ朝日の討論番組のなかで竹島問題に触れ民主党の西村議
員が, 韓国が...」(ID非公開さん), http://detail.chiebukuro.yahoo.co.jp/qa/
question_detail/q143584694(2009년 9월 10일 검색)

제8장 간도문제와 독도문제와의 비교분석

교육인적자원부(2001)『중학교 사회과부도』지학사, pp.77－112.

국사편찬위원회・국정도서편찬위원회(2001)『고등학교 국사』교육인적자원
　　　부, pp.18－116.

김호동(2007)『독도・울릉도의 역사』영남대학교독도연구소 독도연구총서1,
　　　경인문화사.

송병기(2004)『독도영유권 자료선』한림대학교 아시아문화연구소.

신용하(1996)『독도의 민족영토사 연구』지식산업사.

양태진(2004)『한국독립의 상징 독도』백산출판사.

영남대학교독도연구소(2005.12)『독도연구』제1호, 영남대학교독도연구소.

영남대학교독도연구소(2006.12)『독도연구』제2호, 영남대학교독도연구소.

이한기(1969)『한국의 영토』서울대학교출판부, pp.315－319.

일본외무성홈페이지.

최장근(1998)『한중국경문제연구』백산자료원.

＿＿＿(2002)『일본의 영토분쟁』백산자료원.

＿＿＿(2008)『독도의 영토학』대구대학교 영토학연구소 연구총서1, 대구대
　　　학교출판부, pp.118－230.

한국간도학회(2005)『간도학보: 동아시아영토분쟁』제2호, 백산자료원.

＿＿＿＿＿＿(2004)『간도학보』창간호, 백산자료원.

호사카 유지(2005)『일본 古地図에도 독도가 없다』자음과모음, pp.22－47.

池内宏(2006)『大君外交と「武威」』名古屋大学出版部, pp.40－210.

岡田功(2007)『세계의 역사』ナツメ社, pp.71－104.

亀井高孝・三上次男・林健太郎・堀米庸三(2007)『世界史年表・地図』吉川
　　　弘文舘, pp.2－61.

川上健三(1966)『竹島の歴史地理的研究』古今書院.

児玉幸多編(1993)『標準日本史地図』新修版, 吉川弘文舘, pp.2－56.

芹田健太郎(2002)『日本の領土』中公叢書, 中央公論社, pp.34－61.

内藤正中・朴炳渉(2007)『竹島＝独島論争』新幹社, pp.21－22.

「竹島問題」(외무성홈페이지) http://www.geocities.jp/tanaka_kunitaka/take
　　　shima/

제9장 쿠릴 남방4도 분쟁과 독도문제의 성격 비교

김영진 역・高崎宗司(1998)『検定日韓会談』清水書院.

김호동(2007)『독도/울릉도의 역사』경인문화사 .

동북아의 평화를 위한 바른역사기획단편(2005)『독도자료집(1)』동북아의
　　　평화를 위한 바른역사기획단, pp.77－403.

민족문제연구소편(1999)『한일협정을 다시 본다』아세아문화사.

신용하(1998)「독도 울릉도의 명칭변화연구」,『한국학보』제91/92 합병호.

신용하(1996)『독도의 민족영토사 연구』지식산업사.

최장근(2005)『일본의 영토분쟁』백산자료원, pp.237－299.

竹島問題研究會(2007.3)『最終報告書: 竹島に関する調査研究』竹島問題研究
　　　會, pp.90－181.

木村汎(1993)『日露国境交渉史―領土問題をいかに取り組むか』中公新書114
　　　7, 中央公論社.

渡辺昭夫・宮里政玄編(1986)『サンフランシスコ講話』東京大学出版会.

吉沢清次郎(1971)『日本外交史28 講和後の外交(1)対列国関係(上)』鹿島研究
　　　所出版会.

吉沢清次郎(1971)『日本外交史28 講和後の外交(1)対列国関係(下)』鹿島研究
　　　所出版会.

島根県教育会編(1979)『島根県誌』賢美閣.

芹田健太郎(2002)『日本の領土』中公双書.

毎日新聞社編(1952)『對日平和條約』毎日新聞社.

細川千博(1996)『サンフランシスコ講話への道』大月書店.

高野雄一(1964)『日本領土』東京大学出版会.

▌ 찾아보기 ▌

▌ ㄱ ▌

▌저자약력▌

최장근(崔長根)

대구대학교 일본어일본학과 졸업
일본 大東文化大學 국제관계학과 수학
일본 東京外國語大學 연구생과정 수료
일본 中央大學 법학연구과 정치학전공 석사과정졸업(법학석사)
일본 中央大學 법학연구과 정치학전공 박사과정졸업(법학박사)
서울대학교 국제대학원 연수연구원 역임
서울대학교 국제대학원 책임연구원 역임
동명대학교 교양학부 교수 역임
현재 일본 中央大學 사회과학연구소 객원연구원
현재 대구대학교 일본어일본학과 교수
현재 대구대학교 독도영토학연구소 소장

주요학회활동
· 간도학회　　　　　　　· 독도학회
· (사)한국영토학회　　　· 한국일어일문학회
· 한국일본문화학회　　　· 대한일어일문학회
· 동아시아일본학회　　　· 한일민족문제학회
· 동북아시아문화학회　　· 일본지역연구회
· 조선사연구회

주요저서
· 『한중국경문제연구』 백산자료원, 1998
· 『왜곡의 역사와 한일관계』 학사원, 2001
· 『일본의 영토분쟁』 백산자료원, 2005
· 『간도 영토의 운명』 백산자료원, 2005
· 『독도의 영토학』 대구대학교출판부, 2008
· 『독도문제의 본질과 일본의 영토분쟁 정치학』 제이앤씨, 2009
· 『일본문화와 정치』(개정판) 학사원, 2010
· 『일본의 독도·간도침략 구상』 백산자료원, 2010
　그 외 다수의 공저와 연구논문이 있음.

대구대학교 독도영토학연구소총서 ❹

동아시아 영토분쟁의 패러다임
－독도·간도의 영토문제 본질을 찾아서－

초판인쇄 2011년   6월 21일
초판발행 2011년   6월 30일

저   자 최장근
발 행 인 윤석현
발 행 처 제이앤씨
책임편집 김진화
배본영업 류준호
등록번호 제7－220호

주소 서울시 도봉구 창동 624-1 북한산 현대홈시티 102-1206
전화 (02)992-3253(대)
전송 (02)991-1285
전자우편 jncbook@hanmail.net
홈페이지 http://www.jncbms.co.kr

ⓒ 최장근 2011 All rights reserved. Printed in KOREA

ISBN 978－89－5668－857－2 93340   **정가** 23,000원

· 저자 및 출판사의 허락없이 이 책의 일부 또는 전부를 무단복제·전재·발췌할 수 없습니다.
· 잘못된 책은 바꿔 드립니다.

본 저서는 경상북도 독도연구기관 통합협의체의 지원금으로 일부 인쇄되었음.